sans faute

Rédaction : Dominique Le Fur
Informatique éditoriale et mise en pages : Sébastien Pettoello
Informatique documentaire : Laurent Catach
Lecture-correction : Anne-Marie Lentaigne
Conception graphique et mise en pages : Maud Dubourg

25, avenue Pierre-de-Coubertin, 75211 Paris Cedex 13

ISBN 978-2-84902-586-4

Cet ouvrage est une œuvre collective au sens de l'article L. 113-2 du Code de la propriété intellectuelle. Publié par la société Dictionnaires Le Robert, représentée par Marianne Durand, directrice générale.

AVANT-PROPOS

Conjuguez sans faute vous apporte la réponse à toutes les questions que vous pouvez vous poser sur la conjugaison et l'accord d'un verbe, dans un format pratique et maniable.

• La première partie, *Le verbe, formes et emplois*, explique la formation et l'usage de chaque mode et de chaque temps et rappelle les règles d'accord permettant de bien orthographier le verbe en contexte. De petites astuces y sont données pour éviter les erreurs et les pièges.

• La deuxième partie présente les tableaux de conjugaison complets des 75 verbes modèles.
Des remarques et mises en valeur typographiques alertent sur les spécificités et les difficultés de certaines formes verbales.

• La dernière partie liste près de 8 000 verbes, des plus courants aux plus rares, issus du *Grand Robert* et du *Petit Robert de la langue française*. Leur numéro de conjugaison vous renvoie à un tableau présentant toutes les formes verbales.
Les graphies et règles d'accord préconisées par la **réforme de l'orthographe de 1990**, désormais applicable dans tous les textes, sont mentionnées dans les trois parties de l'ouvrage.

Nous vous en souhaitons bonne lecture.

ABRÉVIATIONS ET SYMBOLES

fém.	féminin
inv.	invariable
masc.	masculin
pers.	personne
p. p.	participe passé
p. présent	participe présent
plur.	pluriel
seult	seulement
sing.	singulier
v.	verbe
v. intr.	verbe intransitif
v. pr.	verbe pronominal
v. tr.	verbe transitif
!	alerte sur une difficulté
☺	astuce, moyen mnémotechnique pour éviter un piège
➡	préconisation de la **réforme de l'orthographe de 1990**

SOMMAIRE

LE VERBE
formes et emplois

Le verbe est un mot variable : il varie en personne, en nombre, en temps et en mode. Il peut se présenter sous de nombreuses formes différentes, qui constituent sa conjugaison.

Le verbe est un mot essentiel dans la phrase. Il exprime une action, un état, un fait ou une intention. Certaines phrases ne sont constituées que de ce seul élément.

ex. : *Parle !*

LA COMPOSITION DU VERBE

Un verbe se compose d'un **radical** et d'une **terminaison** appelée aussi **« désinence »**.

chant/er	*chant/ions*
radical/terminaison	radical/terminaison

• Le **radical** donne le sens du verbe ; on le retrouve dans tous les mots de la même famille.

ex. : ***chant** ; **chant**er ; **chant**able*
*in**chant**able ; re**chant**er*

Tous les verbes du 1er groupe et certains verbes des 2e et 3e groupes ont un radical identique pour toutes les formes conjuguées.

ex. : *il **parle** ; nous **parl**ions ; **parl**ant*
*je **dis** ; il **dis**ait ; vous **dir**iez ; elle a **dit***

Mais d'autres verbes présentent des modifications de leur radical selon les temps et les modes.

ex. : *elle* ***prend*** *; ils* ***prenn****ent*
*vien****s*** *; nous* ***ven****ons*
il ***veut*** *; nous* ***voul****ions ; qu'il* ***veuill****e*

Certains verbes ont plusieurs radicaux ; c'est notamment le cas de verbes très courants tels que *aller*, *être* et *avoir*.

ex. : *va ; vous allez ; nous irons*
je suis ; nous sommes ; tu étais ; nous serions
il a ; vous aviez ; il aurait

• La **terminaison** indique : le mode, le temps, la personne et le nombre.

ex. : *il parl****ait*** → ***ait*** = indicatif imparfait, 3e personne du singulier
*nous finir****ions*** → ***ions*** = conditionnel présent, 1re personne du pluriel

LES DIFFÉRENTES CATÉGORIES DE VERBES

■ LES AUXILIAIRES

Un **auxiliaire** est un verbe qui s'emploie pour conjuguer les autres verbes à certaines voix, certains modes et certains temps.

Avoir et *être* sont deux auxiliaires « purs » : ils perdent leur sens propre lorsqu'ils entrent dans la conjugaison d'autres verbes.

• Avoir

Cet auxiliaire permet de former les temps composés de la voix active de tous les verbes transitifs et impersonnels et de la plupart des verbes intransitifs.

ex. : *je l'***ai** *acheté ; il l'***avait** *lu ; ils l'***eurent** *donné*
*j'***ai** *couru ; il* **avait** *neigé ; cela* **a** *trop duré*

• Être

Cet auxiliaire permet de former les temps composés de tous les verbes pronominaux.

ex. : *elle s'est tue ; vous vous étiez rencontrés ; ils se seraient disputés*

Il est également utilisé pour conjuguer les verbes intransitifs qui indiquent :

➜ soit un état ou une position : *demeurer, rester*

ex. : *il était resté au lit toute la journée*

➜ soit un changement d'état : *advenir, décéder, devenir, échoir, éclore, naître, mourir, survenir*

ex. : *que sont-ils devenus ?*

➜ soit un déplacement : *accourir, aller, arriver, descendre, entrer, monter, partir, parvenir, rentrer, repartir, ressortir, retomber, retourner, revenir, sortir, tomber, venir*

ex. : *elles seraient reparties dans la soirée*

! Certains verbes sont à la fois transitifs et intransitifs. Ils se conjuguent avec l'auxiliaire *avoir* lorsqu'ils acceptent un complément et avec l'auxiliaire *être* lorsqu'ils n'en ont pas.

ex. : *elle a monté la valise au dernier étage*
elle est montée jusqu'au dernier étage

Enfin, l'auxiliaire *être* sert à conjuguer tous les verbes à la voix passive.

ex. : *elle attire* → *elle est attirée*
ils ont saisi → *ils ont été saisis*

■ LES SEMI-AUXILIAIRES

Les verbes ou expressions verbales qui servent occasionnellement à construire des formes composées tout en conservant tout ou partie de leur sens sont appelés **« semi-auxiliaires »** : c'est le cas par exemple de *aller, devoir, faire, laisser, pouvoir, venir, vouloir* et d'expressions telles que *être sur le point de, être en train de, se prendre à.*

Ces semi-auxiliaires sont toujours suivis de l'infinitif ou du participe présent. Ils précisent l'aspect ou la modalité.

• Les semi-auxiliaires appelés **« auxiliaires d'aspect »** permettent de situer l'action par rapport à celui qui parle. L'action peut débuter ou se terminer, être en cours, révolue ou proche.

ex. : *je vais téléphoner* (futur proche)
elle vient de partir (passé récent)
nous sommes en train de travailler (action en cours)
la situation va en empirant (action en cours)

• Les semi-auxiliaires appelés **« auxiliaires modaux »** indiquent la probabilité, la possibilité, la nécessité ou le caractère obligatoire d'une action, ainsi que la volonté.

ex. : *j'ai dû faire erreur* (probabilité)
il peut changer d'avis (possibilité)
j'ai tout à réécrire (nécessité)
elle veut y aller (volonté)

• Les semi-auxiliaires dits **« factitifs »** ou **« causatifs »**, tels que *faire* et *laisser*, suivis de l'infinitif, expriment le fait que le sujet du verbe conjugué n'est pas celui qui agit.

ex. : *j'ai fait venir le réparateur* (= le réparateur est venu)
nous l'avons laissé parler (= il a parlé)

Certaines formes pronominales telles que *se faire* ou *se voir*, suivies de l'infinitif, donnent un sens passif à la phrase.

ex. : *ils se sont fait réprimander* (= ils ont été réprimandés)
je me suis vu interdire l'entrée (= on m'a interdit d'entrer)

! Ces emplois posent très souvent des problèmes d'accord du participe passé (→ § accord du participe passé).

■ LES VERBES TRANSITIFS

Un verbe transitif est un verbe qui appelle un complément d'objet.

On distingue les verbes **transitifs directs** qui prennent un complément d'objet direct (COD), des verbes **transitifs indirects** dont le complément d'objet est indirect (COI) car introduit par une préposition (*à, de*...).

ex. : *il a appelé* *Emma*
transitif direct COD

ex. : *elle parle **à*** *Axel*
transitif indirect COI

! Un verbe transitif n'est pas nécessairement suivi d'un complément d'objet. Dans l'usage courant, le complément est régulièrement omis sans que soit altéré le sens de la phrase. On parle alors d' « emploi absolu ».

ex. : *j'ai déjà mangé* (= j'ai déjà mangé mon repas)
il a abandonné au troisième tour (= il a abandonné la course)

▪ LES VERBES INTRANSITIFS

Un verbe intransitif est un verbe qui se construit sans complément d'objet.

ex. : *l'argent affluait* (pas de complément)
les gens affluaient de toutes parts (*de toutes parts* : complément circonstanciel de lieu, et non complément d'objet)

! Un même verbe peut être transitif, direct ou indirect, en emploi absolu ou intransitif. Ces différentes constructions en changent plus ou moins le sens.

ex. : *ils goûtent à 4 heures* (intransitif)
goûte ce fruit (transitif direct)
elle a goûté au gâteau (transitif indirect)
je peux goûter ? (emploi absolu)

▪ LES VERBES DÉFECTIFS

Un verbe défectif est un verbe pour lequel des formes conjuguées manquent ou bien sont inusitées à certaines personnes, à certains temps ou à certains modes. Il y a une soixantaine de verbes défectifs. En voici quelques-uns, avec leurs particularités :

Accroire et ***quérir*** n'existent qu'à l'infinitif.

Avec ***bruire***, les 1re et 2e personnes du singulier et du pluriel ne sont pratiquement jamais employées, hors tournure poétique.

Choir ne s'emploie qu'à quelques personnes au présent *(je chois, tu chois, il choit, ils choient)* et au passé simple *(je chus, nous chûmes)*. Au futur, les formes *je choirai* ou *cherrai, nous choirons* ou *cherrons* sont considérées comme vieillies.

Gésir ne s'utilise guère qu'au présent et à l'imparfait de l'indicatif (*je gis, tu gis, il gît* ou *git*, nous gisons, vous gisez, ils gisent ; je gisais,* etc.) et au participe présent *(gisant).*

Seoir se conjugue seulement aux 3e personnes du singulier et du pluriel du présent, de l'imparfait, du futur, du conditionnel et au participe présent.

Les formes usitées sont précisées dans l'index des verbes.

■ LES VERBES PRONOMINAUX

Un verbe pronominal est un verbe qui se conjugue avec les pronoms personnels réfléchis, qui renvoient au sujet : *me, te, se, nous, vous, se.*

ex. : *je* ***me*** *promène, tu* ***te*** *promènes*

On distingue plusieurs catégories de verbes pronominaux selon le rapport qu'entretiennent le sujet, le verbe et le pronom personnel :

• **verbe essentiellement pronominal** : il ne s'emploie jamais sans le pronom personnel. Il ne peut être mis ni à la voix active, ni à la voix passive (→ § voix).

ex. : *s'enfuir, se repentir, se souvenir*

• **verbe pronominal réfléchi** : le sujet agit sur lui-même ou pour lui-même.

ex. : *je me soigne* (= je soigne moi-même)
elle s'est offert un chapeau (= elle a offert un chapeau à elle-même)

• **verbe pronominal réciproque** : les personnes ou choses représentées agissent les unes sur les autres ou les unes pour les autres.

ex. : *elles se sont disputées* (= chacune dispute l'autre)
nous nous sommes aidés (= chacun a aidé l'autre)

• **verbe pronominal à sens passif** : le sujet subit l'action.
ex. : *ce plat se mange glacé* (= ce plat doit être mangé glacé)

! La forme pronominale pose très souvent des problèmes d'accord aux temps composés, notamment pour les verbes du 1er groupe dont le participe passé et l'infinitif se prononcent de la même façon (→ § accord du participe passé).

■ LES VERBES IMPERSONNELS

Un **verbe impersonnel** ne s'emploie qu'à l'infinitif ou à la 3e personne du singulier et est précédé du pronom *il*.

• Certains verbes dits « unipersonnels » n'existent que sous cette forme. Il s'agit essentiellement :

➾ de verbes exprimant des phénomènes météorologiques
ex. : *il pleut ; il a neigé ; il fera beau ; il a tonné*

➾ d'expressions de l'obligation, de la nécessité ou de l'interdiction
ex. : *il faut que ; il est nécessaire de ; il est hors de question de*

➾ de tournures présentatives
ex. : *il y a longtemps ; il est 10 heures ; il fait nuit*

• Un grand nombre de verbes peuvent se construire occasionnellement comme des impersonnels. On les trouve dans :

➾ des tournures intransitives
ex. : *mieux vaut lui dire*

➾ des tournures passives
ex. : *il est écrit que c'est interdit ; il est venu quelqu'un*

➾ des tournures pronominales
ex. : *il s'agit de sa famille*

! Dans les constructions impersonnelles, le pronom ***il*** ne désigne aucune réalité : c'est le sujet « grammatical » du verbe, mais ce n'est que le sujet « apparent ». Le sujet « réel » ou « logique », c'est-à-dire l'agent de l'action exprimée par le verbe, apparaît parfois derrière lui. Le verbe s'accorde toujours avec le sujet apparent, et non avec le sujet réel.

ex. : *il est interdit de fumer* (= fumer est interdit)
il tombe d'énormes grêlons
(= d'énormes grêlons tombent)

LES TROIS GROUPES DE VERBES

Les verbes français sont traditionnellement classés en **trois groupes** selon la terminaison de leur infinitif présent.

• **Le 1er groupe** comprend les verbes dont l'infinitif se termine par ***-er*** (sauf *aller*). Ces verbes sont tous réguliers : le radical est identique à tous les temps et modes.

ex. : *aimer, parler*

C'est le groupe le plus nombreux, auquel appartiennent environ 90 % des verbes. La plupart des nouveaux verbes entrent dans ce groupe, le plus simple à conjuguer. On notera toutefois quelques particularités orthographiques, essentiellement liées à la prononciation (→ § particularités orthographiques).

• **Le 2e groupe** comprend les verbes dont l'infinitif se termine par ***-ir*** et le participe présent par ***-issant***. Ces verbes sont tous réguliers, à l'exception de *fleurir* et *haïr*. Ces verbes ont deux radicaux stables, l'un pour les personnes du singulier, l'autre pour les personnes du pluriel et le participe présent.

ex. : *je **finis**, **finissant**, nous **finissons***
*tu **grandis**, **grandissant**, vous **grandissez***

Ce groupe ne contient qu'environ 300 verbes.

! Au sens de « prospérer », *fleurir* a un radical *flor-* à l'imparfait et au participe présent : *cette mode florissait à l'époque ; un genre florissant.*

! *Haïr* perd son tréma aux trois premières personnes du présent de l'indicatif : *je hais, tu hais, il hait.*

• **Le 3e groupe** regroupe tous les autres verbes, dont l'infinitif se termine par ***-ir, -re*** ou ***-oir***, ainsi que *aller*. Ces verbes sont presque tous irréguliers.

ex. : *sortir, devoir, coudre*

Ce groupe n'accepte aucun verbe nouveau et ne contient qu'environ 350 verbes mais la plupart sont très fréquents.

! Les auxiliaires ***avoir*** et ***être*** n'appartiennent à aucun de ces trois groupes.

LES VOIX

Les voix sont les formes du verbe précisant le rapport qu'il entretient avec son sujet.

■ LA VOIX ACTIVE

À la voix active, le sujet :

➜ soit agit sur un être, une situation ou une chose (verbe d'action)

ex. : *il répare le vélo ; elle a changé le processus*

➾ soit se trouve dans un certain état ou se transforme (verbe d'état)

ex. : *elle paraît heureuse ; l'eau bout*

➾ soit se déplace (verbe de mouvement)

ex. : *viens ; nous marchions lentement*

! Attention au sens de certains verbes à la voix active, où le sujet peut subir l'action exprimée.

ex. : *il a pris une gifle ; elle a subi plusieurs opérations*

▪ LA VOIX PASSIVE

À la voix passive, le sujet subit l'action. Le verbe est toujours conjugué avec l'auxiliaire ***être***.

Cette voix concerne essentiellement les verbes **transitifs directs**.

Dans le passage de la voix active à la voix passive, le complément d'objet direct (COD) devient le sujet et le sujet devient le **complément d'agent**. Ce complément d'agent est introduit par la préposition ***par*** ou ***de***.

ex. : *la tempête a arraché les arbres → les arbres ont été arrachés **par** la tempête*

sujet COD → sujet complément d'agent

***tous ses élèves** le respectent → **il** est respecté **de** tous ses élèves*

sujet COD → **sujet** complément d'agent

! Le complément d'agent n'est pas obligatoire. La voix passive permet en effet d'omettre l'agent, soit parce qu'on ne le connaît pas, soit parce que l'on ne veut pas le mentionner.

ex. : *le mot de passe a été changé*

ses bijoux ont été volés

! Quelques rares verbes transitifs indirects peuvent être mis à la voix passive :

ex. : *obéir à → il est toujours obéi*
pardonner à → tu es pardonné

▪ LA VOIX PRONOMINALE

La voix pronominale se construit avec les pronoms personnels réfléchis : *me, te, se, nous, vous, se* et c'est l'auxiliaire *être* qui est employé aux temps composés.

Cette voix ne présente pas d'autres spécificités et n'est que rarement enregistrée comme voix à part entière dans les tableaux de conjugaison. On parle d'ailleurs plus couramment de verbes à la « forme pronominale » (→ § verbes pronominaux).

LES MODES

Les modes permettent d'exprimer l'attitude du sujet qui parle vis-à-vis du procès (état, devenir, action) exprimé par le verbe.

Le français compte **sept modes** répartis en **deux grands groupes** : les modes personnels et les modes impersonnels.

▪ LES MODES PERSONNELS

Dans les modes personnels, **les formes du verbe varient avec la personne**. Le verbe se conjugue aux trois personnes du singulier et aux trois personnes du pluriel à tous les temps, sauf à l'impératif.

➤ L'INDICATIF

L'indicatif compte quatre temps simples (présent, imparfait, futur, passé simple) et quatre temps composés (passé composé, plus-que-parfait, futur antérieur, passé antérieur).

Ce mode permet d'énoncer de façon neutre un procès considéré comme réel ou certain dans une phrase affirmative, ou bien un procès qui reste à vérifier, dans une phrase interrogative. C'est le mode de l'objectivité.

ex. : *il est arrivé*
je pense qu'elle s'est trompée
pensez-vous qu'il pleuvra ?

(→ § les temps)

➤ LE SUBJONCTIF

❑ La formation

Le subjonctif a un temps présent et trois temps passés (imparfait, passé, plus-que-parfait).

• Au présent, tous les verbes, excepté *avoir* et *être*, se terminent par -e, -es, -e, *-ions*, *-iez*, *-ent*.

ex. : *que je prenn**e**, que tu prenn**es**, qu'il prenn**e**, que nous pren**ions**, que vous pren**iez**, qu'ils prenn**ent***

• À l'imparfait, les verbes se terminent par *–sse*, *-sses*, *-t*, *-ssions*, *-ssiez*, *-ssent*.

ex. : *que je pri**sse**, que tu pri**sses**, qu'il prî**t**, que nous pri**ssions**, que vous pri**ssiez**, qu'ils pri**ssent***

! La voyelle précédant le ***t*** prend un accent circonflexe ; ceci permet de différencier le passé simple du subjonctif imparfait.

ex : *il prit* (passé simple) mais *il prît* (subjonctif imparfait)

• Le passé se construit avec l'auxiliaire ***avoir*** au subjonctif présent suivi du participe passé.

ex. : *que j'aie décidé ; que tu aies décidé, qu'il ait décidé, que nous ayons décidé, que vous ayez décidé, qu'ils aient décidé*

• Le plus-que-parfait se forme avec l'auxiliaire ***avoir*** au subjonctif imparfait suivi du participe passé.

ex. : *que j'eusse décidé ; que tu eusses décidé, qu'il eût décidé, que nous eussions décidé, que vous eussiez décidé, qu'ils eussent décidé*

☺ Pour les verbes du 1er groupe dont l'infinitif se termine par *–gner, -iller, -ier et –yer*, la différence entre 1re et 2e personnes du pluriel au subjonctif présent et à l'indicatif présent ne s'entend pas à l'oral, ce qui génère de nombreuses fautes d'orthographe. Pour faire la distinction, il suffit de remplacer le verbe du 1er groupe par un verbe du 2e ou 3e groupe.

ex. : *il faut que nous signons* ou *signions* (?) *le contrat*

il faut que nous refusions (et non *refusons*) *le contrat*

→ subjonctif, donc on écrit *que nous signions* et non *que nous signons*

☺ Certains verbes du 3e groupe ont des formes qui se prononcent de la même manière pour les personnes du singulier du présent de l'indicatif et du subjonctif. Pour les distinguer, il suffit de remplacer la personne du singulier par la 1re ou 2e personne du pluriel.

ex. : *je doute qu'il recoure* ou *recourt* (?) *à ces méthodes*

je doute que vous recouriez (et non *recourez*) *à ces méthodes*

→ subjonctif, donc on écrit *qu'il recoure* et non *qu'il recourt*

❑ Les emplois

Le subjonctif est utilisé pour énoncer un fait non réalisé ou incertain, sur lequel la personne qui parle ne veut pas ou ne peut pas s'engager. C'est le mode de la subjectivité.

• Dans les propositions **principales**, le subjonctif exprime le souhait, l'exhortation, l'ordre, la défense, le regret, l'éventualité, la supposition, l'hypothèse, la concession, l'affirmation atténuée, avec ou sans conjonction :

ex. : *que chacun fasse un effort*
vive Julien !
grand bien lui fasse !
dussé-je attendre dix ans
soit une droite D
je ne sache pas qu'on m'ait prévenu

• Le subjonctif est un mode utilisé surtout dans les **subordonnées** :

- **complétives** introduites par *que*

➻ après les verbes exprimant la volonté, le souhait, l'ordre, le doute, l'incertitude

ex. *j'exige que vous sortiez*
elle aurait préféré qu'il s'abstienne (ou plus rarement *s'abstînt*)
il craignait que son absence ne soit ou *ne fût remarquée*
je m'étonne qu'il n'ait pas réagi
il s'attend à ce que je revienne

➻ après les verbes exprimant la permission, l'accord, le refus, une recommandation, un conseil

ex. : *ils acceptent que nous assistions à l'entrevue*
je suggère que nous partions maintenant

➺ après les verbes exprimant le sentiment (amour, crainte, étonnement, joie, regret, etc.)

ex. : *je crains qu'il ne soit déjà trop tard*
je m'étonne qu'il ne m'ait rien dit
cela me surprend qu'elle n'ait pas téléphoné

➺ après des tours impersonnels

ex. *il est impossible qu'il ne le sache pas*
pourvu qu'elle ne l'apprenne pas !

➺ dans les contextes interrogatifs ou négatifs de certains verbes d'opinion

ex. : *crois-tu qu'elle soit revenue ?*
je ne pense pas qu'il en soit capable

! Dans ces mêmes contextes, l'indicatif est également possible si l'on veut exprimer la quasi certitude :

ex. : *crois-tu qu'elle est revenue ?*
je ne pense pas qu'il en est capable

– relatives

➺ dans une tournure interrogative ou négative

ex. : *est-il un bien qui soit plus précieux ?*
il n'y a pas de pays qui ait connu autant de changements

➺ dont l'antécédent est un superlatif ou une locution impliquant une valeur superlative *(le premier, le dernier, le seul, l'unique...)*

ex. : *le film le plus émouvant que nous ayons jamais vu*
c'est le seul vestige qui ait été trouvé sur le site

➧ exprimant la finalité, la conséquence, parfois l'hypothèse

ex. : *j'aimerais un dictionnaire qui convienne à un enfant*

! Dans les phrases suivantes, l'indicatif et le subjonctif expriment deux sens différents :

je cherche une maison qui a des volets bleus (= cette maison aux volets bleus existe, je la cherche)

je cherche une maison qui ait des volets bleus (je ne sais pas si une maison aux volets bleus existe, mais j'aimerais en trouver une)

- circonstancielles introduites par des locutions conjonctives exprimant :

➧ le temps : *avant que, en attendant que, jusqu'à ce que*

ex. : *sortez avant qu'il (ne) pleuve*

➧ la cause incertaine ou écartée : *soit que .... soit que, non (pas) que, sans que, ce n'est pas que*

ex. : *je le réparerai sans que cela se voie*

➧ la conséquence : *assez/trop ... pour que*

ex. : *il a assez d'argent pour qu'il n'ait pas besoin de travailler*

➧ le but : *afin que, pour que, de telle manière/façon/sorte que, de crainte que, de peur que, pour éviter que*

ex. : *il a tout fait pour qu'elle accepte*

➧ la concession, l'opposition : *alors que, bien que, encore que, au lieu que, quoique, pour peu que, si ... que, tout ... que, où que, qui que*

ex. : *est-elle si occupée qu'elle ne puisse nous recevoir ?*

➾ la condition : *à condition que, pourvu que, pour peu que, en admettant que, à moins que*

ex. : *je le ferai à condition que vous m'aidiez*

➾ la supposition : *à supposer que, en admettant que ...*

ex. : *je l'aiderai volontiers, à supposer qu'il le veuille*

➾ la comparaison : *(pour) autant que*

ex. : *ce service est gratuit, pour autant que je sache*

! *Après que* devrait toujours être suivi de l'indicatif. L'utilisation du subjonctif, bien que très courante, est néanmoins critiquée et donc à éviter dans une langue soignée.

ex. : *je suis partie juste après qu'elle m'a téléphoné* et non **qu'elle m'ait téléphoné*

des années après qu'il eut quitté le pays et non **qu'il ait eu quitté le pays*

➤ LE CONDITIONNEL

❑ La formation

Le conditionnel a trois temps : présent, passé 1re forme et passé 2e forme, le dernier étant relativement inusité.

• Le présent se forme avec le radical du futur suivi des terminaisons de l'imparfait : *-ais, -ais, -ait, -ions, -iez, -aient.*

ex. : *je chanter**ais**, tu chanter**ais**, il chanter**ait**, nous chanter**ions**, vous chanter**iez**, ils chanter**aient***

! Les verbes à la 1re personne du singulier du futur et à la 1re personne du singulier du présent du conditionnel se prononcent de la même manière, ce qui est source d'erreurs à l'écrit. Pour faire la distinction, il suffit de remplacer la 1re personne du singulier par une autre personne.

ex. : *je lui dirai* ou *lui dirais* (?) *quand il reviendra*
nous lui dirons (et non *dirions*) *quand il reviendra*
→ futur donc on écrit *je lui dirai* et non *je lui dirais*

! Le verbe d'une proposition débutant par la conjonction ***si*** n'est jamais au conditionnel.

ex. : *je serais ravie si tu venais* et non **si tu viendrais*

• Le passé 1re forme se construit avec l'auxiliaire *avoir* ou *être* au présent du conditionnel suivi du participe passé.

ex. : *j'aurais chanté ; elle aurait dit ; vous auriez pris*
je me serais tu ; nous nous serions blessés ; ils se seraient perdus

• Le passé 2e forme se construit comme le subjonctif plus-que-parfait, avec l'auxiliaire *avoir* ou *être* au subjonctif présent suivi du participe passé (→ § concordance des temps).

❑ **Les emplois**

• Le conditionnel exprime un procès subordonné à une condition ou à une éventualité, dans le présent ou le passé.

ex. : *j'irais avec lui s'il me le demandait*
s'il avait insisté, je l'aurais aidé

• Le conditionnel s'utilise également pour exprimer :

➾ un souhait d'action future

ex. : *je prendrais volontiers des vacances !*

➾ un regret concernant un fait passé

ex. : *elle aurait aimé accepter*

- une information dont on n'est pas sûr
  ex. : *il aurait démissionné, à ce qu'on dit*
- une demande polie
  ex. : *me prêterais-tu ton stylo ?*
- un conseil prudent
  ex. : *tu devrais arrêter de fumer*

➤ L'IMPÉRATIF

❑ La formation

• À l'impératif présent, les formes des 1re et 2e personnes du pluriel sont celles du présent de l'indicatif, sauf pour les auxiliaires *avoir* et *être* et quelques autres verbes tels que *asseoir* et *savoir* :
ex. : *laissons-le ! ; partez !*

• À la 2e personne du singulier, la forme est celle du présent de l'indicatif, mais sans le ***s*** pour les verbes du 1er groupe et pour *aller, offrir, ouvrir, souffrir, cueillir, savoir* :
ex. : *prends ! ; donne ! ; va ! ; n'oublie pas !*

! Pour éviter un hiatus, les impératifs se terminant normalement par un ***e*** ou un ***a*** à la 2e personne du singulier prennent un ***s*** final (dit « euphonique ») devant *y* et *en* quand ces mots sont des adverbes ou des pronoms compléments de l'impératif.
ex. : *mange !* mais *manges-en un peu*
pense à moi mais *penses-y*
va ! mais *vas-y !*

Cette règle explique la faute fréquente qui consiste à mettre un ***s*** à tous les impératifs de la deuxième personne du singulier.

! Le ***t*** que l'on trouve à l'impératif *va-t'en* est le pronom ***te*** élidé et non un ***t*** euphonique, bien qu'il en remplisse la fonction.

• Pour les verbes pronominaux, on fait suivre le verbe d'un tiret et du pronom personnel réfléchi *toi, nous, vous* :

ex. : *montre-toi ! ; servons-nous ! ; allongez-vous !*

• L'impératif passé, inusité, se construit comme le subjonctif passé, c'est-à-dire avec le subjonctif présent de l'auxiliaire suivi du participe passé :

ex. : *aie pris, ayons pris, ayez pris*

❑ **Les emplois**

• L'impératif exprime le commandement, l'exhortation, le conseil, la prière et la défense aux trois personnes suivantes : *tu, nous, vous* :

ex. : *écoute-moi ! ; avançons ! ; essayez de comprendre ! ; ne dis pas cela !*

• L'impératif s'utilise également dans des propositions juxtaposées pour exprimer la condition ou la concession :

ex. : *refais cela et je ne te parle plus !* (= si tu refais cela)

explique lui cent fois, il continue à se tromper (= même si tu lui expliques)

■ LES MODES IMPERSONNELS

Le français a **trois modes impersonnels**, pour lesquels les formes ne changent pas selon la personne.

➤ L'INFINITIF

• L'infinitif est la forme du verbe exprimant l'idée d'un

procès sans indication de personne ni de temps. C'est sous cette forme que l'on trouve les verbes dans les dictionnaires.

Précédé ou non d'un article, l'infinitif est l'équivalent d'un nom et peut en prendre toutes les fonctions :

- infinitif sujet
  ex. : *boire beaucoup d'eau permet d'éliminer*
- infinitif attribut
  ex. : *souffler n'est pas jouer*
- infinitif en apposition
  ex. : *lui dire la vérité ou la lui cacher, voilà la question*
- infinitif complément d'un substantif
  ex. : *la peur de décevoir*
- infinitif complément d'un verbe ou d'un groupe verbal
  ex. : *je les entends chanter*
  il serait bon de l'en informer

• L'infinitif, éventuellement modifié par un adverbe, peut être précédé de l'article et utilisé comme un nom ; c'est un mode de formation d'expressions nouvelles assez courant dans l'usage actuel.

ex. : *le bien-manger, le mieux-vivre, le savoir-dire*

Ce type de composés reste invariable.

ex. : *des savoir-faire*

☺ Les verbes du 1er groupe se prononçant de la même façon à l'infinitif et au participe passé, les confusions entre ces deux formes sont fréquentes à l'écrit. Pour éviter la faute, on notera que l'infinitif apparaît souvent soit derrière une préposition, soit derrière un autre verbe conjugué.

ex. : *je lui apprends à jouer aux échecs*
va chercher ton livre

Le moyen le plus simple de ne pas se tromper est de remplacer le verbe du 1er groupe par un verbe d'un autre groupe.

ex. : *laissez-les entrer* ou *entré* ?
laissez-les sortir (infinitif) → *laissez-les entrer*

➤ LE PARTICIPE PRÉSENT

❑ La formation

• Le participe présent se construit en ajoutant le suffixe -***ant*** au radical du verbe de la 1re personne du pluriel du présent de l'indicatif.

ex. : *chant**ant** ; conduis**ant** ; craign**ant** ; part**ant***

! Notez les participes présents irréguliers de *avoir, être* et *savoir* : *ayant, étant, sachant.*

• À la voix passive, le participe présent est formé du participe présent de l'auxiliaire *être* suivi du participe passé du verbe. Ce participe passé s'accorde en genre et en nombre avec le sujet.

ex. : *étant exténués, ils ont préféré abandonner*
sa mère étant arrivée, il est allé la rejoindre

❑ Les emplois

• Le participe présent peut avoir une **valeur verbale** et recevoir des compléments et un sujet propre. Il est alors toujours **invariable.**

Il s'emploie avec les mêmes nuances de sens qu'une proposition relative ou qu'une proposition circonstancielle de temps, cause, condition ou concession :

ex. : *vous trouverez des commerçants* **offrant** *de grosses remises* (relative = qui offrent de grosses remises)

je l'ai vu **sortant** *de la poste* (temps = alors qu'il sortait de la poste)

le train **étant** *en retard, j'ai raté l'avion* (cause = comme le train était en retard)

la critique sera mieux reçue **venant** *de toi* (condition = si la critique vient de toi)

voulant *aider, il a retardé tout le monde* (concession = bien qu'il ait voulu aider)

! Le sujet implicite du participe placé en tête de phrase doit se rattacher au sujet du verbe personnel qui suit :

ex. : (moi) *espérant vous revoir bientôt, je vous envoie mes meilleures salutations*

et non *(moi) *espérant vous revoir bientôt,* (vous) *veuillez recevoir mes meilleures salutations*

• Le participe présent peut avoir les mêmes valeurs et fonctions qu'un adjectif qualificatif. C'est alors un **adjectif verbal** qui **s'accorde en genre et en nombre** avec ce qu'il qualifie.

☺ À l'oral, rien ne distingue l'adjectif verbal du participe présent lorsqu'il est rattaché à un nom masculin. Or le premier est variable et l'autre invariable. Pour éviter la faute, il suffit de remplacer le nom masculin par un nom féminin.

ex. : *il/elle se tenait à l'entrée, accueillant les invités* → invariable, participe présent

il s'est montré accueillant / elle s'est montrée accueillante → variable, adjectif verbal

• **Le gérondif** est une forme du participe présent généralement précédée de la préposition ***en***. Il exprime des compléments circonstanciels de temps, de cause, de manière, de moyen, de condition et d'opposition.

ex. : *les enfants apprennent en s'amusant* (temps)
en criant, il a réveillé tout le monde (cause)
en mastiquant, on assimile mieux la nourriture (manière)
il l'a cassé en utilisant un marteau (moyen)
en partant maintenant, vous arriveriez pour l'ouverture (condition)
il a gagné en ne s'étant pas entraîné (opposition)

On trouve le gérondif sans préposition dans des formules figées.

ex. : *elles discutèrent chemin* ***faisant***
ce ***faisant****, ils s'exposent à la critique*

Combiné avec *aller*, le gérondif marque l'action continue, la progression dans le temps.

ex. : *la crainte va grandissant*

! Le sujet implicite du gérondif doit être le même que celui du verbe principal.

ex. : *en creusant les fondations, des vestiges sont apparus* est une tournure incorrecte
en creusant les fondations, on a mis au jour des vestiges ou *des vestiges sont apparus quand on a creusé les fondations*

On remarquera toutefois que certaines expressions anciennes, notamment de type proverbial, ne respectent pas cette règle.

ex. : *l'appétit vient en mangeant*

➤ LE PARTICIPE PASSÉ

❑ La formation

• Dans l'usage courant, on appelle « participe passé » la forme réduite, c'est-à-dire sans auxiliaire. C'est celle qui apparaît dans les tableaux de conjugaison.

• Le participe passé complet est formé de l'auxiliaire ***être*** ou ***avoir*** au **participe présent** suivi du **radical de l'infinitif terminé par :**

➪ ***-é*** pour les verbes du 1er groupe
ex. : *ayant parlé, ayant participé*

➪ ***-i*** pour les verbes du 2e groupe
ex. : *ayant fini, ayant rempli*

➪ le plus souvent en ***-i,*** mais aussi en ***-is, -t*** ou ***-u*** pour les verbes du 3e groupe
ex. : *étant parti ; étant ass**is** ; ayant join**t** ; ayant cour**u***
exception : *naître* → *étant né*

! Certains participes sont très différents du radical :
devoir → *dû, due ; pouvoir* → *pu ; plaire* → *plu ; vivre* → *vécu*

☺ Le ***t*** et le ***s*** finals étant muets, il suffit de mettre le participe passé au féminin pour s'assurer de son orthographe.
ex. : *elle s'est plain**te*** → *il s'est plaint*
*elle s'est assi**se*** → *il s'est assis*
*elle est cui**te*** → *il est cuit*

❑ Les emplois

• Le participe passé est utilisé pour tous les ***temps composés.***

ex. : *j'ai décidé ; il aurait dit ; nous étions partis ; que vous ayez choisi*

• Le participe passé peut apparaître dans une **proposition participiale**.

ex. : *le soleil s'étant couché, il faisait plus froid*

• Employé sans auxiliaire, le participe passé a une **valeur adjectivale**. Comme l'adjectif, il s'accorde et il peut être épithète, attribut ou apposé.

ex. : *ils étaient à l'endroit prévu*
ces graphies sont admises
elle lisait, assise près du feu

! Dans les tours exclamatifs débutant par un participe passé, l'accord se fait ou non.

ex. : *fini* ou *finis les soucis !*

! Les participes *attendu, compris* (dans le sens de « inclus »), *entendu, excepté, supposé* et *vu* ainsi que *ci-annexé, ci-inclus, ci-joint*, restent invariables lorsqu'ils sont placés devant le nom – ils se comportent alors comme des adverbes. En revanche, ils s'accordent en genre et en nombre avec le nom auquel ils se rapportent lorsqu'ils sont placés derrière ce nom.

ex. : *tous ses petits-enfants étaient là, excepté Léo et Ella* mais *tous ses petits-enfants étaient là, Léo et Ella exceptés*
vous trouverez ci-joint les contrats signés mais *vous trouverez les contrats signés ci-joints*

! *Étant donné, mis à part* et *passé* peuvent s'accorder ou non en genre et en nombre avec le nom auquel ils se rapportent.

ex. : *étant donné* ou *données les circonstances, nous avons tout annulé*

mis à part ou *mises à part ces petites difficultés, tout s'est bien déroulé*

passé ou *passées 22 heures, je ne réponds plus au téléphone*

! Dans la mention légale *lu et approuvé*, ainsi que dans les locutions conjonctives *attendu que, étant donné que, excepté que, supposé que, vu que* les participes sont toujours invariables.

Utilisé avec un auxiliaire, un verbe pronominal ou un verbe impersonnel, le participe passé pose régulièrement des problèmes d'accord (→ § accord du participe passé).

LES TEMPS

Ils permettent de situer le procès exprimé par le verbe sur l'axe du temps : passé, présent, futur.

■ LES TEMPS SIMPLES

Un temps est dit « simple » lorsque ses formes verbales ne sont composées que d'un seul mot. La formation des temps simples varie selon le groupe auquel appartient le verbe.

➤ LE PRÉSENT

❑ La formation

verbes du 1er groupe : radical du verbe suivi des terminaisons : *-e, -es, -e, -ons, -ez, -ent*

ex. : *j'aime, tu aimes, il aime, nous aim**ons**, vous aim**ez**, ils aim**ent***

verbes du 2e groupe : radical du verbe suivi des terminaisons : *-s, -s, -t, -ons, -ez, -ent*

ex. : *je réunis, tu réunis, il réunit, nous réunisс**ons**, vous réuniss**ez**, ils réuniss**ent***

verbes du 3e groupe

➾ radical du verbe suivi des terminaisons : *-s, -s, -t, -ons, -ez, -ent*

ex. : *je souri**s**, tu souri**s**, il souri**t**, nous souri**ons**, vous souri**ez**, ils souri**ent***

➾ radical du verbe suivi des terminaisons : *-s, -s, -, -ons, -ez, -ent*

ex. : *je défend**s**, tu défend**s**, il défend, nous défend**ons**, vous défend**ez**, ils défend**ent***

➾ radical du verbe suivi des terminaisons : *-e, -es, -e, -ons, -ez, -ent*

ex. : *je couvr**e**, tu couvr**es**, il couvr**e**, nous couvr**ons**, vous couvr**ez**, ils couvr**ent***

➾ radical du verbe suivi des terminaisons : *-x, -x, -t, -ons, -ez, -ent*

ex. : *je veu**x**, tu veu**x**, il veu**t**, nous voul**ons**, vous voul**ez**, ils veul**ent***

! Le radical des verbes du 3e groupe est souvent modifié.

ex. : ***prend**re : je **prend**s, nous **pren**ons*
***dorm**ir : je **dor**s, nous **dorm**ons*

! Les verbes dont l'infinitif se termine par ***-aître*** ainsi que ***plaire*** conservent traditionnellement l'accent circonflexe sur le ***i*** s'il est suivi d'un ***t***.

ex. : *il paraît ; il connaît ; il disparaît*

➠ Cependant, la réforme de l'orthographe de 1990 préconise l'abandon de cet accent circonflexe et accepte les deux graphies : *il paraît* ou *il parait, il connaît* ou *il connait, il disparaît* ou *il disparait*.

❑ **Les emplois**

Le présent permet d'exprimer :

- une action qui se déroule au moment où l'on parle
  ex. : *le téléphone sonne*
- une action habituelle
  ex. : *je prends le train tous les jours*
- une vérité générale, scientifique
  ex. : *l'eau bout à 100 °C*
- une action passée
  ex. : *le mur de Berlin tombe le 9 novembre 1989*
- une action dans un futur proche
  ex. : *je reviens dans deux heures*

➤ **LE FUTUR**

❑ **La formation**

Le futur se forme avec l'infinitif du verbe suivi des terminaisons *-ai, -as, -a, -ons, -ez, -ont*.

ex. : *j'aimer**ai**, tu aimer**as**, il aimer**a**, nous aimer**ons**, vous aimer**ez**, ils aimer**ont***

! Le radical de certains verbes du 3e groupe peut être modifié :

- perte du ***e*** de l'infinitif
  ex. : *j'apprendr**ai** ; nous joindr**ons***

- doublement du ***r*** devant la terminaison
  ex. : *nous cou**rr**ons ; il mou**rr**a*
- changement de radical et doublement du ***r***
  ex. : *j'acque**rr**ai, je pou**rr**ai ; vous ve**rr**ez*
- transformation du ***i*** du radical de *cueillir* en ***e***
  ex. : *je cueill**e**rai, tu cueill**e**ras, il cueill**e**ra,* etc.

❑ Les emplois

Le futur permet d'exprimer :

- une action à venir, plus ou moins proche
  ex. : *je partirai demain*
  ils viendront l'année prochaine
- une action passée mais postérieure à un fait relaté au présent
  ex. : *il décède en 1980 et son film sortira trois mois après sa mort*

➤ L'IMPARFAIT

❑ La formation

- **verbes du 1er groupe** : radical du verbe suivi des terminaisons *-ais, -ais, -ait, -ions, -iez, -aient.*
  ex. : *je chant**ais**, tu chant**ais**, il chant**ait**, nous chant**ions**, vous chant**iez**, ils chant**aient***
- **verbes du 2e groupe** : radical du verbe suivi de *-ss* et des terminaisons *-ais, -ais, -ait, -ions, -iez, -aient.*
  ex. : *je finissais, tu finissais, il finissait, nous finissions, vous finissiez, ils finissaient*
- **verbes du 3e groupe** : radical du verbe suivi des terminaisons *-ais, -ais, -ait, -ions, -iez, -aient.* Attention, le radical est souvent modifié.

ex. : *je* ***pren****ais ; tu* ***all****ais ; il* ***cous****ait ; nous* ***dis****ions ; vous* ***écriv****iez ; ils* ***joign****aient*

☺ À l'oral, la distinction entre le présent et l'imparfait des 1re et 2e personnes du pluriel s'entend à peine pour les verbes du 1er groupe en *-gner* (ex. : *signer*), *-iller* (ex. : *mouiller*), *-ier* (ex. : *épier*) et *-yer* (ex. : *tournoyer*) et certains verbes du 3e groupe (*bouillir, cueillir, fuir, voir, asseoir, craindre, peindre, croire* et *rire*).

Or, la terminaison de l'imparfait des 1re et 2e personnes du pluriel des verbes débute par un ***i***.

Pour éviter la faute, il suffit de remplacer la personne du pluriel par une personne du singulier.

ex. : *l'été dernier, nous nous baignons* ou *baignions* (?) *tous les jours*
tu te baignais, imparfait → *nous nous baignions*

❑ **Les emplois**

L'imparfait permet d'exprimer :

- une action non achevée qui se déroule dans le passé
  ex. : *nous écoutions de la musique quand il est entré*
- une action qui dure dans le passé
  ex. : *ils travaillaient sans relâche*
- une action habituelle dans le passé
  ex. : *elle s'entraînait toutes les semaines*
- une action ponctuelle dans le passé
  ex. : *le 18 juin 1940, De Gaulle lançait son fameux appel*
- une action future dans le discours indirect
  ex. : *elle m'a annoncé qu'elle démissionnait*

- une condition

  ex. : *si j'étais plus jeune, je le ferais*

(→ § concordance des temps)

➤ LE PASSÉ SIMPLE

❑ La formation

verbes du 1er groupe et *aller* : radical du verbe suivi des terminaisons *-ai, -as, -a, -âmes, -âtes, -èrent.*

ex. : *je chant**ai**, tu chant**as**, il chant**a**, nous chant**âmes**, vous chant**âtes**, ils chant**èrent***

verbes du 2e groupe : radical du verbe suivi de *-is, -is, -it, -îmes, -îtes, -irent.*

ex. : *je fin**is**, tu fin**is**, il fin**it**, nous fin**îmes**, vous fin**îtes**, ils fin**irent***

verbes du 3e groupe :

- radical du verbe suivi des terminaisons *-is, -is, -it, îmes, -îtes, -irent*

  ex. : *je r**is**, tu r**is**, il r**it**, nous r**îmes**, vous r**îtes**, ils r**irent***

- radical du verbe suivi des terminaisons *-us, -us, -ut, ûmes, -ûtes, -urent*

  ex. : *je cour**us**, tu cour**us**, il cour**ut**, nous cour**ûmes**, vous cour**ûtes**, ils cour**urent***

! Le radical de *venir* et *tenir* et de leurs composés est très altéré :

ex. : *je vins, nous vînmes, ils vinrent ; je retins, nous retînmes, ils retinrent*

! Ne pas oublier l'accent circonflexe sur les 1re et 2e personnes du pluriel.

❑ **Les emplois**

Le passé simple est l'un des principaux temps du récit ; il sert :

- à exprimer une action achevée dans un récit historique
  ex. : *les troupes débarquèrent en juin*

- à exprimer une action qui se produit tandis qu'une autre action est en cours
  ex. : *ils jouaient dans le jardin quand l'orage éclata*

- à présenter une succession de faits dans le passé
  ex. : *elle prit son sac, ouvrit la porte et sortit*

Le passé simple est le temps du conte par excellence :
ex. : *ils se marièrent et vécurent heureux*

Ce temps, dont certaines formes sont un peu difficiles, est surtout utilisé à l'écrit et dans un style soutenu. Dans l'usage courant et notamment à l'oral, le passé simple est remplacé par le passé composé.

■ LES TEMPS COMPOSÉS

Un temps est dit « composé » lorsque ses formes verbales sont composées d'un **auxiliaire à un temps simple suivi d'un participe passé.**

➤ LE PASSÉ COMPOSÉ

❑ **La formation**

Le passé composé se construit avec l'auxiliaire ***être*** ou ***avoir*** au **présent simple** suivi du **participe passé** du verbe.

❑ **Les emplois**

Le passé composé est le principal temps du récit au passé.

Il permet d'exprimer une action achevée, qui s'est produite avant le moment où l'on parle, dans un passé plus ou moins proche et qui garde éventuellement un lien avec le présent.

ex. : *hier, il a plu toute la journée*
il est arrivé en France en 1995
j'ai toujours voulu aller au Mexique

Dans une proposition conditionnelle introduite par *si*, il a une valeur de futur antérieur.

ex. : *si demain vous n'avez pas donné votre réponse, je considérerai que vous acceptez*

(→ § accord du participe passé)

➤ LE PLUS-QUE-PARFAIT

❑ La formation

Le plus-que-parfait se construit avec l'auxiliaire ***avoir*** ou ***être*** à l'**imparfait** suivi du **participe passé** du verbe.

ex. : *j'avais chanté ; il était ressorti*

❑ Les emplois

Le plus-que-parfait permet d'exprimer, dans le passé :

➺ une action qui s'est déroulée avant une autre, avec un intervalle de temps entre les deux

ex. : *il avait déjà terminé quand je suis arrivé*
je croyais qu'ils étaient repartis
elle vit qu'il avait pleuré

➺ une action qui se répète ; il a alors une valeur dite « itérative »

ex. : *ils s'étaient entraînés tous les jours des années durant*

➾ le caractère éventuel de l'action de la subordonnée, antérieure à l'action de la proposition principale ; on parle alors d'« irréel du passé »

ex. : *si tu n'avais rien dit, il n'y aurait pas eu de problème*

➾ un regret dans une proposition exclamative

ex. : *si j'avais su !*

➤ LE PASSÉ ANTÉRIEUR

❑ La formation

Le passé antérieur se construit avec l'auxiliaire ***avoir*** ou ***être*** au **passé simple** suivi du **participe passé** du verbe.

ex. : *j'eus chanté ; il fut ressorti*

❑ L'emploi

Le passé antérieur sert à exprimer que l'action de la subordonnée s'est déroulée immédiatement avant celle de la principale au passé simple.

ex. : *dès qu'il eut quitté la pièce, ils se chamaillèrent*

➤ LE FUTUR ANTÉRIEUR

❑ La formation

Le futur antérieur se construit avec l'auxiliaire ***avoir*** ou ***être*** au **futur** suivi du **participe passé** du verbe.

ex. : *j'aurai chanté ; il sera ressorti*

❑ Les emplois

Le futur antérieur permet d'exprimer :

➾ une action considérée comme achevée dans le futur de manière certaine

ex. : *dans une semaine, il aura tout oublié*

➾ l'antériorité, dans le futur, d'une action par rapport à une autre

ex. : *dès que tu auras fini, nous sortirons*

➾ une hypothèse, une probabilité dans le passé

ex. : *il aura pris le mauvais chemin*

➾ une récapitulation, un bilan

ex. : *toutes ces expériences n'auront servi à rien*

■ LES TEMPS SURCOMPOSÉS

❑ La formation

Dans les temps surcomposés, la forme verbale est constituée de l'auxiliaire ***avoir*** ou ***être*** à un **temps composé,** suivi du **participe passé** du verbe.

ex. : *j'ai eu demandé ; il aurait été averti*

❑ Les emplois

Les temps surcomposés sont employés :

➾ le plus souvent dans la subordonnée lorsque le verbe de la principale est à un temps composé

ex. : *je suis parti quand j'ai eu terminé*
il serait arrivé quand j'aurais été occupé
s'il avait eu fini, il aurait pu partir

➾ plus rarement dans une proposition principale

ex. : *il a eu vite fait de renoncer à cette aventure*

(→ § concordance des temps)

LES PERSONNES

La terminaison du verbe varie selon le genre (masculin, féminin) et le nombre (singulier, pluriel) de son sujet.

Les pronoms personnels donnés dans les tableaux de conjugaison portent la marque de la personne et du nombre.

Les **1res personnes du singulier et du pluriel** désignent celui ou ceux qui parlent.

ex. : *j'écris ; nous lisons*

! Le pronom « nous » peut désigner plusieurs types de groupe : moi et toi/vous/eux/elles.

Il peut également désigner la personne qui parle, dans des usages très particuliers :

- « nous de majesté », employé par un souverain ou humoristiquement

  ex. : *nous vous faisons chevalier de la Légion d'honneur ; nous n'en avons cure*

- « nous de modestie »

  ex. : *nous débuterons notre conférence par un hommage*

Il peut enfin désigner la personne à qui l'on parle, avec un effet humoristique.

ex. : *nous sommes bougon ce matin ?*

Les **2e personnes du singulier et du pluriel** désignent celui ou ceux à qui l'on parle.

ex : *viens-tu avec moi ?*
Julien et toi, qu'en pensez-vous ?

Les **3e personnes du singulier et du pluriel** désignent celui ou ceux dont on parle.

ex : *il me surprendra toujours*
elles ne sont pas arrivées

! Certains verbes ne se conjuguent qu'à la 3e personne du singulier : ce sont les verbes impersonnels (→ § verbes impersonnels).

! Certains modes n'acceptent pas la notion de personne : ce sont les modes impersonnels (→ § modes impersonnels).

QUELQUES PARTICULARITÉS ORTHOGRAPHIQUES

❑ Alternance e/é et e/è

• Pour les verbes du 1er groupe dont l'avant-dernière syllabe de l'infinitif contient un ***e*** muet, ce ***e*** se transforme en ***è*** devant une syllabe contenant un ***e*** muet :

ex. : *enlever* → *j'enlèverai ; soulever* → *ils soulèvent ;*
ressemer → *elles ressèmeront*

! Pour les verbes du 1er groupe dont l'avant-dernière syllabe de l'infinitif contient un ***é***, ce ***é*** se transforme en ***è*** devant un ***e*** muet final :

ex. : *céder* → *je cède ; posséder* → *tu possèdes ;*
empiéter → *elle empiète*

Ce ***é*** est censé se maintenir dans les autres cas, notamment au futur et au conditionnel.

ex. : *céder* → *nous céderons ; vous céderiez*
posséder → *nous posséderons ; vous posséderiez*

➡ La réforme de l'orthographe de 1990 préconise toutefois l'emploi du ***è*** pour des raisons à la fois d'harmonisation et de conformité avec la prononciation. Ainsi les formes *nous cèderons, nous possèderons, elle empiètera,* etc. sont considérées comme correctes. Elles sont d'ailleurs enregistrées dans la plupart des dictionnaires.

❑ Accent circonflexe sur le *i* et le *u*

• Le ***i*** et le ***u*** prennent traditionnellement un accent circonflexe dans certaines terminaisons verbales.

ex. : *il accroît ; elle naît ; nous lûmes ; vous voulûtes ; ils décroîtront ; ils ont mû*

➠ La réforme de l'orthographe de 1990 préconise l'abandon de l'accent circonflexe sur le ***i*** et le ***u*** sauf :

➾ au passé simple, pour les 1re et 2e personnes du pluriel

ex. : *nous suivîmes ; vous voulûtes*

➾ à la 3e personne du singulier de l'imparfait du subjonctif

ex. : *qu'il suivît ; qu'il voulût*

➾ à la 3e personne du singulier du plus-que-parfait du subjonctif

ex. : *qu'il eût suivi ; qu'elle eût voulu*

➾ pour les formes du verbe ***croître*** qui ne se distinguent de celles du verbe ***croire*** que par cet accent circonflexe

ex : *je croîs/je crois ; il crût/il crut*

Les graphies telles que *il accroit, elle nait, ils décroitront, ils ont mu* ne sont donc plus considérées comme fautives.

❑ Verbes en *-yer*

Pour les verbes dont l'infinitif se termine par ***-oyer*** ou ***-uyer***, le ***y*** se transforme en ***i*** devant les terminaisons commençant par un ***e*** muet.

ex. : *je nettoie ; il essuiera*

Pour les verbes dont l'infinitif se termine par ***-ayer,*** la forme avec ***y*** est tolérée, mais la forme en ***i*** est préférable pour des raisons d'euphonie et d'harmonisation.

ex. : *tu balaies* [balɛ] est préférable à *tu balayes* [balɛj]

! ***Envoyer*** et ***renvoyer*** se distinguent des autres verbes en ***-oyer*** par leur futur (*j'enverrai, tu enverras*, etc.) et leur conditionnel (*j'enverrais, tu enverrais*, etc.).

❑ Verbes en *-eler* et *-eter*

• Pour la majorité des verbes dont l'infinitif se termine par ***-eler*** (ex. : *appeler*) et ***-eter*** (ex. : *décacheter*), il y a doublement du ***l*** ou du ***t*** devant les terminaisons commençant par un ***e*** muet.

ex. : *j'appe**lle** ; ils se quere**lle**raient*
*tu je**tt**es ; elles décache**tte**ront*

• Pour les verbes suivants, le ***l*** ou le ***t*** n'est pas doublé mais le ***e*** se transforme en ***è***.

ciseler → *cisèle ; congeler* → *congèle ; démanteler* → *démantèle ; écarteler* → *écartèle ; geler* → *gèle ; marteler* → *martèle ; modeler* → *modèle ; peler* → *pèle ; receler* → *recèle*

acheter → *achète ; crocheter* → *crochète ; fureter* → *furète ; haleter* → *halète*

➡ La réforme de l'orthographe de 1990 préconise l'emploi systématique du ***è*** pour noter le son ***e*** ouvert dans les verbes en ***-eler*** et ***-eter***. Ainsi, on peut conjuguer sur le modèle de ***geler*** et ***acheter*** des verbes tels que *ruisseler, épousseter, étiqueter* → *il ruisselle* ou *il ruissèle* ; *il époussette* ou *il époussète* ; *il étiquette* ou *il étiquète*.

❑ Verbes en *-cer*

• Pour les verbes du 1er groupe dont l'infinitif se termine par ***-cer*** (ex. : *placer*), le ***c*** prend une cédille devant les terminaisons commençant par ***o*** ou ***a***, ceci afin de conserver le son [s].

ex. : *nous amorçons ; il coinçait ; nous plaçâmes*

• Les verbes en ***-ecer*** (ex. : *dépecer*) se conjuguent comme ***placer*** et ***peler***, c'est-à-dire qu'ils présentent à la fois l'alternance ***c/ç*** devant ***a*** et ***o*** et l'alternance ***e/è*** devant un ***e*** muet.

ex. : *je dépèce ; je dépeçais*

• Les verbes en ***-écer*** (ex. : *rapiécer*) se conjuguent comme ***placer*** et ***céder,*** c'est-à-dire qu'ils présentent à la fois l'alternance ***c/ç*** devant ***a*** et ***o*** et l'alternance ***é/è*** devant un ***e*** muet.

ex. : *il rapièce ; il rapiéça*

➡ La réforme de l'orthographe de 1990 préconise l'emploi systématique du ***è*** pour noter le son ***e*** ouvert devant une syllabe contenant un ***e*** muet. Ainsi les deux formes *il rapiécera* et *il rapiècera* sont correctes. Ces graphies sont d'ailleurs enregistrées dans la plupart des dictionnaires.

❑ **Verbes en *-ger***

• Pour les verbes du 1er groupe dont l'infinitif se termine par ***-ger,*** le ***g*** est suivi d'un ***e*** devant les terminaisons commençant par ***o*** ou ***a*** , ceci afin de conserver le son [ʒ].

ex. *il abrégea ; nous arrangeons ; ils s'engageaient*

• Les verbes en ***-éger*** (ex. : *siéger, protéger*) se conjuguent comme ***bouger*** et ***céder,*** c'est-à-dire qu'ils présentent à la fois l'alternance ***g/ge*** et l'alternance ***é/è***.

ex. : *elle protège, elle protégeait ; il siège, il siégea*

➡ La réforme de l'orthographe de 1990 préconise l'emploi systématique du ***è*** pour noter le son ***e*** ouvert devant une syllabe contenant un *e* muet. Ainsi on peut écrire *elle protégerait* ou *protègerait, il siégera* ou *siègera.* Ces graphies sont d'ailleurs enregistrées dans la plupart des dictionnaires.

❑ **Verbes en *-cevoir***

Les verbes dont l'infinitif se termine par ***-cevoir*** (*apercevoir, concevoir, décevoir, entrapercevoir, percevoir et recevoir*) prennent un **c** cédille devant ***o*** et ***u*** pour conserver le son [s].

ex. : *j'aperçois ; nous avons reçu*

❑ **Asseoir**

Deux radicaux entrent en concurrence dans la conjugaison de ce verbe au présent, à l'imparfait et au futur de l'indicatif, ainsi qu'à l'impératif.

ex. : *j'assieds* ou *j'assois ; j'asseyais* ou *j'assoyais ; j'assiérai* ou *j'assoirai ; assieds-toi* ou *assois-toi.*

Les formes *assois-toi* et *assoyez-vous* sont considérées comme familières. La troisième forme possible du futur, en *-eyer* (*j'asseyerai, tu asseyeras,* etc.), est considérée comme vieillie.

! Le **e** ne se maintient devant **oi** qu'à l'infinitif.

ex. : *asseoir* mais *je m'assois, tu t'assois,* etc.

➡ La réforme de l'orthographe de 1990 préconise la graphie ***assoir*** pour ce verbe, dans un souci d'harmonisation avec les autres verbes en *-oir.*

❑ **La forme interrogative**

La forme interrogative avec inversion du sujet et du verbe a parfois un impact sur la forme verbale.

• À la 1re personne du singulier se terminant par ***e***, le ***e*** final se transforme en ***é*** pour éviter le hiatus :

ex. : *j'aime* → *aimé-je ? ; j'eusse* → *eussé-je ?*

➡ La réforme de l'orthographe de 1990 préconise le remplacement du ***é*** par un ***è***, ceci afin d'être conforme à la prononciation. Ainsi, les formes *aimè-je, eussè-je* sont considérées comme correctes.

• Lorsque le verbe se termine par ***a*** ou ***e*** à la 3e personne du singulier, on ajoute un ***t*** dit « euphonique » entre traits d'union :

ex. : *quand reviendra-**t**-il ? ; aime-**t**-elle le chocolat ?*

❑ Le subjonctif présent et imparfait

L'inversion du sujet et du verbe dans l'emploi littéraire du subjonctif présent et imparfait exprimant un souhait ou une éventualité à la 1re personne du singulier provoque également la transformation du ***e*** final en ***é***. On ajoute éventuellement un ***s*** pour conserver le son [s].

ex. : *que je puisse* mais *puiss**é**-je l'aider*
que je dus mais *duss**é**-je attendre longtemps*
que j'eusse mais *euss**é**-je ce bonheur*
que je fusse mais *fuss**é**-je mieux compris*

➡ Là encore, la réforme de l'orthographe de 1990 préconise le remplacement du ***é*** par un ***è*** pour rendre compte de la prononciation ; ainsi les graphies *puissè-je, dussè-je, eussè-je, fussè-je* sont considérées comme correctes.

QUELQUES PIÈGES À ÉVITER

ASSERVIR est du 2e groupe *(asservissant)* ; il ne se conjugue pas comme ***servir***, bien qu'il soit de la même famille, mais comme ***finir***.

BÉNIR : le participe passé de ce verbe est *béni* mais il existe un adjectif *bénit* (« qui a reçu la bénédiction du prêtre avec les cérémonies prescrites »), qui introduit parfois quelques confusions. Ainsi on doit écrire *il a béni le pain* mais *du pain bénit ; l'eau bénie par le pape* mais *de l'eau bénite.*

CONVENIR se conjugue généralement avec l'auxiliaire *avoir.* L'auxiliaire *être* s'emploie cependant dans la langue littéraire.

ex. : *nous avons convenu de l'aider* ou *nous sommes convenus de l'aider* (littéraire)

FICHER : dans le sens familier de « faire » ou « donner », l'infinitif de ce verbe existe sans ***r.***

ex. : *je vais le ficher à la poubelle ; je n'en ai rien à fiche.*

DÉRIVÉS DE DIRE : le seul dérivé se conjuguant exactement comme ***dire*** est ***redire.***

À la deuxième personne du pluriel du présent de l'indicatif, *contredire, se dédire, interdire, médire, prédire* se terminent par *-disez* et non *-dites* : *vous contredisez, vous vous dédisez, vous interdisez, vous médisez, vous prédisez.*

Quant à ***maudire***, c'est un verbe du 2e groupe *(maudissant)*, qui se conjugue sur le modèle de ***finir***. Son participe passé s'écrit toutefois avec un ***t*** : *maudit, maudite.*

FAILLIR se conjugue comme ***finir*** et non comme ***assaillir***. Dans l'usage actuel, *faillir* (au sens de « manquer ») n'est plus guère employé qu'au passé simple (dans la langue écrite), au participe passé, et surtout à l'infinitif et aux temps composés *(j'ai failli, elles avaient failli).* Les autres formes, et en particulier le présent de l'indicatif, le futur et le conditionnel dont les 3e personnes du singulier sont communes à *faillir* et à *falloir (il faut, il faudra, il faudrait)* étaient déjà vieillies au XIXe s. C'est à cette époque que sont entrées dans l'usage les formes *je faillirai, je faillirais* au futur et au conditionnel.

FRIRE est inusité au passé simple et à l'imparfait de l'indicatif, au subjonctif présent et imparfait. Au présent de l'indicatif, seules les trois personnes du singulier existent : *je fris, tu fris, il frit.* Au futur et au conditionnel, la conjugaison est complète : *je frirai, tu friras, il frira, nous frirons, vous frirez, ils friront ; je frirais, tu frirais, nous fririons, vous fririez, ils friraient.* L' impératif est *fris* et le participe passé *frit, frite.*

IMPARTIR : contrairement aux apparences, ce verbe, qui signifie « donner en partage », n'est pas dérivé de *partir* ; il se conjugue comme ***finir*** mais est surtout usité à l'infinitif, à l'indicatif présent et au participe passé.

POURVOIR et **PRÉVOIR** : bien que dérivés du verbe *voir*, ces verbes gardent leur radical intact au futur : *je verrai* mais *je pourvoirai, je prévoirai.*

RÉASSORTIR : ce verbe n'est pas dérivé de *sortir* mais de *assortir*, et se conjugue comme ***finir***.

REPARTIR/RÉPARTIR : ces deux verbes très proches ne doivent être confondus ni au niveau du sens, ni au niveau de la conjugaison.

REPARTIR signifie « partir à nouveau » et se conjugue comme ***partir***, verbe du 3e groupe *(je repars, repartant).*

RÉPARTIR signifie « distribuer » et se conjugue comme ***finir***, verbe du 2e groupe *(je répartis, répartissant).*

RÉSOUDRE a deux participes passés : *résolu, ue* pour le sens « statuer, se déterminer » (ex. : *problème résolu*) et *résous,* *oute* pour le sens « dissoudre » (ex. : *brouillard résous en pluie*).

RESSORTIR : dans le sens de « sortir à nouveau », ce verbe se conjugue comme ***sortir***, dont il est dérivé (*je ressors, nous ressortirons)* mais dans le sens de « être du ressort de, être relatif à », il se conjugue comme ***finir***, verbe du 2e groupe (ex. : *ce procès ressortit à la cour d'appel*).

SORTIR : dans le sens juridique de « obtenir », ce verbe se conjugue comme ***finir***.

TROMPETER et **GUILLEMETER** se conjuguent comme ***jeter*** mais se prononcent avec un [e] comme *moquetter*.

➨ La réforme de l'orthographe de 1990 préconise cependant les graphies *trompéter* et *guilleméter* et l'emploi du **è** devant une syllabe contenant un ***e*** muet : *tu trompèteras ; ils guillemèteront*.

Le participe présent et l'adjectif verbal s'écrivent parfois différemment. Ci-dessous les principaux exemples :

participe présent	**adjectif**
adhérant	adhérent
affluant	affluent
claudiquant	claudicant
communiquant	communicant
convainquant	convaincant
convergeant	convergent

différant	différent
divergeant	divergent
équivalant	équivalent
excellant	excellent
fatiguant	fatigant
influant	influent
interférant	interférent
intriguant	intrigant
naviguant	navigant
négligeant	négligent
précédant	précédent
provoquant	provocant
somnolant	somnolent
suffoquant	suffocant
zigzaguant	zigzagant

LA CONCORDANCE DES TEMPS ET DES MODES

La subordonnée exprime un procès qui peut être antérieur, simultané ou postérieur à l'action principale. Le temps de la subordonnée varie avec le temps et le mode de la proposition dont elle dépend. Cette concordance est imposée soit par le sens de la phrase, soit par des règles indépendantes du sens.

❑ Concordance entre le verbe de la proposition principale et le verbe d'une subordonnée à l'indicatif ou au conditionnel

• Lorsque la **proposition principale** est au **présent** ou au **futur**, le verbe de la subordonnée se met à l'**indicatif**, à un temps déterminé par le sens.

ex. : *je crois qu'il pleut* (présent)
je crois qu'il a plu (passé composé)
je crois qu'il pleuvait (imparfait)
je crois qu'il pleuvra (futur)

tu verras que j'ai raison (présent)
tu verras que j'avais raison (imparfait)
tu seras prévenu quand l'accord aura été donné (futur antérieur)

• Lorsque la **proposition principale** est au **passé**, le verbe de la **subordonnée** se met à l'**indicatif** ou au **conditionnel**, à un temps déterminé par le sens.

je croyais qu'il pleuvait (imparfait)
je croyais qu'il avait plu (plus-que-parfait)
j'espérais qu'il accepterait (conditionnel présent)
j'espérais qu'il se serait abstenu (conditionnel 1re forme)
elle acheta le pull dès qu'il fut en solde (passé simple)
il nous a quittés quand nous sommes arrivés à l'hôtel (passé composé)
elle avait envoyé sa réponse dès qu'elle avait reçu la lettre (plus-que-parfait)

! Lorsque la subordonnée exprime un fait intemporel, une vérité historique ou scientifique, le verbe n'est pas obligatoirement soumis à la concordance des temps.

ex. : *il a prouvé que la Terre tourne autour du Soleil*

❑ **Concordance entre le verbe de la proposition principale et le verbe d'une subordonnée au subjonctif**

• Lorsque la **proposition principale** est à l'**indicatif présent** ou **futur**, la **subordonnée** se met :

➾ au **subjonctif présent** s'il y a **simultanéité** ou **postériorité** par rapport à l'action de la principale

ex. : *elle veut que je vienne*
elle voudra que je vienne
il faut que tu finisses ce travail
il faudra que tu finisses ce travail

➾ au **subjonctif passé** s'il y a **antériorité** par rapport à l'action de la principale

ex. : *je crains* (maintenant) *qu'elle n'ait menti* (dans le passé)

• Lorsque la **proposition principale** est au **conditionnel présent**, la règle exigerait que la **subordonnée** soit au **subjonctif imparfait** :

ex. : *elle voudrait que nous vinssions*

• Lorsque la **proposition principale** est à un temps du **passé de l'indicatif**, la règle exigerait que la subordonnée soit :

➾ à l'**imparfait du subjonctif** s'il y a **simultanéité** ou **postériorité** par rapport à l'action de la principale.

ex. : *elle souhaitait qu'il lût* (subjonctif imparfait) *ce livre*

➻ au **plus-que-parfait du subjonctif** s'il y a **antériorité** par rapport à l'action de la principale.

ex : *elle espérait que j'eusse fini* (subjonctif plus-que-parfait) *le travail*

! Certaines formes du subjonctif imparfait et plus-que-parfait étant particulièrement compliquées, voire peu élégantes (*que vous lavassiez, qu'il eût cru,* etc.), elles ont disparu de l'usage courant, voire de la langue littéraire contemporaine. Le subjonctif présent ou passé est donc admis.

ex. : *elle voudrait que nous venions* (subjonctif présent)
elle espérait que j'aie fini (subjonctif passé) *le travail*

❑ **Concordance entre le verbe de la proposition principale et le verbe d'une subordonnée de condition introduite par *si***

• Lorsque la **proposition principale** est au **présent** ou au **futur**, la **subordonnée** est au **présent de l'indicatif** :

ex. : *je le lui dirai si je le vois*
elle me le cède si je lui donne 100 €

• Lorsque la **proposition principale** est au **conditionnel présent**, la **subordonnée** est à l'**imparfait de l'indicatif** :

ex. : *nous gagnerions du temps si nous étions mieux organisés*

• Lorsque la **proposition principale** est au **conditionnel passé**, la **subordonnée** est au **plus-que-parfait de l'indicatif :**

ex. : *nous aurions gagné du temps si nous avions été mieux organisés*

! La subordonnée de condition n'est jamais au futur ni au conditionnel :

ex. : *si j'avais su, je ne serais pas venu*

et non **si j'aurais su, je ne serais pas venu*

LES RÈGLES D'ACCORD

▪ L'ACCORD DU SUJET ET DU VERBE

• Le verbe s'accorde en genre et en nombre avec le sujet.

ex. : ***il** est **passé** me voir*

***les vagues** **déferlent** sur la plage*

• Dans les propositions relatives, l'accord se fait non pas avec le pronom relatif mais avec l'être ou la chose qu'il représente (l'antécédent).

ex. : *c'est **toi** qui l'**as** voulu*

*c'est **elles** qui **sont** lésées*

! Cependant, si l'antécédent est une expression du type *le seul, l'unique, le premier*, etc. et qu'il est attribut du sujet, le verbe s'accorde soit avec le sujet, soit avec l'antécédent.

ex. : ***tu** es la seule qui **as** su répondre* ou *tu es **la seule** qui **a** su répondre*

! Lorsqu'un sujet représente deux personnes différentes, le verbe se met au pluriel et s'accorde avec la personne du rang le plus petit.

ex. : *toi et moi **irons** ensemble :* toi = 2e personne du singulier ; moi = 1re personne du singulier → accord du verbe avec la 1re personne du pluriel

ex. : *elles et moi **irons** ensemble :* elles = 3e personne du pluriel ; moi = 1re personne du singulier → accord du verbe avec la 1re personne du pluriel ex. : *elles et vous* **irez** *ensemble* : elles = 3ᵉ personne du pluriel ; vous = 2ᵉ personne du pluriel → accord du verbe avec la 2ᵉ personne du pluriel.

• Lorsqu'il y a plusieurs sujets, le verbe se met au pluriel, même si chaque sujet est au singulier.

ex. : *ma collègue et son ami passeront ce soir*

• Si chaque sujet est précédé de *aucun, chaque, nul* ou *tout*, le verbe s'accorde en genre et en nombre avec le dernier sujet.

ex. : *nulle association , nul organisme n'est habilité à faire cela*

aucune radio, aucune télévision, aucun journal n'en a parlé

• Si le sujet est constitué de plusieurs groupes au singulier désignant la même chose ou des choses apparentées, le verbe peut se mettre au singulier.

ex. : *pas un arbre, pas une branche, pas une feuille ne bouge* ou *ne bougent*

• Lorsque des sujets au singulier sont reliés par *ou* ou *ni*, le verbe se met au pluriel si l'on considère que tous les sujets participent à l'action ; il se met au singulier si seul l'un des sujets est concerné.

ex. : *ni ma fille ni mon fils n'en veulent*

ni Paul ni Luc n'est le père de cet enfant

• Lorsque deux ou plusieurs sujets sont reliés par *ainsi que* ou *comme*, le verbe se met au singulier ou au pluriel

ex. : *son frère comme son cousin l'approuve* ou *l'approuvent*

• Lorsque le sujet du verbe est un nom collectif, c'est-à-dire un nom qui désigne un ensemble d'êtres ou de choses (*bande, quantité, série, masse, multitude, ribambelle, troupeau, dizaine*, etc.), le verbe peut se mettre soit au singulier si l'on veut insister sur la notion de groupe, soit au pluriel si l'on veut insister sur la quantité.

ex. : *une dizaine de livres manquait* ou *manquaient*
un tiers des participants a été éliminé ou *ont été éliminés*
une foule de journalistes l'attendait ou *l'attendaient*

De même, avec les expressions du type *la majorité de, la plupart de*, le verbe se met soit au singulier, soit au pluriel.

ex. : *la majorité des collaborateurs était présente* ou *étaient présents*
la plupart des joueurs était ou *étaient sur le terrain*

• Le verbe s'accorde toujours avec le complément de nom lorsque le sujet contient un adverbe ou une expression adverbiale exprimant la quantité. Voici les plus courants : *assez (de), beaucoup (de), bien des, combien (de), force, nombre (de), peu (de), quantité (de), tant (de), trop (de)*, etc.

ex. : *nombre d'accidents auraient pu être évités*
quantité d'écrivains ne vivent pas de leur plume

• Les expressions *l'un et l'autre* et *ni l'un ni l'autre* sont suivies d'un verbe au pluriel ou au singulier.

ex. : *l'un et l'autre se disent* ou *se dit*

! Au nombre des petits paradoxes, *plus d'un* régit un verbe au singulier mais *moins de deux* régit un verbe au pluriel.

ex. : *plus d'un s'est lancé dans l'aventure*
moins de deux mois lui ont été nécessaires pour terminer

▪ L'ACCORD DU PARTICIPE PASSÉ

Avec l'auxiliaire *être*

• **Le participe passé employé avec l'auxiliaire *être* s'accorde en genre et en nombre avec le sujet.** Il se met au pluriel s'il y a deux sujets (ou plus) et au masculin si l'un au moins des sujets est masculin.

ex. : *il est déjà parti*
elle et son frère sont rentrés tard

! Avec ***on, vous*** et ***nous***, l'accord varie selon les personnes que ces pronoms représentent.

on est entré (= quelqu'un est entré)
on est entré(s) (= nous sommes entrés)
vous êtes entré (vous = un homme)
vous êtes entrée (vous = une femme)
nous sommes chargés de faire procéder au vote
nous sommes chargée de faire procéder au vote (nous = une femme, pluriel de majesté ou de modestie)

• **Avec un verbe pronominal**, le participe passé

– s'accorde en genre et en nombre :

➻ avec le sujet quand le verbe est toujours pronominal, c'est-à-dire qu'il se construit toujours avec le pronom réfléchi *me, te, se, nous, vous, se*

ex. : *elle s'est enfuie*
nous nous sommes emparés du sac
ils s'en sont souvenus

➾ avec le sujet quand le pronom est complément d'objet direct du verbe

ex. : *elle s'est coiffée* (= elle a coiffé elle-même)

nous nous sommes lavé(e)s (= nous avons lavé nous-mêmes)

ils se sont brûlés (= ils ont brûlé eux-mêmes)

➾ avec le complément d'objet direct quand celui-ci est placé avant le verbe

ex. : *la robe qu'elle s'est offerte* (= la robe qu'elle a offerte à elle-même)

les objectifs qu'il s'est fixés (= les objectifs qu'il a fixés à lui-même)

– est invariable :

➾ lorsque le pronom n'est pas complément d'objet direct :

ex. : *elle s'est offert une moto* (= elle a offert une moto à elle-même)

ma mère s'est permis d'entrer (= elle a permis à elle-même d'entrer)

nous nous sommes lavé les mains (= nous avons lavé nos mains)

elles se sont envoyé plusieurs lettres (= elles ont envoyé des lettres l'une à l'autre)

➾ lorsque le verbe ne peut pas avoir de complément d'objet direct

ex. : *ils se sont parlé* (= ils ont parlé l'un à l'autre)

elles se sont succédé à la tribune (= l'une a succédé à l'autre)

Avec l'auxiliaire *avoir*

• **Le participe passé employé avec *avoir* est invariable :**

➾ s'il n'a pas de complément d'objet direct (le verbe est intransitif)

ex. : *ils ont menti* (pas de complément d'objet direct)
ces romans nous ont plu (nous : complément d'objet indirect - ils ont plu à nous)

➾ si le complément d'objet direct est placé après le verbe

ex. : *il a reçu deux lettres*
elle m'a prêté sa bicyclette
ils ont passé des moments difficiles

• **Le participe passé employé avec *avoir* s'accorde en genre et en nombre avec le complément d'objet direct** si celui-ci est placé avant le verbe.

ex. : *quelle bonne surprise tu nous as faite !*
les lettres qu'il a reçues
la bicyclette qu'elle m'a prêtée
les moments difficiles qu'ils ont passés
ses arguments, je les ai trouvés très convaincants
j'ai acheté leur disque après les avoir entendus en concert

! Les verbes ***courir, coûter, durer, peser, mesurer, valoir*** et ***vivre*** se construisent parfois avec des compléments qui ressemblent à des compléments d'objet direct mais qui sont en fait des compléments circonstanciels. Le participe passé est alors invariable.

ex. : *les 2000 mètres qu'ils ont couru* mais *les dangers qu'ils ont courus*

les milliards que le projet a coûté mais *les efforts que cela m'a coûtés*
les 70 kilos qu'il a pesé mais *les pommes que j'ai pesées*
les 2,02 m qu'elle a mesuré mais *la pièce que tu as mesurée*
les millions que cela a valu mais *la renommée que son film lui a value*
les 30 ans qu'il a vécu mais *les horreurs qu'elle a vécues*
les 3 heures que la réunion a duré

! Les verbes d'état se construisent parfois avec des noms, qui ne sont pas des compléments d'objet mais des attributs ; leur participe passé reste donc invariable.

ex : *quels hôtes charmants ils ont été !*
quelles belles demoiselles d'honneur elles ont fait !

• **Lorsque le participe passé est suivi d'un attribut du complément d'objet direct :**

➾ il s'accorde en genre et en nombre avec le complément d'objet direct si celui-ci est placé avant le participe

ex. : ***sa chienne**, qu'on avait crue perdue*

➾ il peut rester invariable si l'on considère qu'il fait bloc avec l'attribut

ex. : ***cette ville**, qu'on avait présenté si accueillante*

• **Le participe passé qui a pour complément d'objet direct le pronom neutre *le* (ou *l'*) reste invariable.**

ex. : *cette route est plus dangereuse que je ne l'aurais pensé*

• **Le participe passé qui a pour complément d'objet direct le pronom relatif *que* avec des antécédents coordonnés** par des tournures telles que *ainsi que*, *autant que*, *comme*, *de même que*, etc. s'accorde en genre et en nombre avec le premier antécédent si c'est sur lui que l'on veut insister ou bien avec les deux antécédents si l'on considère qu'ils font bloc.

ex. : *c'est sa mère, tout autant que son père, qu'elle a blessé**e*** ou *blessé**s***

• **Le participe passé qui a pour complément d'objet direct le pronom relatif *que* avec deux antécédents coordonnés** par les tournures *ou* ou bien *ni* s'accorde soit avec le second antécédent soit avec les deux antécédents, selon que l'on considère les antécédents isolément ou en bloc.

ex. : *c'est une femelle ou un mâle que vous avez capturé ?*

il n'a ni le talent ni l'enthousiasme que j'avais espérés

• **Lorsque le participe passé est suivi d'un infinitif :**

➾ il est invariable si le complément placé devant lui est le complément d'objet direct de l'infinitif

ex. : *la chanson que j'ai entendu chanter* (on chante quoi ? la chanson)

les plats qu'elle a choisi de cuisiner (elle a cuisiné quoi ? les plats)

elles se sont laissé convaincre (on a convaincu qui ? elles)

➾ il s'accorde si le complément placé devant lui est à la fois le complément d'objet direct du verbe conjugué et le sujet de l'infinitif.

ex. : *les musiciens que j'ai entendus jouer* (j'ai entendu qui ? les musiciens ; qui joue ? les musiciens)
elle s'est laissée tomber (qui est tombé ? elle)

➡ La réforme de l'orthographe de 1990 préconise l'invariabilité du participe passé de ***laisser*** suivi d'un infinitif dans tous les cas, par souci de simplicité et d'harmonisation avec les emplois de ***faire*** suivi de l'infinitif. Ainsi, *elle s'est laissé tomber* est considéré comme correct.

! Si l'infinitif est précédé d'une préposition, le participe s'accorde ou non.

ex. : *les chemises que j'ai mis* ou *mises à sécher*
les problèmes que nous avons eu ou *eus à régler*

• **Le participe passé *fait* suivi de l'infinitif reste invariable.**

ex. : *la voiture que j'ai fait réparer* et non **faite réparer*

• **Le participe passé des tours impersonnels est invariable.**

ex. : *les mètres de tissu qu'il a fallu*
les tempêtes qu'il y a eu dans le Sud

LES TABLEAUX DE CONJUGAISON

1a

CHANTER

1er groupe

INDICATIF		SUBJONCTIF
PRÉSENT	**PASSÉ COMPOSÉ**	**PRÉSENT**
je chante	j'ai chanté	que je chante
tu chantes	tu as chanté	que tu chantes
il/elle chante	il/elle a chanté	qu'il/elle chante
nous chantons	nous avons chanté	que nous chantions
vous chantez	vous avez chanté	que vous chantiez
ils/elles chantent	ils/elles ont chanté	qu'ils/elles chantent
IMPARFAIT	**PLUS-QUE-PARFAIT**	**IMPARFAIT**
je chantais	j'avais chanté	que je chantasse
tu chantais	tu avais chanté	que tu chantasses
il/elle chantait	il/elle avait chanté	qu'il/elle chantât
nous chantions	nous avions chanté	que nous chantassions
vous chantiez	vous aviez chanté	que vous chantassiez
ils/elles chantaient	ils/elles avaient chanté	qu'ils/elles chantassent
PASSÉ SIMPLE	**PASSÉ ANTÉRIEUR**	**PASSÉ**
je chantai	j'eus chanté	que j'aie chanté
tu chantas	tu eus chanté	que tu aies chanté
il/elle chanta	il/elle eut chanté	qu'il/elle ait chanté
nous chantâmes	nous eûmes chanté	que nous ayons chanté
vous chantâtes	vous eûtes chanté	que vous ayez chanté
ils/elles chantèrent	ils/elles eurent chanté	qu'ils/elles aient chanté
FUTUR SIMPLE	**FUTUR ANTÉRIEUR**	**PLUS-QUE-PARFAIT**
je chanterai	j'aurai chanté	que j'eusse chanté
tu chanteras	tu auras chanté	que tu eusses chanté
il/elle chantera	il/elle aura chanté	qu'il/elle eût chanté
nous chanterons	nous aurons chanté	que nous eussions chanté
vous chanterez	vous aurez chanté	que vous eussiez chanté
ils/elles chanteront	ils/elles auront chanté	qu'ils/elles eussent chanté

CHANTER

CONDITIONNEL

PRÉSENT	PASSÉ 1RE FORME	PASSÉ 2E FORME
je chanterais	j'aurais chanté	j'eusse chanté
tu chanterais	tu aurais chanté	tu eusses chanté
il/elle chanterait	il/elle aurait chanté	il/elle eût chanté
nous chanterions	nous aurions chanté	nous eussions chanté
vous chanteriez	vous auriez chanté	vous eussiez chanté
ils/elles chanteraient	ils/elles auraient chanté	ils/elles eussent chanté

IMPÉRATIF

PRÉSENT	PASSÉ
chante	aie chanté
chantons	ayons chanté
chantez	ayez chanté

INFINITIF

PRÉSENT	PASSÉ
chanter	avoir chanté

PARTICIPE

PRÉSENT	PASSÉ	PASSÉ COMPOSÉ
chantant	chanté/chantée chantés/chantées	ayant chanté

REMARQUE

Cette série comprend la plupart des verbes en **-er** du 1er groupe. La plupart des verbes nouveaux sont formés sur ce modèle.

• Ne pas oublier le **i** des 1re et 2e personnes du pluriel de l'imparfait de l'indicatif et du présent du subjonctif des verbes en **-iller** (ex. *mouiller : nous mouillions, vous mouilliez*), des verbes en **-gner** (ex. *signer : nous signions, vous signiez*) et des verbes en **-eyer** (ex. *grasseyer : nous grasseyions, vous grasseyiez*).

NAVIGUER

1er groupe

INDICATIF		SUBJONCTIF
PRÉSENT	**PASSÉ COMPOSÉ**	**PRÉSENT**
je navigue	j'ai navigué	que je navigue
tu navigues	tu as navigué	que tu navigues
il/elle navigue	il/elle a navigué	qu'il/elle navigue
nous naviguons	nous avons navigué	que nous naviguions
vous naviguez	vous avez navigué	que vous naviguiez
ils/elles naviguent	ils/elles ont navigué	qu'ils/elles naviguent
IMPARFAIT	**PLUS-QUE-PARFAIT**	**IMPARFAIT**
je naviguais	j'avais navigué	que je naviguasse
tu naviguais	tu avais navigué	que tu naviguasses
il/elle naviguait	il/elle avait navigué	qu'il/elle naviguât
nous naviguions	nous avions navigué	que nous naviguassions
vous naviguiez	vous aviez navigué	que vous naviguassiez
ils/elles naviguaient	ils/elles avaient navigué	qu'ils/elles naviguassent
PASSÉ SIMPLE	**PASSÉ ANTÉRIEUR**	**PASSÉ**
je naviguai	j'eus navigué	que j'aie navigué
tu naviguas	tu eus navigué	que tu aies navigué
il/elle navigua	il/elle eut navigué	qu'il/elle ait navigué
nous naviguâmes	nous eûmes navigué	que nous ayons navigué
vous naviguâtes	vous eûtes navigué	que vous ayez navigué
ils/elles naviguèrent	ils/elles eurent navigué	qu'ils/elles aient navigué
FUTUR SIMPLE	**FUTUR ANTÉRIEUR**	**PLUS-QUE-PARFAIT**
je naviguerai	j'aurai navigué	que j'eusse navigué
tu navigueras	tu auras navigué	que tu eusses navigué
il/elle naviguera	il/elle aura navigué	qu'il/elle eût navigué
nous naviguerons	nous aurons navigué	que nous eussions navigué
vous naviguerez	vous aurez navigué	que vous eussiez navigué
ils/elles navigueront	ils/elles auront navigué	qu'ils/elles eussent navigué

NAVIGUER

CONDITIONNEL

PRÉSENT	PASSÉ 1RE FORME	PASSÉ 2E FORME
je naviguerais	j'aurais navigué	j'eusse navigué
tu naviguerais	tu aurais navigué	tu eusses navigué
il/elle naviguerait	il/elle aurait navigué	il/elle eût navigué
nous naviguerions	nous aurions navigué	nous eussions navigué
vous navigueriez	vous auriez navigué	vous eussiez navigué
ils/elles navigueraient	ils/elles auraient navigué	ils/elles eussent navigué

IMPÉRATIF

PRÉSENT	PASSÉ
navigue	aie navigué
naviguons	ayons navigué
naviguez	ayez navigué

INFINITIF

PRÉSENT	PASSÉ
naviguer	avoir navigué

PARTICIPE

PRÉSENT	PASSÉ	PASSÉ COMPOSÉ
naviguant	navigué	ayant navigué

REMARQUE

- On garde le **u** après le **g** même devant **a** et **o** *(naviguant)*.
- Les verbes en **-éguer** (ex. *léguer*) se conjuguent comme **céder** avec la particularité des verbes en **-guer**, c'est-à-dire avec le **u** après le **g.**

2

FINIR

2e groupe

INDICATIF		SUBJONCTIF
PRÉSENT	**PASSÉ COMPOSÉ**	**PRÉSENT**
je finis	j'ai fini	que je finisse
tu finis	tu as fini	que tu finisses
il/elle finit	il/elle a fini	qu'il/elle finisse
nous finissons	nous avons fini	que nous finissions
vous finissez	vous avez fini	que vous finissiez
ils/elles finissent	ils/elles ont fini	qu'ils/elles finissent
IMPARFAIT	**PLUS-QUE-PARFAIT**	**IMPARFAIT**
je finissais	j'avais fini	que je finisse
tu finissais	tu avais fini	que tu finisses
il/elle finissait	il/elle avait fini	qu'il/elle finît
nous finissions	nous avions fini	que nous finissions
vous finissiez	vous aviez fini	que vous finissiez
ils/elles finissaient	ils/elles avaient fini	qu'ils/elles finissent
PASSÉ SIMPLE	**PASSÉ ANTÉRIEUR**	**PASSÉ**
je finis	j'eus fini	que j'aie fini
tu finis	tu eus fini	que tu aies fini
il/elle finit	il/elle eut fini	qu'il/elle ait fini
nous finîmes	nous eûmes fini	que nous ayons fini
vous finîtes	vous eûtes fini	que vous ayez fini
ils/elles finirent	ils/elles eurent fini	qu'ils/elles aient fini
FUTUR SIMPLE	**FUTUR ANTÉRIEUR**	**PLUS-QUE-PARFAIT**
je finirai	j'aurai fini	que j'eusse fini
tu finiras	tu auras fini	que tu eusses fini
il/elle finira	il/elle aura fini	qu'il/elle eût fini
nous finirons	nous aurons fini	que nous eussions fini
vous finirez	vous aurez fini	que vous eussiez fini
ils/elles finiront	ils/elles auront fini	qu'ils/elles eussent fini

FINIR

CONDITIONNEL

PRÉSENT	PASSÉ 1RE FORME	PASSÉ 2E FORME
je finirais	j'aurais fini	j'eusse fini
tu finirais	tu aurais fini	tu eusses fini
il/elle finirait	il/elle aurait fini	il/elle eût fini
nous finirions	nous aurions fini	nous eussions fini
vous finiriez	vous auriez fini	vous eussiez fini
ils/elles finiraient	ils/elles auraient fini	ils/elles eussent fini

IMPÉRATIF

PRÉSENT	PASSÉ
finis	aie fini
finissons	ayons fini
finissez	ayez fini

INFINITIF

PRÉSENT	PASSÉ
finir	avoir fini

PARTICIPE

PRÉSENT	PASSÉ	PASSÉ COMPOSÉ
finissant	fini/finie finis/finies	ayant fini

REMARQUE

Cette série comprend les verbes en **-ir** du 2e groupe.

• *Bénir* a pour participe passé *béni, ie (une région bénie des dieux)* et *bénit, ite (de l'eau bénite).*

• *Maudire* se conjugue comme **finir** sauf à l'infinitif et au participe passé *(maudit, ite).*

• Le verbe *faillir* au sens vieilli de « faire faillite » se conjugue comme **finir** et non comme *assaillir.*

➤ ***LE VERBE, FORMES ET EMPLOIS.***

PLACER

1er groupe

INDICATIF		SUBJONCTIF
PRÉSENT	**PASSÉ COMPOSÉ**	**PRÉSENT**
je place	j'ai placé	que je place
tu places	tu as placé	que tu places
il/elle place	il/elle a placé	qu'il/elle place
nous plaçons	nous avons placé	que nous placions
vous placez	vous avez placé	que vous placiez
ils/elles placent	ils/elles ont placé	qu'ils/elles placent
IMPARFAIT	**PLUS-QUE-PARFAIT**	**IMPARFAIT**
je plaçais	j'avais placé	que je plaçasse
tu plaçais	tu avais placé	que tu plaçasses
il/elle plaçait	il/elle avait placé	qu'il/elle plaçât
nous placions	nous avions placé	que nous plaçassions
vous placiez	vous aviez placé	que vous plaçassiez
ils/elles plaçaient	ils/elles avaient placé	qu'ils/elles plaçassent
PASSÉ SIMPLE	**PASSÉ ANTÉRIEUR**	**PASSÉ**
je plaçai	j'eus placé	que j'aie placé
tu plaças	tu eus placé	que tu aies placé
il/elle plaça	il/elle eut placé	qu'il/elle ait placé
nous plaçâmes	nous eûmes placé	que nous ayons placé
vous plaçâtes	vous eûtes placé	que vous ayez placé
ils/elles placèrent	ils/elles eurent placé	qu'ils/elles aient placé
FUTUR SIMPLE	**FUTUR ANTÉRIEUR**	**PLUS-QUE-PARFAIT**
je placerai	j'aurai placé	que j'eusse placé
tu placeras	tu auras placé	que tu eusses placé
il/elle placera	il/elle aura placé	qu'il/elle eût placé
nous placerons	nous aurons placé	que nous eussions placé
vous placerez	vous aurez placé	que vous eussiez placé
ils/elles placeront	ils/elles auront placé	qu'ils/elles eussent placé

PLACER

CONDITIONNEL

PRÉSENT	PASSÉ 1RE FORME	PASSÉ 2E FORME
je placerais	j'aurais placé	j'eusse placé
tu placerais	tu aurais placé	tu eusses placé
il/elle placerait	il/elle aurait placé	il/elle eût placé
nous placerions	nous aurions placé	nous eussions placé
vous placeriez	vous auriez placé	vous eussiez placé
ils/elles placeraient	ils/elles auraient placé	ils/elles eussent placé

IMPÉRATIF

PRÉSENT	PASSÉ
place	aie placé
plaçons	ayons placé
placez	ayez placé

INFINITIF

PRÉSENT	PASSÉ
placer	avoir placé

PARTICIPE

PRÉSENT	PASSÉ	PASSÉ COMPOSÉ
plaçant	placé/placée placés/placées	ayant placé

REMARQUE

Les verbes en **-cer** présentent l'alternance **c/ç** devant **a** et **o**, pour maintenir la prononciation [s].

Les verbes en **-ecer** (ex. *dépecer*) se conjuguent comme **placer** et **peler**, c'est-à-dire qu'ils présentent à la fois l'alternance **c/ç** devant **a** et **o** et l'alternance **e/è** devant un **e** muet.

Les verbes en **-écer** (ex. *rapiécer*) se conjuguent comme **placer** et **céder**, c'est-à-dire qu'ils présentent à la fois l'alternance **c/ç** devant **a** et **o** et l'alternance **é/è** devant un **e** muet.

➤ ***LE VERBE, FORMES ET EMPLOIS*** pour les préconisations de la **réforme de l'orthographe de 1990.**

BOUGER

1er groupe

INDICATIF		SUBJONCTIF
PRÉSENT	**PASSÉ COMPOSÉ**	**PRÉSENT**
je bouge	j'ai bougé	que je bouge
tu bouges	tu as bougé	que tu bouges
il/elle bouge	il/elle a bougé	qu'il/elle bouge
nous bou**ge**ons	nous avons bougé	que nous bougions
vous bougez	vous avez bougé	que vous bougiez
ils/elles bougent	ils/elles ont bougé	qu'ils/elles bougent
IMPARFAIT	**PLUS-QUE-PARFAIT**	**IMPARFAIT**
je bou**ge**ais	j'avais bougé	que je bou**ge**asse
tu bou**ge**ais	tu avais bougé	que tu bou**ge**asses
il/elle bou**ge**ait	il/elle avait bougé	qu'il/elle bou**ge**ât
nous bougions	nous avions bougé	que nous bou**ge**assions
vous bougiez	vous aviez bougé	que vous bou**ge**assiez
ils/elles bou**ge**aient	ils/elles avaient bougé	qu'ils/elles bou**ge**assent
PASSÉ SIMPLE	**PASSÉ ANTÉRIEUR**	**PASSÉ**
je bou**ge**ai	j'eus bougé	que j'aie bougé
tu bou**ge**as	tu eus bougé	que tu aies bougé
il/elle bou**ge**a	il/elle eut bougé	qu'il/elle ait bougé
nous bou**ge**âmes	nous eûmes bougé	que nous ayons bougé
vous bou**ge**âtes	vous eûtes bougé	que vous ayez bougé
ils/elles bougèrent	ils/elles eurent bougé	qu'ils/elles aient bougé
FUTUR SIMPLE	**FUTUR ANTÉRIEUR**	**PLUS-QUE-PARFAIT**
je bougerai	j'aurai bougé	que j'eusse bougé
tu bougeras	tu auras bougé	que tu eusses bougé
il/elle bougera	il/elle aura bougé	qu'il/elle eût bougé
nous bougerons	nous aurons bougé	que nous eussions bougé
vous bougerez	vous aurez bougé	que vous eussiez bougé
ils/elles bougeront	ils/elles auront bougé	qu'ils/elles eussent bougé

BOUGER

CONDITIONNEL

PRÉSENT	PASSÉ 1RE FORME	PASSÉ 2E FORME
je bougerais	j'aurais bougé	j'eusse bougé
tu bougerais	tu aurais bougé	tu eusses bougé
il/elle bougerait	il/elle aurait bougé	il/elle eût bougé
nous bougerions	nous aurions bougé	nous eussions bougé
vous bougeriez	vous auriez bougé	vous eussiez bougé
ils/elles bougeraient	ils/elles auraient bougé	ils/elles eussent bougé

IMPÉRATIF

PRÉSENT	PASSÉ
bouge	aie bougé
bou**ge**ons	ayons bougé
bougez	ayez bougé

INFINITIF

PRÉSENT	PASSÉ
bouger	avoir bougé

PARTICIPE

PRÉSENT	PASSÉ	PASSÉ COMPOSÉ
bougeant	bougé/bougée bougés/bougées	ayant bougé

REMARQUE

Les verbes en **-ger** présentent l'alternance **g/ge** devant **a** et **o**, pour maintenir la prononciation [ʒ]. Les verbes en **-éger** (ex. *protéger*) se conjuguent comme **bouger** et **céder**, c'est-à-dire qu'ils présentent à la fois l'alternance **g/ge** et l'alternance **é/è**.

➤ ***LE VERBE, FORMES ET EMPLOIS.***

APPELER

1er groupe

INDICATIF		SUBJONCTIF
PRÉSENT	**PASSÉ COMPOSÉ**	**PRÉSENT**
j'appelle	j'ai appelé	que j'appelle
tu appelles	tu as appelé	que tu appelles
il/elle appelle	il/elle a appelé	qu'il/elle appelle
nous appelons	nous avons appelé	que nous appelions
vous appelez	vous avez appelé	que vous appeliez
ils/elles appellent	ils/elles ont appelé	qu'ils/elles appellent
IMPARFAIT	**PLUS-QUE-PARFAIT**	**IMPARFAIT**
j'appelais	j'avais appelé	que j'appelasse
tu appelais	tu avais appelé	que tu appelasses
il/elle appelait	il/elle avait appelé	qu'il/elle appelât
nous appelions	nous avions appelé	que nous appelassions
vous appeliez	vous aviez appelé	que vous appelassiez
ils/elles appelaient	ils/elles avaient appelé	qu'ils/elles appelassent
PASSÉ SIMPLE	**PASSÉ ANTÉRIEUR**	**PASSÉ**
j'appelai	j'eus appelé	que j'aie appelé
tu appelas	tu eus appelé	que tu aies appelé
il/elle appela	il/elle eut appelé	qu'il/elle ait appelé
nous appelâmes	nous eûmes appelé	que nous ayons appelé
vous appelâtes	vous eûtes appelé	que vous ayez appelé
ils/elles appelèrent	ils/elles eurent appelé	qu'ils/elles aient appelé
FUTUR SIMPLE	**FUTUR ANTÉRIEUR**	**PLUS-QUE-PARFAIT**
j'appellerai	j'aurai appelé	que j'eusse appelé
tu appelleras	tu auras appelé	que tu eusses appelé
il/elle appellera	il/elle aura appelé	qu'il/elle eût appelé
nous appellerons	nous aurons appelé	que nous eussions appelé
vous appellerez	vous aurez appelé	que vous eussiez appelé
ils/elles appelleront	ils/elles auront appelé	qu'ils/elles eussent appelé

APPELER

CONDITIONNEL

PRÉSENT	PASSÉ 1RE FORME	PASSÉ 2E FORME
j'appellerais	j'aurais appelé	j'eusse appelé
tu appellerais	tu aurais appelé	tu eusses appelé
il/elle appellerait	il/elle aurait appelé	il/elle eût appelé
nous appellerions	nous aurions appelé	nous eussions appelé
vous appelleriez	vous auriez appelé	vous eussiez appelé
ils/elles appelleraient	ils/elles auraient appelé	ils/elles eussent appelé

IMPÉRATIF

PRÉSENT	PASSÉ
appelle	aie appelé
appelons	ayons appelé
appelez	ayez appelé

INFINITIF

PRÉSENT	PASSÉ
appeler	avoir appelé

PARTICIPE

PRÉSENT	PASSÉ	PASSÉ COMPOSÉ
appelant	appelé/appelée appelés/appelées	ayant appelé

REMARQUE

La plupart des verbes en **-eler** doublent le **l** devant un **e** muet *(j'appelle, j'appellerai).*

➤ *LE VERBE, FORMES ET EMPLOIS.*

JETER

1er groupe

INDICATIF		SUBJONCTIF
PRÉSENT	**PASSÉ COMPOSÉ**	**PRÉSENT**
je jette	j'ai jeté	que je jette
tu jettes	tu as jeté	que tu jettes
il/elle jette	il/elle a jeté	qu'il/elle jette
nous jetons	nous avons jeté	que nous jetions
vous jetez	vous avez jeté	que vous jetiez
ils/elles jettent	ils/elles ont jeté	qu'ils/elles jettent
IMPARFAIT	**PLUS-QUE-PARFAIT**	**IMPARFAIT**
je jetais	j'avais jeté	que je jetasse
tu jetais	tu avais jeté	que tu jetasses
il/elle jetait	il/elle avait jeté	qu'il/elle jetât
nous jetions	nous avions jeté	que nous jetassions
vous jetiez	vous aviez jeté	que vous jetassiez
ils/elles jetaient	ils/elles avaient jeté	qu'ils/elles jetassent
PASSÉ SIMPLE	**PASSÉ ANTÉRIEUR**	**PASSÉ**
je jetai	j'eus jeté	que j'aie jeté
tu jetas	tu eus jeté	que tu aies jeté
il/elle jeta	il/elle eut jeté	qu'il/elle ait jeté
nous jetâmes	nous eûmes jeté	que nous ayons jeté
vous jetâtes	vous eûtes jeté	que vous ayez jeté
ils/elles jetèrent	ils/elles eurent jeté	qu'ils/elles aient jeté
FUTUR SIMPLE	**FUTUR ANTÉRIEUR**	**PLUS-QUE-PARFAIT**
je jetterai	j'aurai jeté	que j'eusse jeté
tu jetteras	tu auras jeté	que tu eusses jeté
il/elle jettera	il/elle aura jeté	qu'il/elle eût jeté
nous jetterons	nous aurons jeté	que nous eussions jeté
vous jetterez	vous aurez jeté	que vous eussiez jeté
ils/elles jetteront	ils/elles auront jeté	qu'ils/elles eussent jeté

JETER

CONDITIONNEL

PRÉSENT	PASSÉ 1RE FORME	PASSÉ 2E FORME
je je**tt**erais	j'aurais jeté	j'eusse jeté
tu je**tt**erais	tu aurais jeté	tu eusses jeté
il/elle je**tt**erait	il/elle aurait jeté	il/elle eût jeté
nous je**tt**erions	nous aurions jeté	nous eussions jeté
vous je**tt**eriez	vous auriez jeté	vous eussiez jeté
ils/elles je**tt**eraient	ils/elles auraient jeté	ils/elles eussent jeté

IMPÉRATIF

PRÉSENT	PASSÉ
jette	aie jeté
jetons	ayons jeté
jetez	ayez jeté

INFINITIF

PRÉSENT	PASSÉ
jeter	avoir jeté

PARTICIPE

PRÉSENT	PASSÉ	PASSÉ COMPOSÉ
jetant	jeté/jetée jetés/jetées	ayant jeté

REMARQUE

La plupart des verbes en **-eter** doublent le **t** devant un **e** muet *(je jette, je jetterai).*

➤ ***LE VERBE, FORMES ET EMPLOIS.***

GELER

1er groupe

INDICATIF		SUBJONCTIF
PRÉSENT	**PASSÉ COMPOSÉ**	**PRÉSENT**
je gèle	j'ai gelé	que je gèle
tu gèles	tu as gelé	que tu gèles
il/elle gèle	il/elle a gelé	qu'il/elle gèle
nous gelons	nous avons gelé	que nous gelions
vous gelez	vous avez gelé	que vous geliez
ils/elles gèlent	ils/elles ont gelé	qu'ils/elles gèlent
IMPARFAIT	**PLUS-QUE-PARFAIT**	**IMPARFAIT**
je gelais	j'avais gelé	que je gelasse
tu gelais	tu avais gelé	que tu gelasses
il/elle gelait	il/elle avait gelé	qu'il/elle gelât
nous gelions	nous avions gelé	que nous gelassions
vous geliez	vous aviez gelé	que vous gelassiez
ils/elles gelaient	ils/elles avaient gelé	qu'ils/elles gelassent
PASSÉ SIMPLE	**PASSÉ ANTÉRIEUR**	**PASSÉ**
je gelai	j'eus gelé	que j'aie gelé
tu gelas	tu eus gelé	que tu aies gelé
il/elle gela	il/elle eut gelé	qu'il/elle ait gelé
nous gelâmes	nous eûmes gelé	que nous ayons gelé
vous gelâtes	vous eûtes gelé	que vous ayez gelé
ils/elles gelèrent	ils/elles eurent gelé	qu'ils/elles aient gelé
FUTUR SIMPLE	**FUTUR ANTÉRIEUR**	**PLUS-QUE-PARFAIT**
je gèlerai	j'aurai gelé	que j'eusse gelé
tu gèleras	tu auras gelé	que tu eusses gelé
il/elle gèlera	il/elle aura gelé	qu'il/elle eût gelé
nous gèlerons	nous aurons gelé	que nous eussions gelé
vous gèlerez	vous aurez gelé	que vous eussiez gelé
ils/elles gèleront	ils/elles auront gelé	qu'ils/elles eussent gelé

GELER

CONDITIONNEL

PRÉSENT	PASSÉ 1RE FORME	PASSÉ 2E FORME
je g**è**lerais	j'aurais gelé	j'eusse gelé
tu g**è**lerais	tu aurais gelé	tu eusses gelé
il/elle g**è**lerait	il/elle aurait gelé	il/elle eût gelé
nous g**è**lerions	nous aurions gelé	nous eussions gelé
vous g**è**leriez	vous auriez gelé	vous eussiez gelé
ils/elles g**è**leraient	ils/elles auraient gelé	ils/elles eussent gelé

IMPÉRATIF

PRÉSENT	PASSÉ
g**è**le	aie gelé
gelons	ayons gelé
gelez	ayez gelé

INFINITIF

PRÉSENT	PASSÉ
geler	avoir gelé

PARTICIPE

PRÉSENT	PASSÉ	PASSÉ COMPOSÉ
gelant	gelé/gelée gelés/gelées	ayant gelé

REMARQUE

Cette série comprend les verbes en **e** + consonne(s) + **-er** (*lever, semer, mener, peser, sevrer,* etc.), qui présentent l'alternance **e/è** devant un **e** muet *(je gelais, je gèlerai).*

ACHETER

1er groupe

INDICATIF		SUBJONCTIF
PRÉSENT	**PASSÉ COMPOSÉ**	**PRÉSENT**
j'achète	j'ai acheté	que j'achète
tu achètes	tu as acheté	que tu achètes
il/elle achète	il/elle a acheté	qu'il/elle achète
nous achetons	nous avons acheté	que nous achetions
vous achetez	vous avez acheté	que vous achetiez
ils/elles achètent	ils/elles ont acheté	qu'ils/elles achètent
IMPARFAIT	**PLUS-QUE-PARFAIT**	**IMPARFAIT**
j'achetais	j'avais acheté	que j'achetasse
tu achetais	tu avais acheté	que tu achetasses
il/elle achetait	il/elle avait acheté	qu'il/elle achetât
nous achetions	nous avions acheté	que nous achetassions
vous achetiez	vous aviez acheté	que vous achetassiez
ils/elles achetaient	ils/elles avaient acheté	qu'ils/elles achetassent
PASSÉ SIMPLE	**PASSÉ ANTÉRIEUR**	**PASSÉ**
j'achetai	j'eus acheté	que j'aie acheté
tu achetas	tu eus acheté	que tu aies acheté
il/elle acheta	il/elle eut acheté	qu'il/elle ait acheté
nous achetâmes	nous eûmes acheté	que nous ayons acheté
vous achetâtes	vous eûtes acheté	que vous ayez acheté
ils/elles achetèrent	ils/elles eurent acheté	qu'ils/elles aient acheté
FUTUR SIMPLE	**FUTUR ANTÉRIEUR**	**PLUS-QUE-PARFAIT**
j'achèterai	j'aurai acheté	que j'eusse acheté
tu achèteras	tu auras acheté	que tu eusses acheté
il/elle achètera	il/elle aura acheté	qu'il/elle eût acheté
nous achèterons	nous aurons acheté	que nous eussions acheté
vous achèterez	vous aurez acheté	que vous eussiez acheté
ils/elles achèteront	ils/elles auront acheté	qu'ils/elles eussent acheté

ACHETER

CONDITIONNEL

PRÉSENT	PASSÉ 1RE FORME	PASSÉ 2E FORME
j'achèterais	j'aurais acheté	j'eusse acheté
tu achèterais	tu aurais acheté	tu eusses acheté
il/elle achèterait	il/elle aurait acheté	il/elle eût acheté
nous achèterions	nous aurions acheté	nous eussions acheté
vous achèteriez	vous auriez acheté	vous eussiez acheté
ils/elles achèteraient	ils/elles auraient acheté	ils/elles eussent acheté

IMPÉRATIF

PRÉSENT	PASSÉ
achète	aie acheté
achetons	ayons acheté
achetez	ayez acheté

INFINITIF

PRÉSENT	PASSÉ
acheter	avoir acheté

PARTICIPE

PRÉSENT	PASSÉ	PASSÉ COMPOSÉ
achetant	acheté/achetée achetés/achetées	ayant acheté

CÉDER

INDICATIF		SUBJONCTIF
PRÉSENT	**PASSÉ COMPOSÉ**	**PRÉSENT**
je cède	j'ai cédé	que je cède
tu cèdes	tu as cédé	que tu cèdes
il/elle cède	il/elle a cédé	qu'il/elle cède
nous cédons	nous avons cédé	que nous cédions
vous cédez	vous avez cédé	que vous cédiez
ils/elles cèdent	ils/elles ont cédé	qu'ils/elles cèdent
IMPARFAIT	**PLUS-QUE-PARFAIT**	**IMPARFAIT**
je cédais	j'avais cédé	que je cédasse
tu cédais	tu avais cédé	que tu cédasses
il/elle cédait	il/elle avait cédé	qu'il/elle cédât
nous cédions	nous avions cédé	que nous cédassions
vous cédiez	vous aviez cédé	que vous cédassiez
ils/elles cédaient	ils/elles avaient cédé	qu'ils/elles cédassent
PASSÉ SIMPLE	**PASSÉ ANTÉRIEUR**	**PASSÉ**
je cédai	j'eus cédé	que j'aie cédé
tu cédas	tu eus cédé	que tu aies cédé
il/elle céda	il/elle eut cédé	qu'il/elle ait cédé
nous cédâmes	nous eûmes cédé	que nous ayons cédé
vous cédâtes	vous eûtes cédé	que vous ayez cédé
ils/elles cédèrent	ils/elles eurent cédé	qu'ils/elles aient cédé
FUTUR SIMPLE	**FUTUR ANTÉRIEUR**	**PLUS-QUE-PARFAIT**
je céderai *ou* cèderai	j'aurai cédé	que j'eusse cédé
tu céderas *ou* cèderas	tu auras cédé	que tu eusses cédé
il/elle cédera *ou* cèdera	il/elle aura cédé	qu'il/elle eût cédé
nous céderons *ou* cèderons	nous aurons cédé	que nous eussions cédé
vous céderez *ou* cèderez	vous aurez cédé	que vous eussiez cédé
ils/elles céderont *ou* cèderont	ils/elles auront cédé	qu'ils/elles eussent cédé

CÉDER

CONDITIONNEL

PRÉSENT	PASSÉ 1RE FORME	PASSÉ 2E FORME
je céderais *ou* cèderais	j'aurais cédé	j'eusse cédé
tu céderais *ou* cèderais	tu aurais cédé	tu eusses cédé
il/elle céderait *ou* cèderait	il/elle aurait cédé	il/elle eût cédé
nous céderions *ou* cèderions	nous aurions cédé	nous eussions cédé
vous céderiez *ou* cèderiez	vous auriez cédé	vous eussiez cédé
ils/elles céderaient *ou* cèderaient	ils/elles auraient cédé	ils/elles eussent cédé

IMPÉRATIF

PRÉSENT	PASSÉ
cède	aie cédé
cédons	ayons cédé
cédez	ayez cédé

INFINITIF

PRÉSENT	PASSÉ
céder	avoir cédé

PARTICIPE

PRÉSENT	PASSÉ	PASSÉ COMPOSÉ
cédant	cédé/cédée cédés/cédées	ayant cédé

REMARQUE

Cette série comprend les verbes en **é** + consonne(s) + **-er** (ex. *célébrer, lécher, préférer,* etc.), qui présentent l'alternance **é/è** devant un **e** muet *(je cédais, je cède).*

• Les verbes en **-éger** (ex. *protéger*) se conjuguent comme **céder** et **bouger.** Les verbes en **-écer** (ex. *rapiécer*) se conjuguent comme **céder** et **placer.** Les verbes en **-éguer** (ex. *léguer*) se conjuguent comme **céder** et **naviguer**.

• La prononciation appelle l'accent grave au futur et au conditionnel *(je cèderai, je cèderais),* préconisé par **la réforme de l'orthographe de 1990**.

➤ ***LE VERBE, FORMES ET EMPLOIS.***

ÉPIER

1er groupe

INDICATIF		SUBJONCTIF
PRÉSENT	**PASSÉ COMPOSÉ**	**PRÉSENT**
j'épie	j'ai épié	que j'épie
tu épies	tu as épié	que tu épies
il/elle épie	il/elle a épié	qu'il/elle épie
nous épions	nous avons épié	que nous épiions
vous épiez	vous avez épié	que vous épiiez
ils/elles épient	ils/elles ont épié	qu'ils/elles épient
IMPARFAIT	**PLUS-QUE-PARFAIT**	**IMPARFAIT**
j'épiais	j'avais épié	que j'épiasse
tu épiais	tu avais épié	que tu épiasses
il/elle épiait	il/elle avait épié	qu'il/elle épiât
nous épiions	nous avions épié	que nous épiassions
vous épiiez	vous aviez épié	que vous épiassiez
ils/elles épiaient	ils/elles avaient épié	qu'ils/elles épiassent
PASSÉ SIMPLE	**PASSÉ ANTÉRIEUR**	**PASSÉ**
j'épiai	j'eus épié	que j'aie épié
tu épias	tu eus épié	que tu aies épié
il/elle épia	il/elle eut épié	qu'il/elle ait épié
nous épiâmes	nous eûmes épié	que nous ayons épié
vous épiâtes	vous eûtes épié	que vous ayez épié
ils/elles épièrent	ils/elles eurent épié	qu'ils/elles aient épié
FUTUR SIMPLE	**FUTUR ANTÉRIEUR**	**PLUS-QUE-PARFAIT**
j'épierai	j'aurai épié	que j'eusse épié
tu épieras	tu auras épié	que tu eusses épié
il/elle épiera	il/elle aura épié	qu'il/elle eût épié
nous épierons	nous aurons épié	que nous eussions épié
vous épierez	vous aurez épié	que vous eussiez épié
ils/elles épieront	ils/elles auront épié	qu'ils/elles eussent épié

ÉPIER

CONDITIONNEL

PRÉSENT	PASSÉ 1RE FORME	PASSÉ 2E FORME
j'ép**ie**rais	j'aurais épié	j'eusse épié
tu ép**ie**rais	tu aurais épié	tu eusses épié
il/elle ép**ie**rait	il/elle aurait épié	il/elle eût épié
nous é**ie**rions	nous aurions épié	nous eussions épié
vous ép**ie**riez	vous auriez épié	vous eussiez épié
ils/elles ép**ie**raient	ils/elles auraient épié	ils/elles eussent épié

IMPÉRATIF

PRÉSENT	PASSÉ
épie	aie épié
épions	ayons épié
épiez	ayez épié

INFINITIF

PRÉSENT	PASSÉ
épier	avoir épié

PARTICIPE

PRÉSENT	PASSÉ	PASSÉ COMPOSÉ
épiant	épié/épiée épiés/épiées	ayant épié

REMARQUE

• Attention aux deux **i** aux 1re et 2e personnes du pluriel de l'imparfait de l'indicatif et du présent du subjonctif *(nous épiions, vous épiiez)*.

• Attention au **e** après le **i** au futur et au conditionnel présent (ex. *j'épierai, tu épierais*).

PRIER

INDICATIF		SUBJONCTIF
PRÉSENT	**PASSÉ COMPOSÉ**	**PRÉSENT**
je prie	j'ai prié	que je prie
tu pries	tu as prié	que tu pries
il/elle prie	il/elle a prié	qu'il/elle prie
nous prions	nous avons prié	que nous priions
vous priez	vous avez prié	que vous priiez
ils/elles prient	ils/elles ont prié	qu'ils/elles prient
IMPARFAIT	**PLUS-QUE-PARFAIT**	**IMPARFAIT**
je priais	j'avais prié	que je priasse
tu priais	tu avais prié	que tu priasses
il/elle priait	il/elle avait prié	qu'il/elle priât
nous priions	nous avions prié	que nous priassions
vous priiez	vous aviez prié	que vous priassiez
ils/elles priaient	ils/elles avaient prié	qu'ils/elles priassent
PASSÉ SIMPLE	**PASSÉ ANTÉRIEUR**	**PASSÉ**
je priai	j'eus prié	que j'aie prié
tu prias	tu eus prié	que tu aies prié
il/elle pria	il/elle eut prié	qu'il/elle ait prié
nous priâmes	nous eûmes prié	que nous ayons prié
vous priâtes	vous eûtes prié	que vous ayez prié
ils/elles prièrent	ils/elles eurent prié	qu'ils/elles aient prié
FUTUR SIMPLE	**FUTUR ANTÉRIEUR**	**PLUS-QUE-PARFAIT**
je prierai	j'aurai prié	que j'eusse prié
tu prieras	tu auras prié	que tu eusses prié
il/elle priera	il/elle aura prié	qu'il/elle eût prié
nous prierons	nous aurons prié	que nous eussions prié
vous prierez	vous aurez prié	que vous eussiez prié
ils/elles prieront	ils/elles auront prié	qu'ils/elles eussent prié

PRIER

CONDITIONNEL

PRÉSENT	PASSÉ 1RE FORME	PASSÉ 2E FORME
je prierais	j'aurais prié	j'eusse prié
tu prierais	tu aurais prié	tu eusses prié
il/elle prierait	il/elle aurait prié	il/elle eût prié
nous prierions	nous aurions prié	nous eussions prié
vous prieriez	vous auriez prié	vous eussiez prié
ils/elles prieraient	ils/elles auraient prié	ils/elles eussent prié

IMPÉRATIF

PRÉSENT	PASSÉ
prie	aie prié
prions	ayons prié
priez	ayez prié

INFINITIF

PRÉSENT	PASSÉ
prier	avoir prié

PARTICIPE

PRÉSENT	PASSÉ	PASSÉ COMPOSÉ
priant	prié/priée priés/priées	ayant prié

REMARQUE

- Attention aux deux **i** aux 1re et 2e personnes du pluriel de l'imparfait de l'indicatif et du présent du subjonctif *(nous priions, vous priiez)*.
- Attention au **e** après le **i** au futur et au conditionnel présent *(je prierai, je prierais)*.

NOYER

1er groupe

INDICATIF		SUBJONCTIF
PRÉSENT	**PASSÉ COMPOSÉ**	**PRÉSENT**
je noie	j'ai noyé	que je noie
tu noies	tu as noyé	que tu noies
il/elle noie	il/elle a noyé	qu'il/elle noie
nous noyons	nous avons noyé	que nous noyions
vous noyez	vous avez noyé	que vous noyiez
ils/elles noient	ils/elles ont noyé	qu'ils/elles noient
IMPARFAIT	**PLUS-QUE-PARFAIT**	**IMPARFAIT**
je noyais	j'avais noyé	que je noyasse
tu noyais	tu avais noyé	que tu noyasses
il/elle noyait	il/elle avait noyé	qu'il/elle noyât
nous noyions	nous avions noyé	que nous noyassions
vous noyiez	vous aviez noyé	que vous noyassiez
ils/elles noyaient	ils/elles avaient noyé	qu'ils/elles noyassent
PASSÉ SIMPLE	**PASSÉ ANTÉRIEUR**	**PASSÉ**
je noyai	j'eus noyé	que j'aie noyé
tu noyas	tu eus noyé	que tu aies noyé
il/elle noya	il/elle eut noyé	qu'il/elle ait noyé
nous noyâmes	nous eûmes noyé	que nous ayons noyé
vous noyâtes	vous eûtes noyé	que vous ayez noyé
ils/elles noyèrent	ils/elles eurent noyé	qu'ils/elles aient noyé
FUTUR SIMPLE	**FUTUR ANTÉRIEUR**	**PLUS-QUE-PARFAIT**
je noierai	j'aurai noyé	que j'eusse noyé
tu noieras	tu auras noyé	que tu eusses noyé
il/elle noiera	il/elle aura noyé	qu'il/elle eût noyé
nous noierons	nous aurons noyé	que nous eussions noyé
vous noierez	vous aurez noyé	que vous eussiez noyé
ils/elles noieront	ils/elles auront noyé	qu'ils/elles eussent noyé

NOYER

CONDITIONNEL

PRÉSENT	PASSÉ 1RE FORME	PASSÉ 2E FORME
je noierais	j'aurais noyé	j'eusse noyé
tu noierais	tu aurais noyé	tu eusses noyé
il/elle noierait	il/elle aurait noyé	il/elle eût noyé
nous noierions	nous aurions noyé	nous eussions noyé
vous noieriez	vous auriez noyé	vous eussiez noyé
ils/elles noieraient	ils/elles auraient noyé	ils/elles eussent noyé

IMPÉRATIF

PRÉSENT	PASSÉ
noie	aie noyé
noyons	ayons noyé
noyez	ayez noyé

INFINITIF

PRÉSENT	PASSÉ
noyer	avoir noyé

PARTICIPE

PRÉSENT	PASSÉ	PASSÉ COMPOSÉ
noyant	noyé/noyée noyés/noyées	ayant noyé

REMARQUE

Cette série comprend les verbes en **-oyer** et en **-uyer** (ex. *nettoyer, essuyer*), qui présentent l'alternance **y/i** devant un **e** muet *(je noie, je noierai).*

• Attention de ne pas oublier le **i** aux 1re et 2e personnes du pluriel de l'imparfait de l'indicatif et du présent du subjonctif *(nous noyions, vous noyiez).*

• Attention au **e** après le **i** au futur et conditionnel présent *(je noierai, je noierais).*

• *Envoyer* fait au futur *j'enverrai, tu enverras, il enverra, nous enverrons, vous enverrez, ils enverront*, et au conditionnel *j'enverrais, tu enverrais, il enverrait, nous enverrions, vous enverriez, ils enverraient.*

PAYER

1er groupe

INDICATIF		SUBJONCTIF
PRÉSENT	**PASSÉ COMPOSÉ**	**PRÉSENT**
je paie *ou* paye	j'ai payé	que je paie *ou* paye
tu paies *ou* payes	tu as payé	que tu paies *ou* payes
il/elle paie *ou* paye	il/elle a payé	qu'il/elle paie *ou* paye
nous payons	nous avons payé	que nous payions
vous payez	vous avez payé	que vous payiez
ils/elles paient *ou* payent	ils/elles ont payé	qu'ils/elles paient *ou* payent
IMPARFAIT	**PLUS-QUE-PARFAIT**	**IMPARFAIT**
je payais	j'avais payé	que je payasse
tu payais	tu avais payé	que tu payasses
il/elle payait	il/elle avait payé	qu'il/elle payât
nous payions	nous avions payé	que nous payassions
vous payiez	vous aviez payé	que vous payassiez
ils/elles payaient	ils/elles avaient payé	qu'ils/elles payassent
PASSÉ SIMPLE	**PASSÉ ANTÉRIEUR**	**PASSÉ**
je payai	j'eus payé	que j'aie payé
tu payas	tu eus payé	que tu aies payé
il/elle paya	il/elle eut payé	qu'il/elle ait payé
nous payâmes	nous eûmes payé	que nous ayons payé
vous payâtes	vous eûtes payé	que vous ayez payé
ils/elles payèrent	ils/elles eurent payé	qu'ils/elles aient payé
FUTUR SIMPLE	**FUTUR ANTÉRIEUR**	**PLUS-QUE-PARFAIT**
je paierai *ou* payerai	j'aurai payé	que j'eusse payé
tu paieras *ou* payeras	tu auras payé	que tu eusses payé
il/elle paiera *ou* payera	il/elle aura payé	qu'il/elle eût payé
nous paierons *ou* payerons	nous aurons payé	que nous eussions payé
vous paierez *ou* payerez	vous aurez payé	que vous eussiez payé
ils/elles paieront *ou* payeront	ils/elles auront payé	qu'ils/elles eussent payé

PAYER

CONDITIONNEL

PRÉSENT	PASSÉ 1RE FORME	PASSÉ 2E FORME
je pai**e**rais *ou* payerais	j'aurais payé	j'eusse payé
tu pai**e**rais *ou* payerais	tu aurais payé	tu eusses payé
il/elle pai**e**rait *ou* payerait	il/elle aurait payé	il/elle eût payé
nous pai**e**rions *ou* payerions	nous aurions payé	nous eussions payé
vous pai**e**riez *ou* payeriez	vous auriez payé	vous eussiez payé
ils/elles pai**e**raient *ou* payeraient	ils/elles auraient payé	ils/elles eussent payé

IMPÉRATIF

PRÉSENT	PASSÉ
paie *ou* paye	aie payé
payons	ayons payé
payez	ayez payé

INFINITIF

PRÉSENT	PASSÉ
payer	avoir payé

PARTICIPE

PRÉSENT	PASSÉ	PASSÉ COMPOSÉ
payant	payé/payée payés/payées	ayant payé

REMARQUE

Cette série comprend les verbes en **-ayer**, qui présentent ou non l'alternance **y/i** devant un **e** muet (*je paie* ou *je paye*).

• Attention aux deux **i** aux 1re et 2e personnes du pluriel de l'imparfait de l'indicatif et du présent du subjonctif *(nous payions, vous payiez)*.

• Attention au **e** après le **i** au futur et au conditionnel présent *(je paierai, je paierais)*.

ALLER

3e groupe

INDICATIF		SUBJONCTIF
PRÉSENT	**PASSÉ COMPOSÉ**	**PRÉSENT**
je vais	je suis allé/ée	que j'aille
tu vas	tu es allé/ée	que tu ailles
il/elle va	il/elle est allé/ée	qu'il/elle aille
nous allons	nous sommes allés/ées	que nous allions
vous allez	vous êtes allés/ées	que vous alliez
ils/elles vont	ils/elles sont allés/ées	qu'ils/elles aillent
IMPARFAIT	**PLUS-QUE-PARFAIT**	**IMPARFAIT**
j'allais	j'étais allé/ée	que j'allasse
tu allais	tu étais allé/ée	que tu allasses
il/elle allait	il/elle était allé/ée	qu'il/elle allât
nous allions	nous étions allés/ées	que nous allassions
vous alliez	vous étiez allés/ées	que vous allassiez
ils/elles allaient	ils/elles étaient allés/ées	qu'ils/elles allassent
PASSÉ SIMPLE	**PASSÉ ANTÉRIEUR**	**PASSÉ**
j'allai	je fus allé/ée	que je sois allé/ée
tu allas	tu fus allé/ée	que tu sois allé/ée
il/elle alla	il/elle fut allé/ée	qu'il/elle soit allé/ée
nous allâmes	nous fûmes allés/ées	que nous soyons allés/ées
vous allâtes	vous fûtes allés/ées	que vous soyez allés/ées
ils/elles allèrent	ils/elles furent allés/ées	qu'ils/elles soient allés/ées
FUTUR SIMPLE	**FUTUR ANTÉRIEUR**	**PLUS-QUE-PARFAIT**
j'irai	je serai allé/ée	que je fusse allé/ée
tu iras	tu seras allé/ée	que tu fusses allé/ée
il/elle ira	il/elle sera allé/ée	qu'il/elle fût allé/ée
nous irons	nous serons allés/ées	que nous fussions allés/ées
vous irez	vous serez allés/ées	que vous fussiez allés/ées
ils/elles iront	ils/elles seront allés/ées	qu'ils/elles fussent allés/ées

ALLER

CONDITIONNEL

PRÉSENT	PASSÉ 1RE FORME	PASSÉ 2E FORME
j'irais	je serais allé/ée	je fusse allé/ée
tu irais	tu serais allé/ée	tu fusses allé/ée
il/elle irait	il/elle serait allé/ée	il/elle fût allé/ée
nous irions	nous serions allés/ées	nous fussions allés/ées
vous iriez	vous seriez allés/ées	vous fussiez allés/ées
ils/elles iraient	ils/elles seraient allés/ées	ils/elles fussent allés/ées

IMPÉRATIF

PRÉSENT	PASSÉ
va	sois allé/ée
allons	soyons allés/ées
allez	soyez allés/ées

INFINITIF

PRÉSENT	PASSÉ
aller	être allé/allée
	être allés/allées

PARTICIPE

PRÉSENT	PASSÉ	PASSÉ COMPOSÉ
allant	allé/allée	étant allé/allée
	allés/allées	étant allés/allées

REMARQUE

S'en aller se conjugue comme *aller*. Aux temps composés, il est préférable de placer l'auxiliaire entre *en* et *allé (je m'en suis allé)* mais l'autre ordre est courant et considéré comme correct *(je me suis en allé)*.

HAÏR

2e groupe

INDICATIF		SUBJONCTIF
PRÉSENT	**PASSÉ COMPOSÉ**	**PRÉSENT**
je hais	j'ai haï	que je haïsse
tu hais	tu as haï	que tu haïsses
il/elle hait	il/elle a haï	qu'il/elle haïsse
nous haïssons	nous avons haï	que nous haïssions
vous haïssez	vous avez haï	que vous haïssiez
ils/elles haïssent	ils/elles ont haï	qu'ils/elles haïssent
IMPARFAIT	**PLUS-QUE-PARFAIT**	**IMPARFAIT**
je haïssais	j'avais haï	que je haïsse
tu haïssais	tu avais haï	que tu haïsses
il/elle haïssait	il/elle avait haï	qu'il/elle haït
nous haïssions	nous avions haï	que nous haïssions
vous haïssiez	vous aviez haï	que vous haïssiez
ils/elles haïssaient	ils/elles avaient haï	qu'ils/elles haïssent
PASSÉ SIMPLE	**PASSÉ ANTÉRIEUR**	**PASSÉ**
je haïs	j'eus haï	que j'aie haï
tu haïs	tu eus haï	que tu aies haï
il/elle haït	il/elle eut haï	qu'il/elle ait haï
nous haïmes	nous eûmes haï	que nous ayons haï
vous haïtes	vous eûtes haï	que vous ayez haï
ils/elles haïrent	ils/elles eurent haï	qu'ils/elles aient haï
FUTUR SIMPLE	**FUTUR ANTÉRIEUR**	**PLUS-QUE-PARFAIT**
je haïrai	j'aurai haï	que j'eusse haï
tu haïras	tu auras haï	que tu eusses haï
il/elle haïra	il/elle aura haï	qu'il/elle eût haï
nous haïrons	nous aurons haï	que nous eussions haï
vous haïrez	vous aurez haï	que vous eussiez haï
ils/elles haïront	ils/elles auront haï	qu'ils/elles eussent haï

HAÏR

CONDITIONNEL

PRÉSENT	PASSÉ 1RE FORME	PASSÉ 2E FORME
je haïrais	j'aurais haï	j'eusse haï
tu haïrais	tu aurais haï	tu eusses haï
il/elle haïrait	il/elle aurait haï	il/elle eût haï
nous haïrions	nous aurions haï	nous eussions haï
vous haïriez	vous auriez haï	vous eussiez haï
ils/elles haïraient	ils/elles auraient haï	ils/elles eussent haï

IMPÉRATIF

PRÉSENT	PASSÉ
hais	aie haï
haïssons	ayons haï
haïssez	ayez haï

INFINITIF

PRÉSENT	PASSÉ
haïr	avoir haï

PARTICIPE

PRÉSENT	PASSÉ	PASSÉ COMPOSÉ
haïssant	haï/haïe haïs/haïes	ayant haï

REMARQUE

- Le verbe *haïr* se conjugue comme **finir** sauf aux trois personnes du singulier du présent de l'indicatif.
- À cause du tréma, il n'y a pas d'accent circonflexe au passé simple *(nous haïmes, vous haïtes)* et à l'imparfait du subjonctif *(qu'il, qu'elle haït).*

COURIR

3e groupe

INDICATIF		SUBJONCTIF
PRÉSENT	**PASSÉ COMPOSÉ**	**PRÉSENT**
je cours	j'ai couru	que je coure
tu cours	tu as couru	que tu coures
il/elle court	il/elle a couru	qu'il/elle coure
nous courons	nous avons couru	que nous courions
vous courez	vous avez couru	que vous couriez
ils/elles courent	ils/elles ont couru	qu'ils/elles courent
IMPARFAIT	**PLUS-QUE-PARFAIT**	**IMPARFAIT**
je courais	j'avais couru	que je courusse
tu courais	tu avais couru	que tu courusses
il/elle courait	il/elle avait couru	qu'il/elle courût
nous courions	nous avions couru	que nous courussions
vous couriez	vous aviez couru	que vous courussiez
ils/elles couraient	ils/elles avaient couru	qu'ils/elles courussent
PASSÉ SIMPLE	**PASSÉ ANTÉRIEUR**	**PASSÉ**
je courus	j'eus couru	que j'aie couru
tu courus	tu eus couru	que tu aies couru
il/elle courut	il/elle eut couru	qu'il/elle ait couru
nous courûmes	nous eûmes couru	que nous ayons couru
vous courûtes	vous eûtes couru	que vous ayez couru
ils/elles coururent	ils/elles eurent couru	qu'ils/elles aient couru
FUTUR SIMPLE	**FUTUR ANTÉRIEUR**	**PLUS-QUE-PARFAIT**
je cou**rr**ai	j'aurai couru	que j'eusse couru
tu cou**rr**as	tu auras couru	que tu eusses couru
il/elle cou**rr**a	il/elle aura couru	qu'il/elle eût couru
nous cou**rr**ons	nous aurons couru	que nous eussions couru
vous cou**rr**ez	vous aurez couru	que vous eussiez couru
ils/elles cou**rr**ont	ils/elles auront couru	qu'ils/elles eussent couru

COURIR

CONDITIONNEL

PRÉSENT	PASSÉ 1RE FORME	PASSÉ 2E FORME
je courrais	j'aurais couru	j'eusse couru
tu courrais	tu aurais couru	tu eusses couru
il/elle courrait	il/elle aurait couru	il/elle eût couru
nous courrions	nous aurions couru	nous eussions couru
vous courriez	vous auriez couru	vous eussiez couru
ils/elles courraient	ils/elles auraient couru	ils/elles eussent couru

IMPÉRATIF

PRÉSENT	PASSÉ
cours	aie couru
courons	ayons couru
courez	ayez couru

INFINITIF

PRÉSENT	PASSÉ
courir	avoir couru

PARTICIPE

PRÉSENT	PASSÉ	PASSÉ COMPOSÉ
courant	couru/courue courus/courues	ayant couru

REMARQUE

On prononce les deux **r** au futur et au conditionnel.

CUEILLIR

3e groupe

INDICATIF		SUBJONCTIF
PRÉSENT	**PASSÉ COMPOSÉ**	**PRÉSENT**
je cueille	j'ai cueilli	que je cueille
tu cueilles	tu as cueilli	que tu cueilles
il/elle cueille	il/elle a cueilli	qu'il/elle cueille
nous cueillons	nous avons cueilli	que nous cueillions
vous cueillez	vous avez cueilli	que vous cueilliez
ils/elles cueillent	ils/elles ont cueilli	qu'ils/elles cueillent
IMPARFAIT	**PLUS-QUE-PARFAIT**	**IMPARFAIT**
je cueillais	j'avais cueilli	que je cueillisse
tu cueillais	tu avais cueilli	que tu cueillisses
il/elle cueillait	il/elle avait cueilli	qu'il/elle cueillît
nous cueillions	nous avions cueilli	que nous cueillissions
vous cueilliez	vous aviez cueilli	que vous cueillissiez
ils/elles cueillaient	ils/elles avaient cueilli	qu'ils/elles cueillissent
PASSÉ SIMPLE	**PASSÉ ANTÉRIEUR**	**PASSÉ**
je cueillis	j'eus cueilli	que j'aie cueilli
tu cueillis	tu eus cueilli	que tu aies cueilli
il/elle cueillit	il/elle eut cueilli	qu'il/elle ait cueilli
nous cueillîmes	nous eûmes cueilli	que nous ayons cueilli
vous cueillîtes	vous eûtes cueilli	que vous ayez cueilli
ils/elles cueillirent	ils/elles eurent cueilli	qu'ils/elles aient cueilli
FUTUR SIMPLE	**FUTUR ANTÉRIEUR**	**PLUS-QUE-PARFAIT**
je cueillerai	j'aurai cueilli	que j'eusse cueilli
tu cueilleras	tu auras cueilli	que tu eusses cueilli
il/elle cueillera	il/elle aura cueilli	qu'il/elle eût cueilli
nous cueillerons	nous aurons cueilli	que nous eussions cueilli
vous cueillerez	vous aurez cueilli	que vous eussiez cueilli
ils/elles cueilleront	ils/elles auront cueilli	qu'ils/elles eussent cueilli

CUEILLIR

CONDITIONNEL

PRÉSENT	PASSÉ 1RE FORME	PASSÉ 2E FORME
je cueillerais	j'aurais cueilli	j'eusse cueilli
tu cueillerais	tu aurais cueilli	tu eusses cueilli
il/elle cueillerait	il/elle aurait cueilli	il/elle eût cueilli
nous cueillerions	nous aurions cueilli	nous eussions cueilli
vous cueilleriez	vous auriez cueilli	vous eussiez cueilli
ils/elles cueilleraient	ils/elles auraient cueilli	ils/elles eussent cueilli

IMPÉRATIF

PRÉSENT	PASSÉ
cueille	aie cueilli
cueillons	ayons cueilli
cueillez	ayez cueilli

INFINITIF

PRÉSENT	PASSÉ
cueillir	avoir cueilli

PARTICIPE

PRÉSENT	PASSÉ	PASSÉ COMPOSÉ
cueillant	cueilli/cueillie cueillis/cueillies	ayant cueilli

REMARQUE

Attention de ne pas oublier le **i** aux 1re et 2e personnes du pluriel de l'imparfait de l'indicatif et du présent du subjonctif *(nous cueillions, vous cueilliez).*

ASSAILLIR

3e groupe

INDICATIF		SUBJONCTIF
PRÉSENT	**PASSÉ COMPOSÉ**	**PRÉSENT**
j'assaille	j'ai assailli	que j'assaille
tu assailles	tu as assailli	que tu assailles
il/elle assaille	il/elle a assailli	qu'il/elle assaille
nous assaillons	nous avons assailli	que nous assaillions
vous assaillez	vous avez assailli	que vous assailliez
ils/elles assaillent	ils/elles ont assailli	qu'ils/elles assaillent
IMPARFAIT	**PLUS-QUE-PARFAIT**	**IMPARFAIT**
j'assaillais	j'avais assailli	que j'assaillisse
tu assaillais	tu avais assailli	que tu assaillisses
il/elle assaillait	il/elle avait assailli	qu'il/elle assaillît
nous assaillions	nous avions assailli	que nous assaillissions
vous assailliez	vous aviez assailli	que vous assaillissiez
ils/elles assaillaient	ils/elles avaient assailli	qu'ils/elles assaillissent
PASSÉ SIMPLE	**PASSÉ ANTÉRIEUR**	**PASSÉ**
j'assaillis	j'eus assailli	que j'aie assailli
tu assaillis	tu eus assailli	que tu aies assailli
il/elle assaillit	il/elle eut assailli	qu'il/elle ait assailli
nous assaillîmes	nous eûmes assailli	que nous ayons assailli
vous assaillîtes	vous eûtes assailli	que vous ayez assailli
ils/elles assaillirent	ils/elles eurent assailli	qu'ils/elles aient assailli
FUTUR SIMPLE	**FUTUR ANTÉRIEUR**	**PLUS-QUE-PARFAIT**
j'assaillirai	j'aurai assailli	que j'eusse assailli
tu assailliras	tu auras assailli	que tu eusses assailli
il/elle assaillira	il/elle aura assailli	qu'il/elle eût assailli
nous assaillirons	nous aurons assailli	que nous eussions assailli
vous assaillirez	vous aurez assailli	que vous eussiez assailli
ils/elles assailliront	ils/elles auront assailli	qu'ils/elles eussent assailli

ASSAILLIR

CONDITIONNEL

PRÉSENT	PASSÉ 1RE FORME	PASSÉ 2E FORME
j'assaillirais	j'aurais assailli	j'eusse assailli
tu assaillirais	tu aurais assailli	tu eusses assailli
il/elle assaillirait	il/elle aurait assailli	il/elle eût assailli
nous assaillirions	nous aurions assailli	nous eussions assailli
vous assailliriez	vous auriez assailli	vous eussiez assailli
ils/elles assailliraient	ils/elles auraient assailli	ils/elles eussent assailli

IMPÉRATIF

PRÉSENT	PASSÉ
assaille	aie assailli
assaillons	ayons assailli
assaillez	ayez assailli

INFINITIF

PRÉSENT	PASSÉ
assaillir	avoir assailli

PARTICIPE

PRÉSENT	PASSÉ	PASSÉ COMPOSÉ
assaillant	assailli/assaillie assaillis/assaillies	ayant assailli

REMARQUE

Attention de ne pas oublier le **i** aux 1re et 2e personnes du pluriel de l'imparfait de l'indicatif et du présent du subjonctif *(nous assaillions, vous assailliez).*

SERVIR

3e groupe

INDICATIF		SUBJONCTIF
PRÉSENT	**PASSÉ COMPOSÉ**	**PRÉSENT**
je sers	j'ai servi	que je serve
tu sers	tu as servi	que tu serves
il/elle sert	il/elle a servi	qu'il/elle serve
nous servons	nous avons servi	que nous servions
vous servez	vous avez servi	que vous serviez
ils/elles servent	ils/elles ont servi	qu'ils/elles servent
IMPARFAIT	**PLUS-QUE-PARFAIT**	**IMPARFAIT**
je servais	j'avais servi	que je servisse
tu servais	tu avais servi	que tu servisses
il/elle servait	il/elle avait servi	qu'il/elle servît
nous servions	nous avions servi	que nous servissions
vous serviez	vous aviez servi	que vous servissiez
ils/elles servaient	ils/elles avaient servi	qu'ils/elles servissent
PASSÉ SIMPLE	**PASSÉ ANTÉRIEUR**	**PASSÉ**
je servis	j'eus servi	que j'aie servi
tu servis	tu eus servi	que tu aies servi
il/elle servit	il/elle eut servi	qu'il/elle ait servi
nous servîmes	nous eûmes servi	que nous ayons servi
vous servîtes	vous eûtes servi	que vous ayez servi
ils/elles servirent	ils/elles eurent servi	qu'ils/elles aient servi
FUTUR SIMPLE	**FUTUR ANTÉRIEUR**	**PLUS-QUE-PARFAIT**
je servirai	j'aurai servi	que j'eusse servi
tu serviras	tu auras servi	que tu eusses servi
il/elle servira	il/elle aura servi	qu'il/elle eût servi
nous servirons	nous aurons servi	que nous eussions servi
vous servirez	vous aurez servi	que vous eussiez servi
ils/elles serviront	ils/elles auront servi	qu'ils/elles eussent servi

SERVIR

CONDITIONNEL

PRÉSENT	PASSÉ 1RE FORME	PASSÉ 2E FORME
je servirais	j'aurais servi	j'eusse servi
tu servirais	tu aurais servi	tu eusses servi
il/elle servirait	il/elle aurait servi	il/elle eût servi
nous servirions	nous aurions servi	nous eussions servi
vous serviriez	vous auriez servi	vous eussiez servi
ils/elles serviraient	ils/elles auraient servi	ils/elles eussent servi

IMPÉRATIF

PRÉSENT	PASSÉ
sers	aie servi
servons	ayons servi
servez	ayez servi

INFINITIF

PRÉSENT	PASSÉ
servir	avoir servi

PARTICIPE

PRÉSENT	PASSÉ	PASSÉ COMPOSÉ
servant	servi/servie servis/servies	ayant servi

15 BOUILLIR

3e groupe

INDICATIF		SUBJONCTIF
PRÉSENT	**PASSÉ COMPOSÉ**	**PRÉSENT**
je bous	j'ai bouilli	que je bouille
tu bous	tu as bouilli	que tu bouilles
il/elle bout	il/elle a bouilli	qu'il/elle bouille
nous bouillons	nous avons bouilli	que nous bouillions
vous bouillez	vous avez bouilli	que vous bouilliez
ils/elles bouillent	ils/elles ont bouilli	qu'ils/elles bouillent
IMPARFAIT	**PLUS-QUE-PARFAIT**	**IMPARFAIT**
je bouillais	j'avais bouilli	que je bouillisse
tu bouillais	tu avais bouilli	que tu bouillisses
il/elle bouillait	il/elle avait bouilli	qu'il/elle bouillît
nous bouillions	nous avions bouilli	que nous bouillissions
vous bouilliez	vous aviez bouilli	que vous bouillissiez
ils/elles bouillaient	ils/elles avaient bouilli	qu'ils/elles bouillissent
PASSÉ SIMPLE	**PASSÉ ANTÉRIEUR**	**PASSÉ**
je bouillis	j'eus bouilli	que j'aie bouilli
tu bouillis	tu eus bouilli	que tu aies bouilli
il/elle bouillit	il/elle eut bouilli	qu'il/elle ait bouilli
nous bouillîmes	nous eûmes bouilli	que nous ayons bouilli
vous bouillîtes	vous eûtes bouilli	que vous ayez bouilli
ils/elles bouillirent	ils/elles eurent bouilli	qu'ils/elles aient bouilli
FUTUR SIMPLE	**FUTUR ANTÉRIEUR**	**PLUS-QUE-PARFAIT**
je bouillirai	j'aurai bouilli	que j'eusse bouilli
tu bouilliras	tu auras bouilli	que tu eusses bouilli
il/elle bouillira	il/elle aura bouilli	qu'il/elle eût bouilli
nous bouillirons	nous aurons bouilli	que nous eussions bouilli
vous bouillirez	vous aurez bouilli	que vous eussiez bouilli
ils/elles bouilliront	ils/elles auront bouilli	qu'ils/elles eussent bouilli

BOUILLIR

CONDITIONNEL

PRÉSENT	PASSÉ 1RE FORME	PASSÉ 2E FORME
je bouillirais	j'aurais bouilli	j'eusse bouilli
tu bouillirais	tu aurais bouilli	tu eusses bouilli
il/elle bouillirait	il/elle aurait bouilli	il/elle eût bouilli
nous bouillirions	nous aurions bouilli	nous eussions bouilli
vous bouilliriez	vous auriez bouilli	vous eussiez bouilli
ils/elles bouilliraient	ils/elles auraient bouilli	ils/elles eussent bouilli

IMPÉRATIF

PRÉSENT	PASSÉ
bous	aie bouilli
bouillons	ayons bouilli
bouillez	ayez bouilli

INFINITIF

PRÉSENT	PASSÉ
bouillir	avoir bouilli

PARTICIPE

PRÉSENT	PASSÉ	PASSÉ COMPOSÉ
bouillant	bouilli/bouillie bouillis/bouillies	ayant bouilli

REMARQUE

Attention de ne pas oublier le **i** aux 1re et 2e personnes du pluriel de l'imparfait de l'indicatif et du présent du subjonctif *(nous bouillions, vous bouilliez).*

PARTIR

3e groupe

INDICATIF		SUBJONCTIF
PRÉSENT	**PASSÉ COMPOSÉ**	**PRÉSENT**
je pars	je suis parti/ie	que je parte
tu pars	tu es parti/ie	que tu partes
il/elle part	il/elle est parti/ie	qu'il/elle parte
nous partons	nous sommes partis/ies	que nous partions
vous partez	vous êtes partis/ies	que vous partiez
ils/elles partent	ils/elles sont partis/ies	qu'ils/elles partent
IMPARFAIT	**PLUS-QUE-PARFAIT**	**IMPARFAIT**
je partais	j'étais parti/ie	que je partisse
tu partais	tu étais parti/ie	que tu partisses
il/elle partait	il/elle était parti/ie	qu'il/elle partît
nous partions	nous étions partis/ies	que nous partissions
vous partiez	vous étiez partis/ies	que vous partissiez
ils/elles partaient	ils/elles étaient partis/ies	qu'ils/elles partissent
PASSÉ SIMPLE	**PASSÉ ANTÉRIEUR**	**PASSÉ**
je partis	je fus parti/ie	que je sois parti/ie
tu partis	tu fus parti/ie	que tu sois parti/ie
il/elle partit	il/elle fut parti/ie	qu'il/elle soit parti/ie
nous partîmes	nous fûmes partis/ies	que nous soyons partis/ies
vous partîtes	vous fûtes partis/ies	que vous soyez partis/ies
ils/elles partirent	ils/elles furent partis/ies	qu'ils/elles soient partis/ies
FUTUR SIMPLE	**FUTUR ANTÉRIEUR**	**PLUS-QUE-PARFAIT**
je partirai	je serai parti/ie	que je fusse parti/ie
tu partiras	tu seras parti/ie	que tu fusses parti/ie
il/elle partira	il/elle sera parti/ie	qu'il/elle fût parti/ie
nous partirons	nous serons partis/ies	que nous fussions partis/ies
vous partirez	vous serez partis/ies	que vous fussiez partis/ies
ils/elles partiront	ils/elles seront partis/ies	qu'ils/elles fussent partis/ies

PARTIR

CONDITIONNEL

PRÉSENT	PASSÉ 1RE FORME	PASSÉ 2E FORME
je partirais	je serais parti/ie	je fusse parti/ie
tu partirais	tu serais parti/ie	tu fusses parti/ie
il/elle partirait	il/elle serait parti/ie	il/elle fût parti/ie
nous partirions	nous serions partis/ies	nous fussions partis/ies
vous partiriez	vous seriez partis/ies	vous fussiez partis/ies
ils/elles partiraient	ils/elles seraient partis/ies	ils/elles fussent partis/ies

IMPÉRATIF

PRÉSENT	PASSÉ
pars	sois parti/ie
partons	soyons partis/ies
partez	soyez partis/ies

INFINITIF

PRÉSENT	PASSÉ
partir	être parti/ie
	être partis/ies

PARTICIPE

PRÉSENT	PASSÉ	PASSÉ COMPOSÉ
partant	parti/partie	étant parti/ie
	partis/parties	étant partis/ies

➤ *LE VERBE, FORMES ET EMPLOIS.*

SENTIR

3e groupe

INDICATIF		SUBJONCTIF
PRÉSENT	**PASSÉ COMPOSÉ**	**PRÉSENT**
je sens	j'ai senti	que je sente
tu sens	tu as senti	que tu sentes
il/elle sent	il/elle a senti	qu'il/elle sente
nous sentons	nous avons senti	que nous sentions
vous sentez	vous avez senti	que vous sentiez
ils/elles sentent	ils/elles ont senti	qu'ils/elles sentent
IMPARFAIT	**PLUS-QUE-PARFAIT**	**IMPARFAIT**
je sentais	j'avais senti	que je sentisse
tu sentais	tu avais senti	que tu sentisses
il/elle sentait	il/elle avait senti	qu'il/elle sentît
nous sentions	nous avions senti	que nous sentissions
vous sentiez	vous aviez senti	que vous sentissiez
ils/elles sentaient	ils/elles avaient senti	qu'ils/elles sentissent
PASSÉ SIMPLE	**PASSÉ ANTÉRIEUR**	**PASSÉ**
je sentis	j'eus senti	que j'aie senti
tu sentis	tu eus senti	que tu aies senti
il/elle sentit	il/elle eut senti	qu'il/elle ait senti
nous sentîmes	nous eûmes senti	que nous ayons senti
vous sentîtes	vous eûtes senti	que vous ayez senti
ils/elles sentirent	ils/elles eurent senti	qu'ils/elles aient senti
FUTUR SIMPLE	**FUTUR ANTÉRIEUR**	**PLUS-QUE-PARFAIT**
je sentirai	j'aurai senti	que j'eusse senti
tu sentiras	tu auras senti	que tu eusses senti
il/elle sentira	il/elle aura senti	qu'il/elle eût senti
nous sentirons	nous aurons senti	que nous eussions senti
vous sentirez	vous aurez senti	que vous eussiez senti
ils/elles sentiront	ils/elles auront senti	qu'ils/elles eussent senti

SENTIR

CONDITIONNEL

PRÉSENT	PASSÉ 1RE FORME	PASSÉ 2E FORME
je sentirais	j'aurais senti	j'eusse senti
tu sentirais	tu aurais senti	tu eusses senti
il/elle sentirait	il/elle aurait senti	il/elle eût senti
nous sentirions	nous aurions senti	nous eussions senti
vous sentiriez	vous auriez senti	vous eussiez senti
ils/elles sentiraient	ils/elles auraient senti	ils/elles eussent senti

IMPÉRATIF

PRÉSENT	PASSÉ
sens	aie senti
sentons	ayons senti
sentez	ayez senti

INFINITIF

PRÉSENT	PASSÉ
sentir	avoir senti

PARTICIPE

PRÉSENT	PASSÉ	PASSÉ COMPOSÉ
sentant	senti/sentie sentis/senties	ayant senti

REMARQUE

Cette série regroupe les verbes en -**mir** (*dormir* et composés), -**tir** (*sentir, mentir* et composés), -**vir** *(chauvir).*

FUIR

3e groupe

INDICATIF		SUBJONCTIF
PRÉSENT	**PASSÉ COMPOSÉ**	**PRÉSENT**
je fuis	j'ai fui	que je fuie
tu fuis	tu as fui	que tu fuies
il/elle fuit	il/elle a fui	qu'il/elle fuie
nous fuyons	nous avons fui	que nous fuyions
vous fuyez	vous avez fui	que vous fuyiez
ils/elles fuient	ils/elles ont fui	qu'ils/elles fuient
IMPARFAIT	**PLUS-QUE-PARFAIT**	**IMPARFAIT**
je fuyais	j'avais fui	que je fuisse
tu fuyais	tu avais fui	que tu fuisses
il/elle fuyait	il/elle avait fui	qu'il/elle fuît
nous fuyions	nous avions fui	que nous fuissions
vous fuyiez	vous aviez fui	que vous fuissiez
ils/elles fuyaient	ils/elles avaient fui	qu'ils/elles fuissent
PASSÉ SIMPLE	**PASSÉ ANTÉRIEUR**	**PASSÉ**
je fuis	j'eus fui	que j'aie fui
tu fuis	tu eus fui	que tu aies fui
il/elle fuit	il/elle eut fui	qu'il/elle ait fui
nous fuîmes	nous eûmes fui	que nous ayons fui
vous fuîtes	vous eûtes fui	que vous ayez fui
ils/elles fuirent	ils/elles eurent fui	qu'ils/elles aient fui
FUTUR SIMPLE	**FUTUR ANTÉRIEUR**	**PLUS-QUE-PARFAIT**
je fuirai	j'aurai fui	que j'eusse fui
tu fuiras	tu auras fui	que tu eusses fui
il/elle fuira	il/elle aura fui	qu'il/elle eût fui
nous fuirons	nous aurons fui	que nous eussions fui
vous fuirez	vous aurez fui	que vous eussiez fui
ils/elles fuiront	ils/elles auront fui	qu'ils/elles eussent fui

FUIR

CONDITIONNEL

PRÉSENT	PASSÉ 1RE FORME	PASSÉ 2E FORME
je fuirais	j'aurais fui	j'eusse fui
tu fuirais	tu aurais fui	tu eusses fui
il/elle fuirait	il/elle aurait fui	il/elle eût fui
nous fuirions	nous aurions fui	nous eussions fui
vous fuiriez	vous auriez fui	vous eussiez fui
ils/elles fuiraient	ils/elles auraient fui	ils/elles eussent fui

IMPÉRATIF

PRÉSENT	PASSÉ
fuis	aie fui
fuyons	ayons fui
fuyez	ayez fui

INFINITIF

PRÉSENT	PASSÉ
fuir	avoir fui

PARTICIPE

PRÉSENT	PASSÉ	PASSÉ COMPOSÉ
fuyant	fui/fuie fuis/fuies	ayant fui

REMARQUE

Attention de ne pas oublier le **i** aux 1re et 2e personnes du pluriel de l'imparfait de l'indicatif et du présent du subjonctif *(nous fuyions, vous fuyiez).*

COUVRIR

3e groupe

INDICATIF		SUBJONCTIF
PRÉSENT	**PASSÉ COMPOSÉ**	**PRÉSENT**
je couvre	j'ai couvert	que je couvre
tu couvres	tu as couvert	que tu couvres
il/elle couvre	il/elle a couvert	qu'il/elle couvre
nous couvrons	nous avons couvert	que nous couvrions
vous couvrez	vous avez couvert	que vous couvriez
ils/elles couvrent	ils/elles ont couvert	qu'ils/elles couvrent
IMPARFAIT	**PLUS-QUE-PARFAIT**	**IMPARFAIT**
je couvrais	j'avais couvert	que je couvrisse
tu couvrais	tu avais couvert	que tu couvrisses
il/elle couvrait	il/elle avait couvert	qu'il/elle couvrît
nous couvrions	nous avions couvert	que nous couvrissions
vous couvriez	vous aviez couvert	que vous couvrissiez
ils/elles couvraient	ils/elles avaient couvert	qu'ils/elles couvrissent
PASSÉ SIMPLE	**PASSÉ ANTÉRIEUR**	**PASSÉ**
je couvris	j'eus couvert	que j'aie couvert
tu couvris	tu eus couvert	que tu aies couvert
il/elle couvrit	il/elle eut couvert	qu'il/elle ait couvert
nous couvrîmes	nous eûmes couvert	que nous ayons couvert
vous couvrîtes	vous eûtes couvert	que vous ayez couvert
ils/elles couvrirent	ils/elles eurent couvert	qu'ils/elles aient couvert
FUTUR SIMPLE	**FUTUR ANTÉRIEUR**	**PLUS-QUE-PARFAIT**
je couvrirai	j'aurai couvert	que j'eusse couvert
tu couvriras	tu auras couvert	que tu eusses couvert
il/elle couvrira	il/elle aura couvert	qu'il/elle eût couvert
nous couvrirons	nous aurons couvert	que nous eussions couvert
vous couvrirez	vous aurez couvert	que vous eussiez couvert
ils/elles couvriront	ils/elles auront couvert	qu'ils/elles eussent couvert

COUVRIR

CONDITIONNEL

PRÉSENT	PASSÉ 1RE FORME	PASSÉ 2E FORME
je couvrirais	j'aurais couvert	j'eusse couvert
tu couvrirais	tu aurais couvert	tu eusses couvert
il/elle couvrirait	il/elle aurait couvert	il/elle eût couvert
nous couvririons	nous aurions couvert	nous eussions couvert
vous couvririez	vous auriez couvert	vous eussiez couvert
ils/elles couvriraient	ils/elles auraient couvert	ils/elles eussent couvert

IMPÉRATIF

PRÉSENT	PASSÉ
couvre	aie couvert
couvrons	ayons couvert
couvrez	ayez couvert

INFINITIF

PRÉSENT	PASSÉ
couvrir	avoir couvert

PARTICIPE

PRÉSENT	PASSÉ	PASSÉ COMPOSÉ
couvrant	couvert/couverte couverts/couvertes	ayant couvert

19

MOURIR

3e groupe

INDICATIF		SUBJONCTIF
PRÉSENT	**PASSÉ COMPOSÉ**	**PRÉSENT**
je meurs	je suis mort/te	que je meure
tu meurs	tu es mort/te	que tu meures
il/elle meurt	il/elle est mort/te	qu'il/elle meure
nous mourons	nous sommes morts/tes	que nous mourions
vous mourez	vous êtes morts/tes	que vous mouriez
ils/elles meurent	ils/elles sont morts/tes	qu'ils/elles meurent
IMPARFAIT	**PLUS-QUE-PARFAIT**	**IMPARFAIT**
je mourais	j'étais mort/te	que je mourusse
tu mourais	tu étais mort/te	que tu mourusses
il/elle mourait	il/elle était mort/te	qu'il/elle mourût
nous mourions	nous étions morts/tes	que nous mourussions
vous mouriez	vous étiez morts/tes	que vous mourussiez
ils/elles mouraient	ils/elles étaient morts/tes	qu'ils/elles mourussent
PASSÉ SIMPLE	**PASSÉ ANTÉRIEUR**	**PASSÉ**
je mourus	je fus mort/te	que je sois mort/te
tu mourus	tu fus mort/te	que tu sois mort/te
il/elle mourut	il/elle fut mort/te	qu'il/elle soit mort/te
nous mourûmes	nous fûmes morts/tes	que nous soyons morts/tes
vous mourûtes	vous fûtes morts/tes	que vous soyez morts/tes
ils/elles moururent	ils/elles furent morts/tes	qu'ils/elles soient morts/tes
FUTUR SIMPLE	**FUTUR ANTÉRIEUR**	**PLUS-QUE-PARFAIT**
je mou**rr**ai	je serai mort/te	que je fusse mort/te
tu mou**rr**as	tu seras mort/te	que tu fusses mort/te
il/elle mou**rr**a	il/elle sera mort/te	qu'il/elle fût mort/te
nous mou**rr**ons	nous serons morts/tes	que nous fussions morts/tes
vous mou**rr**ez	vous serez morts/tes	que vous fussiez morts/tes
ils/elles mou**rr**ont	ils/elles seront morts/tes	qu'ils/elles fussent morts/tes

MOURIR

CONDITIONNEL

PRÉSENT	PASSÉ 1RE FORME	PASSÉ 2E FORME
je mou**rr**ais	je serais mort/te	je fusse mort/te
tu mou**rr**ais	tu serais mort/te	tu fusses mort/te
il/elle mou**rr**ait	il/elle serait mort/te	il/elle fût mort/te
nous mou**rr**ions	nous serions morts/tes	nous fussions morts/tes
vous mou**rr**iez	vous seriez morts/tes	vous fussiez morts/tes
ils/elles mou**rr**aient	ils/elles seraient morts/tes	ils/elles fussent morts/tes

IMPÉRATIF

PRÉSENT	PASSÉ
meurs	sois mort/te
mourons	soyons morts/tes
mourez	soyez morts/tes

INFINITIF

PRÉSENT	PASSÉ
mourir	être mort/te
	être morts/tes

PARTICIPE

PRÉSENT	PASSÉ	PASSÉ COMPOSÉ
mourant	mort/morte	étant mort/te
	morts/mortes	étant morts/tes

REMARQUE

On prononce les deux **r** au futur et au conditionnel.

20 VÊTIR

3e groupe

INDICATIF		SUBJONCTIF
PRÉSENT	**PASSÉ COMPOSÉ**	**PRÉSENT**
je vêts	j'ai vêtu	que je vête
tu vêts	tu as vêtu	que tu vêtes
il/elle vêt	il/elle a vêtu	qu'il/elle vête
nous vêtons	nous avons vêtu	que nous vêtions
vous vêtez	vous avez vêtu	que vous vêtiez
ils/elles vêtent	ils/elles ont vêtu	qu'ils/elles vêtent
IMPARFAIT	**PLUS-QUE-PARFAIT**	**IMPARFAIT**
je vêtais	j'avais vêtu	que je vêtisse
tu vêtais	tu avais vêtu	que tu vêtisses
il/elle vêtait	il/elle avait vêtu	qu'il/elle vêtît
nous vêtions	nous avions vêtu	que nous vêtissions
vous vêtiez	vous aviez vêtu	que vous vêtissiez
ils/elles vêtaient	ils/elles avaient vêtu	qu'ils/elles vêtissent
PASSÉ SIMPLE	**PASSÉ ANTÉRIEUR**	**PASSÉ**
je vêtis	j'eus vêtu	que j'aie vêtu
tu vêtis	tu eus vêtu	que tu aies vêtu
il/elle vêtit	il/elle eut vêtu	qu'il/elle ait vêtu
nous vêtîmes	nous eûmes vêtu	que nous ayons vêtu
vous vêtîtes	vous eûtes vêtu	que vous ayez vêtu
ils/elles vêtirent	ils/elles eurent vêtu	qu'ils/elles aient vêtu
FUTUR SIMPLE	**FUTUR ANTÉRIEUR**	**PLUS-QUE-PARFAIT**
je vêtirai	j'aurai vêtu	que j'eusse vêtu
tu vêtiras	tu auras vêtu	que tu eusses vêtu
il/elle vêtira	il/elle aura vêtu	qu'il/elle eût vêtu
nous vêtirons	nous aurons vêtu	que nous eussions vêtu
vous vêtirez	vous aurez vêtu	que vous eussiez vêtu
ils/elles vêtiront	ils/elles auront vêtu	qu'ils/elles eussent vêtu

VÊTIR

CONDITIONNEL

PRÉSENT	PASSÉ 1RE FORME	PASSÉ 2E FORME
je vêtirais	j'aurais vêtu	j'eusse vêtu
tu vêtirais	tu aurais vêtu	tu eusses vêtu
il/elle vêtirait	il/elle aurait vêtu	il/elle eût vêtu
nous vêtirions	nous aurions vêtu	nous eussions vêtu
vous vêtiriez	vous auriez vêtu	vous eussiez vêtu
ils/elles vêtiraient	ils/elles auraient vêtu	ils/elles eussent vêtu

IMPÉRATIF

PRÉSENT	PASSÉ
vêts	aie vêtu
vêtons	ayons vêtu
vêtez	ayez vêtu

INFINITIF

PRÉSENT	PASSÉ
vêtir	avoir vêtu

PARTICIPE

PRÉSENT	PASSÉ	PASSÉ COMPOSÉ
vêtant	vêtu/vêtue vêtus/vêtues	ayant vêtu

REMARQUE

Cette série regroupe les composés de *vêtir.*

ACQUÉRIR

3e groupe

INDICATIF		SUBJONCTIF
PRÉSENT	**PASSÉ COMPOSÉ**	**PRÉSENT**
j'acquiers	j'ai acquis	que j'acquière
tu acquiers	tu as acquis	que tu acquières
il/elle acquiert	il/elle a acquis	qu'il/elle acquière
nous acquérons	nous avons acquis	que nous acquérions
vous acquérez	vous avez acquis	que vous acquériez
ils/elles acquièrent	ils/elles ont acquis	qu'ils/elles acquièrent
IMPARFAIT	**PLUS-QUE-PARFAIT**	**IMPARFAIT**
j'acquérais	j'avais acquis	que j'acquisse
tu acquérais	tu avais acquis	que tu acquisses
il/elle acquérait	il/elle avait acquis	qu'il/elle acquît
nous acquérions	nous avions acquis	que nous acquissions
vous acquériez	vous aviez acquis	que vous acquissiez
ils/elles acquéraient	ils/elles avaient acquis	qu'ils/elles acquissent
PASSÉ SIMPLE	**PASSÉ ANTÉRIEUR**	**PASSÉ**
j'acquis	j'eus acquis	que j'aie acquis
tu acquis	tu eus acquis	que tu aies acquis
il/elle acquit	il/elle eut acquis	qu'il/elle ait acquis
nous acquîmes	nous eûmes acquis	que nous ayons acquis
vous acquîtes	vous eûtes acquis	que vous ayez acquis
ils/elles acquirent	ils/elles eurent acquis	qu'ils/elles aient acquis
FUTUR SIMPLE	**FUTUR ANTÉRIEUR**	**PLUS-QUE-PARFAIT**
j'acquer**r**ai	j'aurai acquis	que j'eusse acquis
tu acquer**r**as	tu auras acquis	que tu eusses acquis
il/elle acquer**r**a	il/elle aura acquis	qu'il/elle eût acquis
nous acquer**r**ons	nous aurons acquis	que nous eussions acquis
vous acquer**r**ez	vous aurez acquis	que vous eussiez acquis
ils/elles acquer**r**ont	ils/elles auront acquis	qu'ils/elles eussent acquis

ACQUÉRIR

CONDITIONNEL

PRÉSENT	PASSÉ 1RE FORME	PASSÉ 2E FORME
j'acque**rr**ais	j'aurais acquis	j'eusse acquis
tu acque**rr**ais	tu aurais acquis	tu eusses acquis
il/elle acque**rr**ait	il/elle aurait acquis	il/elle eût acquis
nous acque**rr**ions	nous aurions acquis	nous eussions acquis
vous acque**rr**iez	vous auriez acquis	vous eussiez acquis
ils/elles acque**rr**aient	ils/elles auraient acquis	ils/elles eussent acquis

IMPÉRATIF

PRÉSENT	PASSÉ
acquiers	aie acquis
acquérons	ayons acquis
acquérez	ayez acquis

INFINITIF

PRÉSENT	PASSÉ
acquérir	avoir acquis

PARTICIPE

PRÉSENT	PASSÉ	PASSÉ COMPOSÉ
acquérant	acquis/acquise acquis/acquises	ayant acquis

REMARQUE

- Il ne faut pas confondre *acquis*, participe passé de *acquérir*, et *acquit*, participe passé substantivé de *acquitter*.
- On prononce les deux **r** au futur et au conditionnel.

22

VENIR

3e groupe

INDICATIF		SUBJONCTIF
PRÉSENT	**PASSÉ COMPOSÉ**	**PRÉSENT**
je viens	je suis venu/ue	que je vienne
tu viens	tu es venu/ue	que tu viennes
il/elle vient	il/elle est venu/ue	qu'il/elle vienne
nous venons	nous sommes venus/ues	que nous venions
vous venez	vous êtes venus/ues	que vous veniez
ils/elles viennent	ils/elles sont venus/ues	qu'ils/elles viennent
IMPARFAIT	**PLUS-QUE-PARFAIT**	**IMPARFAIT**
je venais	j'étais venu/ue	que je vinsse
tu venais	tu étais venu/ue	que tu vinsses
il/elle venait	il/elle était venu/ue	qu'il/elle vînt
nous venions	nous étions venus/ues	que nous vinssions
vous veniez	vous étiez venus/ues	que vous vinssiez
ils/elles venaient	ils/elles étaient venus/ues	qu'ils/elles vinssent
PASSÉ SIMPLE	**PASSÉ ANTÉRIEUR**	**PASSÉ**
je vins	je fus venu/ue	que je sois venu/ue
tu vins	tu fus venu/ue	que tu sois venu/ue
il/elle vint	il/elle fut venu/ue	qu'il/elle soit venu/ue
nous vînmes	nous fûmes venus/ues	que nous soyons venus/ues
vous vîntes	vous fûtes venus/ues	que vous soyez venus/ues
ils/elles vinrent	ils/elles furent venus/ues	qu'ils/elles soient venus/ues
FUTUR SIMPLE	**FUTUR ANTÉRIEUR**	**PLUS-QUE-PARFAIT**
je viendrai	je serai venu/ue	que je fusse venu/ue
tu viendras	tu seras venu/ue	que tu fusses venu/ue
il/elle viendra	il/elle sera venu/ue	qu'il/elle fût venu/ue
nous viendrons	nous serons venus/ues	que nous fussions venus/ues
vous viendrez	vous serez venus/ues	que vous fussiez venus/ues
ils/elles viendront	ils/elles seront venus/ues	qu'ils/elles fussent venus/ues

VENIR

CONDITIONNEL

PRÉSENT	PASSÉ 1RE FORME	PASSÉ 2E FORME
je viendrais	je serais venu/ue	je fusse venu/ue
tu viendrais	tu serais venu/ue	tu fusses venu/ue
il/elle viendrait	il/elle serait venu/ue	il/elle fût venu/ue
nous viendrions	nous serions venus/ues	nous fussions venus/ues
vous viendriez	vous seriez venus/ues	vous fussiez venus/ues
ils/elles viendraient	ils/elles seraient venus/ues	ils/elles fussent venus/ues

IMPÉRATIF

PRÉSENT	PASSÉ
viens	sois venu/ue
venons	soyons venus/ues
venez	soyez venus/ues

INFINITIF

PRÉSENT	PASSÉ
venir	être venu/venue
	être venus/venues

PARTICIPE

PRÉSENT	PASSÉ	PASSÉ COMPOSÉ
venant	venu/venue	étant venu/venue
	venus/venues	étant venus/venues

PLEUVOIR

3e groupe

INDICATIF		SUBJONCTIF
PRÉSENT	**PASSÉ COMPOSÉ**	**PRÉSENT**
–	–	–
–	–	–
il pleut	il a plu	qu'il pleuve
–	–	–
–	–	–
ils/elles pleuvent	ils/elles ont plu	qu'ils/elles pleuvent
IMPARFAIT	**PLUS-QUE-PARFAIT**	**IMPARFAIT**
–	–	–
–	–	–
il pleuvait	il avait plu	qu'il plût
–	–	–
–	–	–
ils/elles pleuvaient	ils/elles avaient plu	qu'ils/elles plussent
PASSÉ SIMPLE	**PASSÉ ANTÉRIEUR**	**PASSÉ**
–	–	–
–	–	–
il plut	il eut plu	qu'il ait plu
–	–	–
–	–	–
ils/elles plurent	ils/elles eurent plu	qu'ils/elles aient plu
FUTUR SIMPLE	**FUTUR ANTÉRIEUR**	**PLUS-QUE-PARFAIT**
–	–	–
–	–	–
il pleuvra	il aura plu	qu'il eût plu
–	–	–
–	–	–
ils/elles pleuvront	ils/elles auront plu	qu'ils/elles eussent plu

PLEUVOIR

CONDITIONNEL

PRÉSENT	PASSÉ 1RE FORME	PASSÉ 2E FORME
–	–	–
–	–	–
il pleuvrait	il aurait plu	il eût plu
–	–	–
–	–	–
ils/elles pleuvraient	ils/elles auraient plu	ils/elles eussent plu

IMPÉRATIF

PRÉSENT	PASSÉ
inusité	*inusité*

INFINITIF

PRÉSENT	PASSÉ
pleuvoir	avoir plu

PARTICIPE

PRÉSENT	PASSÉ	PASSÉ COMPOSÉ
pleuvant	plu	–

REMARQUE

Ce verbe impersonnel a des emplois figurés au pluriel *(les coups, les balles pleuvaient)* mais beaucoup de formes sont inusitées.

24 PRÉVOIR

3e groupe

INDICATIF		SUBJONCTIF
PRÉSENT	**PASSÉ COMPOSÉ**	**PRÉSENT**
je prévois	j'ai prévu	que je prévoie
tu prévois	tu as prévu	que tu prévoies
il/elle prévoit	il/elle a prévu	qu'il/elle prévoie
nous prévoyons	nous avons prévu	que nous prévoyions
vous prévoyez	vous avez prévu	que vous prévoyiez
ils/elles prévoient	ils/elles ont prévu	qu'ils/elles prévoient
IMPARFAIT	**PLUS-QUE-PARFAIT**	**IMPARFAIT**
je prévoyais	j'avais prévu	que je prévisse
tu prévoyais	tu avais prévu	que tu prévisses
il/elle prévoyait	il/elle avait prévu	qu'il/elle prévît
nous prévoyions	nous avions prévu	que nous prévissions
vous prévoyiez	vous aviez prévu	que vous prévissiez
ils/elles prévoyaient	ils/elles avaient prévu	qu'ils/elles prévissent
PASSÉ SIMPLE	**PASSÉ ANTÉRIEUR**	**PASSÉ**
je prévis	j'eus prévu	que j'aie prévu
tu prévis	tu eus prévu	que tu aies prévu
il/elle prévit	il/elle eut prévu	qu'il/elle ait prévu
nous prévîmes	nous eûmes prévu	que nous ayons prévu
vous prévîtes	vous eûtes prévu	que vous ayez prévu
ils/elles prévirent	ils/elles eurent prévu	qu'ils/elles aient prévu
FUTUR SIMPLE	**FUTUR ANTÉRIEUR**	**PLUS-QUE-PARFAIT**
je prévoirai	j'aurai prévu	que j'eusse prévu
tu prévoiras	tu auras prévu	que tu eusses prévu
il/elle prévoira	il/elle aura prévu	qu'il/elle eût prévu
nous prévoirons	nous aurons prévu	que nous eussions prévu
vous prévoirez	vous aurez prévu	que vous eussiez prévu
ils/elles prévoiront	ils/elles auront prévu	qu'ils/elles eussent prévu

PRÉVOIR

CONDITIONNEL

PRÉSENT	PASSÉ 1RE FORME	PASSÉ 2E FORME
je prév**oi**rais	j'aurais prévu	j'eusse prévu
tu prév**oi**rais	tu aurais prévu	tu eusses prévu
il/elle prév**oi**rait	il/elle aurait prévu	il/elle eût prévu
nous prév**oi**rions	nous aurions prévu	nous eussions prévu
vous prév**oi**riez	vous auriez prévu	vous eussiez prévu
ils/elles prév**oi**raient	ils/elles auraient prévu	ils/elles eussent prévu

IMPÉRATIF

PRÉSENT	PASSÉ
prévois	aie prévu
prévoyons	ayons prévu
prévoyez	ayez prévu

INFINITIF

PRÉSENT	PASSÉ
prévoir	avoir prévu

PARTICIPE

PRÉSENT	PASSÉ	PASSÉ COMPOSÉ
prévoyant	prévu/prévue prévus/prévues	ayant prévu

REMARQUE

- *Prévoir* se conjugue comme *voir*, sauf au futur de l'indicatif et au présent du conditionnel.
- Attention de ne pas oublier le **i** aux 1re et 2e personnes du pluriel de l'imparfait de l'indicatif et du présent du subjonctif *(nous prévoyions, vous prévoyiez)*.

POURVOIR

3e groupe

INDICATIF		SUBJONCTIF
PRÉSENT	**PASSÉ COMPOSÉ**	**PRÉSENT**
je pourvois	j'ai pourvu	que je pourvoie
tu pourvois	tu as pourvu	que tu pourvoies
il/elle pourvoit	il/elle a pourvu	qu'il/elle pourvoie
nous pourvoyons	nous avons pourvu	que nous pourvoyions
vous pourvoyez	vous avez pourvu	que vous pourvoyiez
ils/elles pourvoient	ils/elles ont pourvu	qu'ils/elles pourvoient
IMPARFAIT	**PLUS-QUE-PARFAIT**	**IMPARFAIT**
je pourvoyais	j'avais pourvu	que je pourvusse
tu pourvoyais	tu avais pourvu	que tu pourvusses
il/elle pourvoyait	il/elle avait pourvu	qu'il/elle pourvût
nous pourvoyions	nous avions pourvu	que nous pourvussions
vous pourvoyiez	vous aviez pourvu	que vous pourvussiez
ils/elles pourvoyaient	ils/elles avaient pourvu	qu'ils/elles pourvussent
PASSÉ SIMPLE	**PASSÉ ANTÉRIEUR**	**PASSÉ**
je pourvus	j'eus pourvu	que j'aie pourvu
tu pourvus	tu eus pourvu	que tu aies pourvu
il/elle pourvut	il/elle eut pourvu	qu'il/elle ait pourvu
nous pourvûmes	nous eûmes pourvu	que nous ayons pourvu
vous pourvûtes	vous eûtes pourvu	que vous ayez pourvu
ils/elles pourvurent	ils/elles eurent pourvu	qu'ils/elles aient pourvu
FUTUR SIMPLE	**FUTUR ANTÉRIEUR**	**PLUS-QUE-PARFAIT**
je pourvoirai	j'aurai pourvu	que j'eusse pourvu
tu pourvoiras	tu auras pourvu	que tu eusses pourvu
il/elle pourvoira	il/elle aura pourvu	qu'il/elle eût pourvu
nous pourvoirons	nous aurons pourvu	que nous eussions pourvu
vous pourvoirez	vous aurez pourvu	que vous eussiez pourvu
ils/elles pourvoiront	ils/elles auront pourvu	qu'ils/elles eussent pourvu

POURVOIR

CONDITIONNEL

PRÉSENT	PASSÉ 1RE FORME	PASSÉ 2E FORME
je pourvoirais	j'aurais pourvu	j'eusse pourvu
tu pourvoirais	tu aurais pourvu	tu eusses pourvu
il/elle pourvoirait	il/elle aurait pourvu	il/elle eût pourvu
nous pourvoirions	nous aurions pourvu	nous eussions pourvu
vous pourvoiriez	vous auriez pourvu	vous eussiez pourvu
ils/elles pourvoiraient	ils/elles auraient pourvu	ils/elles eussent pourvu

IMPÉRATIF

PRÉSENT	PASSÉ
pourvois	aie pourvu
pourvoyons	ayons pourvu
pourvoyez	ayez pourvu

INFINITIF

PRÉSENT	PASSÉ
pourvoir	avoir pourvu

PARTICIPE

PRÉSENT	PASSÉ	PASSÉ COMPOSÉ
pourvoyant	pourvu/pourvue pourvus/pourvues	ayant pourvu

REMARQUE

Attention de ne pas oublier le **i** aux 1re et 2e personnes du pluriel de l'imparfait de l'indicatif et du présent du subjonctif *(nous pourvoyions, vous pourvoyiez).*

ASSEOIR

3e groupe

INDICATIF		SUBJONCTIF
PRÉSENT	**PASSÉ COMPOSÉ**	**PRÉSENT**
j'assieds *ou* assois	j'ai assis	que j'asseye *ou* assoie
tu assieds *ou* assois	tu as assis	que tu asseyes *ou* assoies
il/elle assied *ou* assoit	il/elle a assis	qu'il/elle asseye *ou* assoie
nous asseyons *ou* assoyons	nous avons assis	que nous asseyions *ou* assoyions
vous asseyez *ou* assoyez	vous avez assis	que vous asseyiez *ou* assoyiez
ils/elles asseyent *ou* assoient	ils/elles ont assis	qu'ils/elles asseyent *ou* assoient
IMPARFAIT	**PLUS-QUE-PARFAIT**	**IMPARFAIT**
j'asseyais *ou* assoyais	j'avais assis	que j'assisse
tu asseyais *ou* assoyais	tu avais assis	que tu assisses
il/elle asseyait *ou* assoyait	il/elle avait assis	qu'il/elle assît
nous asseyions *ou* assoyions	nous avions assis	que nous assissions
vous asseyiez *ou* assoyiez	vous aviez assis	que vous assissiez
ils/elles asseyaient *ou* assoyaient	ils/elles avaient assis	qu'ils/elles assissent
PASSÉ SIMPLE	**PASSÉ ANTÉRIEUR**	**PASSÉ**
j'assis	j'eus assis	que j'aie assis
tu assis	tu eus assis	que tu aies assis
il/elle assit	il/elle eut assis	qu'il/elle ait assis
nous assîmes	nous eûmes assis	que nous ayons assis
vous assîtes	vous eûtes assis	que vous ayez assis
ils/elles assirent	ils/elles eurent assis	qu'ils/elles aient assis
FUTUR SIMPLE	**FUTUR ANTÉRIEUR**	**PLUS-QUE-PARFAIT**
j'assiérai *ou* assoirai	j'aurai assis	que j'eusse assis
tu assiéras *ou* assoiras	tu auras assis	que tu eusses assis
il/elle assiéra *ou* assoira	il/elle aura assis	qu'il/elle eût assis
nous assiérons *ou* assoirons	nous aurons assis	que nous eussions assis
vous assiérez *ou* assoirez	vous aurez assis	que vous eussiez assis
ils/elles assiéront *ou* assoiront	ils/elles auront assis	qu'ils/elles eussent assis

ASSEOIR

CONDITIONNEL

PRÉSENT	PASSÉ 1RE FORME	PASSÉ 2E FORME
j'assiérais *ou* assoirais	j'aurais assis	j'eusse assis
tu assiérais *ou* assoirais	tu aurais assis	tu eusses assis
il/elle assiérait *ou* assoirait	il/elle aurait assis	il/elle eût assis
nous assiérions *ou* assoirions	nous aurions assis	nous eussions assis
vous assiériez *ou* assoiriez	vous auriez assis	vous eussiez assis
ils/elles assiéraient *ou* assoiraient	ils/elles auraient assis	ils/elles eussent assis

IMPÉRATIF

PRÉSENT	PASSÉ
assieds *ou* assois	aie assis
asseyons *ou* assoyons	ayons assis
asseyez *ou* assoyez	ayez assis

INFINITIF

PRÉSENT	PASSÉ
asseoir	avoir assis

PARTICIPE

PRÉSENT	PASSÉ	PASSÉ COMPOSÉ
asseyant *ou* assoyant	assis/assise assis/assises	ayant assis

REMARQUE

• Attention au **i** aux 1re et 2e personnes du pluriel de l'imparfait de l'indicatif et du présent du subjonctif *(nous asseyions, vous asseyiez, nous assoyions, vous assoyiez).*

➤ ***LE VERBE, FORMES ET EMPLOIS*** sur le choix entre les deux formes, lié au niveau de langue.

• *Surseoir* conserve le **e** de l'infinitif au futur et au conditionnel : *je surseoirai, je surseoirais. Seoir* (être assis) a pour participe présent *séant* et pour participe passé *sis, sise.*

27

MOUVOIR

3e groupe

INDICATIF		SUBJONCTIF
PRÉSENT	**PASSÉ COMPOSÉ**	**PRÉSENT**
je meus	j'ai mû	que je meuve
tu meus	tu as mû	que tu meuves
il/elle meut	il/elle a mû	qu'il/elle meuve
nous mouvons	nous avons mû	que nous mouvions
vous mouvez	vous avez mû	que vous mouviez
ils/elles meuvent	ils/elles ont mû	qu'ils/elles meuvent
IMPARFAIT	**PLUS-QUE-PARFAIT**	**IMPARFAIT**
je mouvais	j'avais mû	que je musse
tu mouvais	tu avais mû	que tu musses
il/elle mouvait	il/elle avait mû	qu'il/elle mût
nous mouvions	nous avions mû	que nous mussions
vous mouviez	vous aviez mû	que vous mussiez
ils/elles mouvaient	ils/elles avaient mû	qu'ils/elles mussent
PASSÉ SIMPLE	**PASSÉ ANTÉRIEUR**	**PASSÉ**
je mus	j'eus mû	que j'aie mû
tu mus	tu eus mû	que tu aies mû
il/elle mut	il/elle eut mû	qu'il/elle ait mû
nous mûmes	nous eûmes mû	que nous ayons mû
vous mûtes	vous eûtes mû	que vous ayez mû
ils/elles murent	ils/elles eurent mû	qu'ils/elles aient mû
FUTUR SIMPLE	**FUTUR ANTÉRIEUR**	**PLUS-QUE-PARFAIT**
je mouvrai	j'aurai mû	que j'eusse mû
tu mouvras	tu auras mû	que tu eusses mû
il/elle mouvra	il/elle aura mû	qu'il/elle eût mû
nous mouvrons	nous aurons mû	que nous eussions mû
vous mouvrez	vous aurez mû	que vous eussiez mû
ils/elles mouvront	ils/elles auront mû	qu'ils/elles eussent mû

MOUVOIR

CONDITIONNEL

PRÉSENT	PASSÉ 1RE FORME	PASSÉ 2E FORME
je mouvrais	j'aurais mû	j'eusse mû
tu mouvrais	tu aurais mû	tu eusses mû
il/elle mouvrait	il/elle aurait mû	il/elle eût mû
nous mouvrions	nous aurions mû	nous eussions mû
vous mouvriez	vous auriez mû	vous eussiez mû
ils/elles mouvraient	ils/elles auraient mû	ils/elles eussent mû

IMPÉRATIF

PRÉSENT	PASSÉ
meus	aie mû
mouvons	ayons mû
mouvez	ayez mû

INFINITIF

PRÉSENT	PASSÉ
mouvoir	avoir mû

PARTICIPE

PRÉSENT	PASSÉ	PASSÉ COMPOSÉ
mouvant	mû / mue mus / mues	ayant mû

REMARQUE

• La conjugaison complète est plus courante pour la forme pronominale *se mouvoir* que pour *mouvoir.*

• Le participe passé s'écrit traditionnellement avec un accent circonflexe sur le *u.* Cependant, **la réforme de l'orthographe de 1990** préconise la graphie sans accent circonflexe *mu* pour le participe passé à tous les temps composés, ceci afin d'harmoniser cette forme avec les participes passés des verbes *émouvoir* et *promouvoir (ému, promu).* Ainsi les graphies *j'ai mu, nous aurions mu,* etc. ne sont plus considérées comme fautives.

➤ ***LE VERBE, FORMES ET EMPLOIS.***

RECEVOIR

3e groupe

INDICATIF		SUBJONCTIF
PRÉSENT	**PASSÉ COMPOSÉ**	**PRÉSENT**
je reçois	j'ai reçu	que je reçoive
tu reçois	tu as reçu	que tu reçoives
il/elle reçoit	il/elle a reçu	qu'il/elle reçoive
nous recevons	nous avons reçu	que nous recevions
vous recevez	vous avez reçu	que vous receviez
ils/elles reçoivent	ils/elles ont reçu	qu'ils/elles reçoivent
IMPARFAIT	**PLUS-QUE-PARFAIT**	**IMPARFAIT**
je recevais	j'avais reçu	que je reçusse
tu recevais	tu avais reçu	que tu reçusses
il/elle recevait	il/elle avait reçu	qu'il/elle reçût
nous recevions	nous avions reçu	que nous reçussions
vous receviez	vous aviez reçu	que vous reçussiez
ils/elles recevaient	ils/elles avaient reçu	qu'ils/elles reçussent
PASSÉ SIMPLE	**PASSÉ ANTÉRIEUR**	**PASSÉ**
je reçus	j'eus reçu	que j'aie reçu
tu reçus	tu eus reçu	que tu aies reçu
il/elle reçut	il/elle eut reçu	qu'il/elle ait reçu
nous reçûmes	nous eûmes reçu	que nous ayons reçu
vous reçûtes	vous eûtes reçu	que vous ayez reçu
ils/elles reçurent	ils/elles eurent reçu	qu'ils/elles aient reçu
FUTUR SIMPLE	**FUTUR ANTÉRIEUR**	**PLUS-QUE-PARFAIT**
je recevrai	j'aurai reçu	que j'eusse reçu
tu recevras	tu auras reçu	que tu eusses reçu
il/elle recevra	il/elle aura reçu	qu'il/elle eût reçu
nous recevrons	nous aurons reçu	que nous eussions reçu
vous recevrez	vous aurez reçu	que vous eussiez reçu
ils/elles recevront	ils/elles auront reçu	qu'ils/elles eussent reçu

RECEVOIR

CONDITIONNEL

PRÉSENT	PASSÉ 1RE FORME	PASSÉ 2E FORME
je recevrais	j'aurais reçu	j'eusse reçu
tu recevrais	tu aurais reçu	tu eusses reçu
il/elle recevrait	il/elle aurait reçu	il/elle eût reçu
nous recevrions	nous aurions reçu	nous eussions reçu
vous recevriez	vous auriez reçu	vous eussiez reçu
ils/elles recevraient	ils/elles auraient reçu	ils/elles eussent reçu

IMPÉRATIF

PRÉSENT	PASSÉ
reçois	aie reçu
recevons	ayons reçu
recevez	ayez reçu

INFINITIF

PRÉSENT	PASSÉ
recevoir	avoir reçu

PARTICIPE

PRÉSENT	PASSÉ	PASSÉ COMPOSÉ
recevant	reçu/reçue reçus/reçues	ayant reçu

REMARQUE

- Dans les verbes en **-cevoir, c** devient **ç** devant **o** et **u** pour garder le son [s].
- *Devoir, redevoir* font au participe passé *dû, due, dus, dues ; redû, redue, redus, redues.*

VALOIR

3e groupe

INDICATIF		SUBJONCTIF
PRÉSENT	**PASSÉ COMPOSÉ**	**PRÉSENT**
je vau**x**	j'ai valu	que je vaille
tu vau**x**	tu as valu	que tu vailles
il/elle vaut	il/elle a valu	qu'il/elle vaille
nous valons	nous avons valu	que nous valions
vous valez	vous avez valu	que vous valiez
ils/elles valent	ils/elles ont valu	qu'ils/elles vaillent
IMPARFAIT	**PLUS-QUE-PARFAIT**	**IMPARFAIT**
je valais	j'avais valu	que je valusse
tu valais	tu avais valu	que tu valusses
il/elle valait	il/elle avait valu	qu'il/elle valût
nous valions	nous avions valu	que nous valussions
vous valiez	vous aviez valu	que vous valussiez
ils/elles valaient	ils/elles avaient valu	qu'ils/elles valussent
PASSÉ SIMPLE	**PASSÉ ANTÉRIEUR**	**PASSÉ**
je valus	j'eus valu	que j'aie valu
tu valus	tu eus valu	que tu aies valu
il/elle valut	il/elle eut valu	qu'il/elle ait valu
nous valûmes	nous eûmes valu	que nous ayons valu
vous valûtes	vous eûtes valu	que vous ayez valu
ils/elles valurent	ils/elles eurent valu	qu'ils/elles aient valu
FUTUR SIMPLE	**FUTUR ANTÉRIEUR**	**PLUS-QUE-PARFAIT**
je vaudrai	j'aurai valu	que j'eusse valu
tu vaudras	tu auras valu	que tu eusses valu
il/elle vaudra	il/elle aura valu	qu'il/elle eût valu
nous vaudrons	nous aurons valu	que nous eussions valu
vous vaudrez	vous aurez valu	que vous eussiez valu
ils/elles vaudront	ils/elles auront valu	qu'ils/elles eussent valu

VALOIR

CONDITIONNEL

PRÉSENT	PASSÉ 1RE FORME	PASSÉ 2E FORME
je vaudrais	j'aurais valu	j'eusse valu
tu vaudrais	tu aurais valu	tu eusses valu
il/elle vaudrait	il/elle aurait valu	il/elle eût valu
nous vaudrions	nous aurions valu	nous eussions valu
vous vaudriez	vous auriez valu	vous eussiez valu
ils/elles vaudraient	ils/elles auraient valu	ils/elles eussent valu

IMPÉRATIF

PRÉSENT	PASSÉ
vau**x**	aie valu
valons	ayons valu
valez	ayez valu

INFINITIF

PRÉSENT	PASSÉ
valoir	avoir valu

PARTICIPE

PRÉSENT	PASSÉ	PASSÉ COMPOSÉ
valant	valu/value valus/values	ayant valu

REMARQUE

Notez le **x** aux 1re et 2e personnes du singulier de l'indicatif présent et à la 2e personne du singulier de l'impératif présent.

FALLOIR

3e groupe

INDICATIF		SUBJONCTIF
PRÉSENT	**PASSÉ COMPOSÉ**	**PRÉSENT**
–	–	–
–	–	–
il faut	il a fallu	qu'il faille
–	–	–
–	–	–
–	–	–
IMPARFAIT	**PLUS-QUE-PARFAIT**	**IMPARFAIT**
–	–	–
–	–	–
il fallait	il avait fallu	qu'il fallût
–	–	–
–	–	–
–	–	–
PASSÉ SIMPLE	**PASSÉ ANTÉRIEUR**	**PASSÉ**
–	–	–
–	–	–
il fallut	il eut fallu	qu'il ait fallu
–	–	–
–	–	–
–	–	–
FUTUR SIMPLE	**FUTUR ANTÉRIEUR**	**PLUS-QUE-PARFAIT**
–	–	–
–	–	–
il faudra	il aura fallu	qu'il eût fallu
–	–	–
–	–	–
–	–	–

FALLOIR

CONDITIONNEL

PRÉSENT	PASSÉ 1RE FORME	PASSÉ 2E FORME
–	–	–
–	–	–
il faudrait	il aurait fallu	il eût fallu
–	–	–
–	–	–
–	–	–

IMPÉRATIF

PRÉSENT	PASSÉ
inusité	*inusité*

INFINITIF

PRÉSENT	PASSÉ
falloir	avoir fallu

PARTICIPE

PRÉSENT	PASSÉ	PASSÉ COMPOSÉ
	fallu	ayant fallu

REMARQUE

Ce verbe est impersonnel ; beaucoup de formes sont inusitées.

VOIR

3e groupe

INDICATIF		SUBJONCTIF
PRÉSENT	**PASSÉ COMPOSÉ**	**PRÉSENT**
je vois	j'ai vu	que je voie
tu vois	tu as vu	que tu voies
il/elle voit	il/elle a vu	qu'il/elle voie
nous voyons	nous avons vu	que nous voyions
vous voyez	vous avez vu	que vous voyiez
ils/elles voient	ils/elles ont vu	qu'ils/elles voient
IMPARFAIT	**PLUS-QUE-PARFAIT**	**IMPARFAIT**
je voyais	j'avais vu	que je visse
tu voyais	tu avais vu	que tu visses
il/elle voyait	il/elle avait vu	qu'il/elle vît
nous voyions	nous avions vu	que nous vissions
vous voyiez	vous aviez vu	que vous vissiez
ils/elles voyaient	ils/elles avaient vu	qu'ils/elles vissent
PASSÉ SIMPLE	**PASSÉ ANTÉRIEUR**	**PASSÉ**
je vis	j'eus vu	que j'aie vu
tu vis	tu eus vu	que tu aies vu
il/elle vit	il/elle eut vu	qu'il/elle ait vu
nous vîmes	nous eûmes vu	que nous ayons vu
vous vîtes	vous eûtes vu	que vous ayez vu
ils/elles virent	ils/elles eurent vu	qu'ils/elles aient vu
FUTUR SIMPLE	**FUTUR ANTÉRIEUR**	**PLUS-QUE-PARFAIT**
je verrai	j'aurai vu	que j'eusse vu
tu verras	tu auras vu	que tu eusses vu
il/elle verra	il/elle aura vu	qu'il/elle eût vu
nous verrons	nous aurons vu	que nous eussions vu
vous verrez	vous aurez vu	que vous eussiez vu
ils/elles verront	ils/elles auront vu	qu'ils/elles eussent vu

VOIR

CONDITIONNEL

PRÉSENT	PASSÉ 1RE FORME	PASSÉ 2E FORME
je verrais	j'aurais vu	j'eusse vu
tu verrais	tu aurais vu	tu eusses vu
il/elle verrait	il/elle aurait vu	il/elle eût vu
nous verrions	nous aurions vu	nous eussions vu
vous verriez	vous auriez vu	vous eussiez vu
ils/elles verraient	ils/elles auraient vu	ils/elles eussent vu

IMPÉRATIF

PRÉSENT	PASSÉ
vois	aie vu
voyons	ayons vu
voyez	ayez vu

INFINITIF

PRÉSENT	PASSÉ
voir	avoir vu

PARTICIPE

PRÉSENT	PASSÉ	PASSÉ COMPOSÉ
voyant	vu/vue vus/vues	ayant vu

REMARQUE

Attention de ne pas oublier le **i** aux 1re et 2e personnes du pluriel de l'imparfait de l'indicatif et du présent du subjonctif *(nous voyions, vous voyiez).*

31

VOULOIR

3e groupe

INDICATIF		SUBJONCTIF
PRÉSENT	**PASSÉ COMPOSÉ**	**PRÉSENT**
je veux	j'ai voulu	que je veuille
tu veux	tu as voulu	que tu veuilles
il/elle veut	il/elle a voulu	qu'il/elle veuille
nous voulons	nous avons voulu	que nous voulions
vous voulez	vous avez voulu	que vous vouliez
ils/elles veulent	ils/elles ont voulu	qu'ils/elles veuillent
IMPARFAIT	**PLUS-QUE-PARFAIT**	**IMPARFAIT**
je voulais	j'avais voulu	que je voulusse
tu voulais	tu avais voulu	que tu voulusses
il/elle voulait	il/elle avait voulu	qu'il/elle voulût
nous voulions	nous avions voulu	que nous voulussions
vous vouliez	vous aviez voulu	que vous voulussiez
ils/elles voulaient	ils/elles avaient voulu	qu'ils/elles voulussent
PASSÉ SIMPLE	**PASSÉ ANTÉRIEUR**	**PASSÉ**
je voulus	j'eus voulu	que j'aie voulu
tu voulus	tu eus voulu	que tu aies voulu
il/elle voulut	il/elle eut voulu	qu'il/elle ait voulu
nous voulûmes	nous eûmes voulu	que nous ayons voulu
vous voulûtes	vous eûtes voulu	que vous ayez voulu
ils/elles voulurent	ils/elles eurent voulu	qu'ils/elles aient voulu
FUTUR SIMPLE	**FUTUR ANTÉRIEUR**	**PLUS-QUE-PARFAIT**
je voudrai	j'aurai voulu	que j'eusse voulu
tu voudras	tu auras voulu	que tu eusses voulu
il/elle voudra	il/elle aura voulu	qu'il/elle eût voulu
nous voudrons	nous aurons voulu	que nous eussions voulu
vous voudrez	vous aurez voulu	que vous eussiez voulu
ils/elles voudront	ils/elles auront voulu	qu'ils/elles eussent voulu

VOULOIR

CONDITIONNEL

PRÉSENT	PASSÉ 1RE FORME	PASSÉ 2E FORME
je voudrais	j'aurais voulu	j'eusse voulu
tu voudrais	tu aurais voulu	tu eusses voulu
il/elle voudrait	il/elle aurait voulu	il/elle eût voulu
nous voudrions	nous aurions voulu	nous eussions voulu
vous voudriez	vous auriez voulu	vous eussiez voulu
ils/elles voudraient	ils/elles auraient voulu	ils/elles eussent voulu

IMPÉRATIF

PRÉSENT	PASSÉ
veux *ou* veuille	aie voulu
voulons	ayons voulu
voulez *ou* veuillez	ayez voulu

INFINITIF

PRÉSENT	PASSÉ
vouloir	avoir voulu

PARTICIPE

PRÉSENT	PASSÉ	PASSÉ COMPOSÉ
voulant	voulu/voulue voulus/voulues	ayant voulu

REMARQUE

L'impératif *veux, voulons, voulez* est rare sauf au négatif dans les expressions : *ne m'en veux pas, ne m'en voulez pas.* L'impératif *veuillez* est d'un emploi formel *(veuillez agréer...).*

SAVOIR

3e groupe

INDICATIF		SUBJONCTIF
PRÉSENT	**PASSÉ COMPOSÉ**	**PRÉSENT**
je sais	j'ai su	que je sache
tu sais	tu as su	que tu saches
il/elle sait	il/elle a su	qu'il/elle sache
nous savons	nous avons su	que nous sachions
vous savez	vous avez su	que vous sachiez
ils/elles savent	ils/elles ont su	qu'ils/elles sachent
IMPARFAIT	**PLUS-QUE-PARFAIT**	**IMPARFAIT**
je savais	j'avais su	que je susse
tu savais	tu avais su	que tu susses
il/elle savait	il/elle avait su	qu'il/elle sût
nous savions	nous avions su	que nous sussions
vous saviez	vous aviez su	que vous sussiez
ils/elles savaient	ils/elles avaient su	qu'ils/elles sussent
PASSÉ SIMPLE	**PASSÉ ANTÉRIEUR**	**PASSÉ**
je sus	j'eus su	que j'aie su
tu sus	tu eus su	que tu aies su
il/elle sut	il/elle eut su	qu'il/elle ait su
nous sûmes	nous eûmes su	que nous ayons su
vous sûtes	vous eûtes su	que vous ayez su
ils/elles surent	ils/elles eurent su	qu'ils/elles aient su
FUTUR SIMPLE	**FUTUR ANTÉRIEUR**	**PLUS-QUE-PARFAIT**
je saurai	j'aurai su	que j'eusse su
tu sauras	tu auras su	que tu eusses su
il/elle saura	il/elle aura su	qu'il/elle eût su
nous saurons	nous aurons su	que nous eussions su
vous saurez	vous aurez su	que vous eussiez su
ils/elles sauront	ils/elles auront su	qu'ils/elles eussent su

SAVOIR

CONDITIONNEL

PRÉSENT	PASSÉ 1RE FORME	PASSÉ 2E FORME
je saurais	j'aurais su	j'eusse su
tu saurais	tu aurais su	tu eusses su
il/elle saurait	il/elle aurait su	il/elle eût su
nous saurions	nous aurions su	nous eussions su
vous sauriez	vous auriez su	vous eussiez su
ils/elles sauraient	ils/elles auraient su	ils/elles eussent su

IMPÉRATIF

PRÉSENT	PASSÉ
sache	aie su
sachons	ayons su
sachez	ayez su

INFINITIF

PRÉSENT	PASSÉ
savoir	avoir su

PARTICIPE

PRÉSENT	PASSÉ	PASSÉ COMPOSÉ
sachant	su/sue sus/sues	ayant su

POUVOIR

3e groupe

INDICATIF		SUBJONCTIF
PRÉSENT	**PASSÉ COMPOSÉ**	**PRÉSENT**
je peux *ou* je puis	j'ai pu	que je puisse
tu peux	tu as pu	que tu puisses
il/elle peut	il/elle a pu	qu'il/elle puisse
nous pouvons	nous avons pu	que nous puissions
vous pouvez	vous avez pu	que vous puissiez
ils/elles peuvent	ils/elles ont pu	qu'ils/elles puissent
IMPARFAIT	**PLUS-QUE-PARFAIT**	**IMPARFAIT**
je pouvais	j'avais pu	que je pusse
tu pouvais	tu avais pu	que tu pusses
il/elle pouvait	il/elle avait pu	qu'il/elle pût
nous pouvions	nous avions pu	que nous pussions
vous pouviez	vous aviez pu	que vous pussiez
ils/elles pouvaient	ils/elles avaient pu	qu'ils/elles pussent
PASSÉ SIMPLE	**PASSÉ ANTÉRIEUR**	**PASSÉ**
je pus	j'eus pu	que j'aie pu
tu pus	tu eus pu	que tu aies pu
il/elle put	il/elle eut pu	qu'il/elle ait pu
nous pûmes	nous eûmes pu	que nous ayons pu
vous pûtes	vous eûtes pu	que vous ayez pu
ils/elles purent	ils/elles eurent pu	qu'ils/elles aient pu
FUTUR SIMPLE	**FUTUR ANTÉRIEUR**	**PLUS-QUE-PARFAIT**
je pourrai	j'aurai pu	que j'eusse pu
tu pourras	tu auras pu	que tu eusses pu
il/elle pourra	il/elle aura pu	qu'il/elle eût pu
nous pourrons	nous aurons pu	que nous eussions pu
vous pourrez	vous aurez pu	que vous eussiez pu
ils/elles pourront	ils/elles auront pu	qu'ils/elles eussent pu

POUVOIR

CONDITIONNEL

PRÉSENT	PASSÉ 1RE FORME	PASSÉ 2E FORME
je pourrais	j'aurais pu	j'eusse pu
tu pourrais	tu aurais pu	tu eusses pu
il/elle pourrait	il/elle aurait pu	il/elle eût pu
nous pourrions	nous aurions pu	nous eussions pu
vous pourriez	vous auriez pu	vous eussiez pu
ils/elles pourraient	ils/elles auraient pu	ils/elles eussent pu

IMPÉRATIF

PRÉSENT	PASSÉ
inusité	*inusité*

INFINITIF

PRÉSENT	PASSÉ
pouvoir	avoir pu

PARTICIPE

PRÉSENT	PASSÉ	PASSÉ COMPOSÉ
pouvant	pu	ayant pu

REMARQUE

À la forme interrogative, seule la forme *puis* est en usage *(puis-je venir ?)*. *Puis* est plus recherché que *peux* à la forme négative, et encore plus à l'affirmative.

AVOIR

3e groupe

INDICATIF		SUBJONCTIF
PRÉSENT	**PASSÉ COMPOSÉ**	**PRÉSENT**
j'ai	j'ai eu	que j'aie
tu as	tu as eu	que tu aies
il/elle a	il/elle a eu	qu'il/elle ait
nous avons	nous avons eu	que nous ayons
vous avez	vous avez eu	que vous ayez
ils/elles ont	ils/elles ont eu	qu'ils/elles aient
IMPARFAIT	**PLUS-QUE-PARFAIT**	**IMPARFAIT**
j'avais	j'avais eu	que j'eusse
tu avais	tu avais eu	que tu eusses
il/elle avait	il/elle avait eu	qu'il/elle eût
nous avions	nous avions eu	que nous eussions
vous aviez	vous aviez eu	que vous eussiez
ils/elles avaient	ils/elles avaient eu	qu'ils/elles eussent
PASSÉ SIMPLE	**PASSÉ ANTÉRIEUR**	**PASSÉ**
j'eus	j'eus eu	que j'aie eu
tu eus	tu eus eu	que tu aies eu
il/elle eut	il/elle eut eu	qu'il/elle ait eu
nous eûmes	nous eûmes eu	que nous ayons eu
vous eûtes	vous eûtes eu	que vous ayez eu
ils/elles eurent	ils/elles eurent eu	qu'ils/elles aient eu
FUTUR SIMPLE	**FUTUR ANTÉRIEUR**	**PLUS-QUE-PARFAIT**
j'aurai	j'aurai eu	que j'eusse eu
tu auras	tu auras eu	que tu eusses eu
il/elle aura	il/elle aura eu	qu'il/elle eût eu
nous aurons	nous aurons eu	que nous eussions eu
vous aurez	vous aurez eu	que vous eussiez eu
ils/elles auront	ils/elles auront eu	qu'ils/elles eussent eu

AVOIR

CONDITIONNEL

PRÉSENT	PASSÉ 1RE FORME	PASSÉ 2E FORME
j'aurais	j'aurais eu	j'eusse eu
tu aurais	tu aurais eu	tu eusses eu
il/elle aurait	il/elle aurait eu	il/elle eût eu
nous aurions	nous aurions eu	nous eussions eu
vous auriez	vous auriez eu	vous eussiez eu
ils/elles auraient	ils/elles auraient eu	ils/elles eussent eu

IMPÉRATIF

PRÉSENT	PASSÉ
aie	aie eu
ayons	ayons eu
ayez	ayez eu

INFINITIF

PRÉSENT	PASSÉ
avoir	avoir eu

PARTICIPE

PRÉSENT	PASSÉ	PASSÉ COMPOSÉ
ayant	eu/eue eus/eues	ayant eu

REMARQUE

• Attention, au subjonctif présent *ayez, ayons* ne prennent pas de **i** (à la différence de *payions, payiez*).

• Le passé composé de **avoir** sert à former le passé surcomposé d'autres verbes *(quand j'ai eu fini).*

➤ ***LE VERBE, FORMES ET EMPLOIS.***

CONCLURE

3e groupe

INDICATIF		SUBJONCTIF
PRÉSENT	**PASSÉ COMPOSÉ**	**PRÉSENT**
je conclus	j'ai conclu	que je conclue
tu conclus	tu as conclu	que tu conclues
il/elle conclut	il/elle a conclu	qu'il/elle conclue
nous concluons	nous avons conclu	que nous concluions
vous concluez	vous avez conclu	que vous concluiez
ils/elles concluent	ils/elles ont conclu	qu'ils/elles concluent
IMPARFAIT	**PLUS-QUE-PARFAIT**	**IMPARFAIT**
je concluais	j'avais conclu	que je conclusse
tu concluais	tu avais conclu	que tu conclusses
il/elle concluait	il/elle avait conclu	qu'il/elle conclût
nous concluions	nous avions conclu	que nous conclussions
vous concluiez	vous aviez conclu	que vous conclussiez
ils/elles concluaient	ils/elles avaient conclu	qu'ils/elles conclussent
PASSÉ SIMPLE	**PASSÉ ANTÉRIEUR**	**PASSÉ**
je conclus	j'eus conclu	que j'aie conclu
tu conclus	tu eus conclu	que tu aies conclu
il/elle conclut	il/elle eut conclu	qu'il/elle ait conclu
nous conclûmes	nous eûmes conclu	que nous ayons conclu
vous conclûtes	vous eûtes conclu	que vous ayez conclu
ils/elles conclurent	ils/elles eurent conclu	qu'ils/elles aient conclu
FUTUR SIMPLE	**FUTUR ANTÉRIEUR**	**PLUS-QUE-PARFAIT**
je conclurai	j'aurai conclu	que j'eusse conclu
tu concluras	tu auras conclu	que tu eusses conclu
il/elle conclura	il/elle aura conclu	qu'il/elle eût conclu
nous conclurons	nous aurons conclu	que nous eussions conclu
vous conclurez	vous aurez conclu	que vous eussiez conclu
ils/elles concluront	ils/elles auront conclu	qu'ils/elles eussent conclu

CONCLURE

CONDITIONNEL

PRÉSENT	PASSÉ 1RE FORME	PASSÉ 2E FORME
je conclurais	j'aurais conclu	j'eusse conclu
tu conclurais	tu aurais conclu	tu eusses conclu
il/elle conclurait	il/elle aurait conclu	il/elle eût conclu
nous conclurions	nous aurions conclu	nous eussions conclu
vous concluriez	vous auriez conclu	vous eussiez conclu
ils/elles concluraient	ils/elles auraient conclu	ils/elles eussent conclu

IMPÉRATIF

PRÉSENT	PASSÉ
conclus	aie conclu
concluons	ayons conclu
concluez	ayez conclu

INFINITIF

PRÉSENT	PASSÉ
conclure	avoir conclu

PARTICIPE

PRÉSENT	PASSÉ	PASSÉ COMPOSÉ
concluant	conclu/conclue conclus/conclues	ayant conclu

REMARQUE

Notez que *exclure* et *conclure* font au participe passé *exclu, ue ; conclu, ue* tandis que *inclure* et *occlure* font au participe passé *inclus, use ; occlus, use.*

DIRE

3e groupe

INDICATIF		SUBJONCTIF
PRÉSENT	**PASSÉ COMPOSÉ**	**PRÉSENT**
je dis	j'ai dit	que je dise
tu dis	tu as dit	que tu dises
il/elle dit	il/elle a dit	qu'il/elle dise
nous disons	nous avons dit	que nous disions
vous **dites**	vous avez dit	que vous disiez
ils/elles disent	ils/elles ont dit	qu'ils/elles disent
IMPARFAIT	**PLUS-QUE-PARFAIT**	**IMPARFAIT**
je disais	j'avais dit	que je disse
tu disais	tu avais dit	que tu disses
il/elle disait	il/elle avait dit	qu'il/elle dît
nous disions	nous avions dit	que nous dissions
vous disiez	vous aviez dit	que vous dissiez
ils/elles disaient	ils/elles avaient dit	qu'ils/elles dissent
PASSÉ SIMPLE	**PASSÉ ANTÉRIEUR**	**PASSÉ**
je dis	j'eus dit	que j'aie dit
tu dis	tu eus dit	que tu aies dit
il/elle dit	il/elle eut dit	qu'il/elle ait dit
nous dîmes	nous eûmes dit	que nous ayons dit
vous dîtes	vous eûtes dit	que vous ayez dit
ils/elles dirent	ils/elles eurent dit	qu'ils/elles aient dit
FUTUR SIMPLE	**FUTUR ANTÉRIEUR**	**PLUS-QUE-PARFAIT**
je dirai	j'aurai dit	que j'eusse dit
tu diras	tu auras dit	que tu eusses dit
il/elle dira	il/elle aura dit	qu'il/elle eût dit
nous dirons	nous aurons dit	que nous eussions dit
vous direz	vous aurez dit	que vous eussiez dit
ils/elles diront	ils/elles auront dit	qu'ils/elles eussent dit

DIRE

CONDITIONNEL

PRÉSENT	PASSÉ 1RE FORME	PASSÉ 2E FORME
je dirais	j'aurais dit	j'eusse dit
tu dirais	tu aurais dit	tu eusses dit
il/elle dirait	il/elle aurait dit	il/elle eût dit
nous dirions	nous aurions dit	nous eussions dit
vous diriez	vous auriez dit	vous eussiez dit
ils/elles diraient	ils/elles auraient dit	ils/elles eussent dit

IMPÉRATIF

PRÉSENT	PASSÉ
dis	aie dit
disons	ayons dit
dites	ayez dit

INFINITIF

PRÉSENT	PASSÉ
dire	avoir dit

PARTICIPE

PRÉSENT	PASSÉ	PASSÉ COMPOSÉ
disant	dit/dite dits/dites	ayant dit

REMARQUE

• *Médire, contredire, dédire, interdire, prédire* se conjuguent comme **dire** sauf au présent de l'indicatif et de l'impératif à la 2e personne du pluriel : *médisez, contredisez, dédisez, interdisez, prédisez.* Mais *redire* fait *vous redites.*

• *Maudire* se conjugue comme **finir** sauf au participe passé *(maudit, ite)* et à l'infinitif.

• Les 2e personnes du pluriel du présent de l'indicatif et du subjonctif sont irrégulières : *vous dites.*

➤ ***LE VERBE, FORMES ET EMPLOIS.***

SUFFIRE

3e groupe

INDICATIF		SUBJONCTIF
PRÉSENT	**PASSÉ COMPOSÉ**	**PRÉSENT**
je suffis	j'ai suffi	que je suffise
tu suffis	tu as suffi	que tu suffises
il/elle suffit	il/elle a suffi	qu'il/elle suffise
nous suffisons	nous avons suffi	que nous suffisions
vous suffisez	vous avez suffi	que vous suffisiez
ils/elles suffisent	ils/elles ont suffi	qu'ils/elles suffisent
IMPARFAIT	**PLUS-QUE-PARFAIT**	**IMPARFAIT**
je suffisais	j'avais suffi	que je suffisse
tu suffisais	tu avais suffi	que tu suffisses
il/elle suffisait	il/elle avait suffi	qu'il/elle suffît
nous suffisions	nous avions suffi	que nous suffissions
vous suffisiez	vous aviez suffi	que vous suffissiez
ils/elles suffisaient	ils/elles avaient suffi	qu'ils/elles suffissent
PASSÉ SIMPLE	**PASSÉ ANTÉRIEUR**	**PASSÉ**
je suffis	j'eus suffi	que j'aie suffi
tu suffis	tu eus suffi	que tu aies suffi
il/elle suffit	il/elle eut suffi	qu'il/elle ait suffi
nous suffîmes	nous eûmes suffi	que nous ayons suffi
vous suffîtes	vous eûtes suffi	que vous ayez suffi
ils/elles suffirent	ils/elles eurent suffi	qu'ils/elles aient suffi
FUTUR SIMPLE	**FUTUR ANTÉRIEUR**	**PLUS-QUE-PARFAIT**
je suffirai	j'aurai suffi	que j'eusse suffi
tu suffiras	tu auras suffi	que tu eusses suffi
il/elle suffira	il/elle aura suffi	qu'il/elle eût suffi
nous suffirons	nous aurons suffi	que nous eussions suffi
vous suffirez	vous aurez suffi	que vous eussiez suffi
ils/elles suffiront	ils/elles auront suffi	qu'ils/elles eussent suffi

SUFFIRE

CONDITIONNEL

PRÉSENT	PASSÉ 1RE FORME	PASSÉ 2E FORME
je suffirais	j'aurais suffi	j'eusse suffi
tu suffirais	tu aurais suffi	tu eusses suffi
il/elle suffirait	il/elle aurait suffi	il/elle eût suffi
nous suffirions	nous aurions suffi	nous eussions suffi
vous suffiriez	vous auriez suffi	vous eussiez suffi
ils/elles suffiraient	ils/elles auraient suffi	ils/elles eussent suffi

IMPÉRATIF

PRÉSENT	PASSÉ
suffis	aie suffi
suffisons	ayons suffi
suffisez	ayez suffi

INFINITIF

PRÉSENT	PASSÉ
suffire	avoir suffi

PARTICIPE

PRÉSENT	PASSÉ	PASSÉ COMPOSÉ
suffisant	suffi	ayant suffi

REMARQUE

Cette série comprend les verbes *suffire*, *confire* et *circoncire*, qui diffèrent cependant par leurs participes passés : *suffi* (inv.) ; *confit, ite* ; *circoncis, ise* (variables).

NUIRE

3e groupe

INDICATIF		SUBJONCTIF
PRÉSENT	**PASSÉ COMPOSÉ**	**PRÉSENT**
je nuis	j'ai nui	que je nuise
tu nuis	tu as nui	que tu nuises
il/elle nuit	il/elle a nui	qu'il/elle nuise
nous nuisons	nous avons nui	que nous nuisions
vous nuisez	vous avez nui	que vous nuisiez
ils/elles nuisent	ils/elles ont nui	qu'ils/elles nuisent
IMPARFAIT	**PLUS-QUE-PARFAIT**	**IMPARFAIT**
je nuisais	j'avais nui	que je nuisisse
tu nuisais	tu avais nui	que tu nuisisses
il/elle nuisait	il/elle avait nui	qu'il/elle nuisît
nous nuisions	nous avions nui	que nous nuisissions
vous nuisiez	vous aviez nui	que vous nuisissiez
ils/elles nuisaient	ils/elles avaient nui	qu'ils/elles nuisissent
PASSÉ SIMPLE	**PASSÉ ANTÉRIEUR**	**PASSÉ**
je nuisis	j'eus nui	que j'aie nui
tu nuisis	tu eus nui	que tu aies nui
il/elle nuisit	il/elle eut nui	qu'il/elle ait nui
nous nuisîmes	nous eûmes nui	que nous ayons nui
vous nuisîtes	vous eûtes nui	que vous ayez nui
ils/elles nuisirent	ils/elles eurent nui	qu'ils/elles aient nui
FUTUR SIMPLE	**FUTUR ANTÉRIEUR**	**PLUS-QUE-PARFAIT**
je nuirai	j'aurai nui	que j'eusse nui
tu nuiras	tu auras nui	que tu eusses nui
il/elle nuira	il/elle aura nui	qu'il/elle eût nui
nous nuirons	nous aurons nui	que nous eussions nui
vous nuirez	vous aurez nui	que vous eussiez nui
ils/elles nuiront	ils/elles auront nui	qu'ils/elles eussent nui

NUIRE

CONDITIONNEL

PRÉSENT	PASSÉ 1RE FORME	PASSÉ 2E FORME
je nuirais	j'aurais nui	j'eusse nui
tu nuirais	tu aurais nui	tu eusses nui
il/elle nuirait	il/elle aurait nui	il/elle eût nui
nous nuirions	nous aurions nui	nous eussions nui
vous nuiriez	vous auriez nui	vous eussiez nui
ils/elles nuiraient	ils/elles auraient nui	ils/elles eussent nui

IMPÉRATIF

PRÉSENT	PASSÉ
nuis	aie nui
nuisons	ayons nui
nuisez	ayez nui

INFINITIF

PRÉSENT	PASSÉ
nuire	avoir nui

PARTICIPE

PRÉSENT	PASSÉ	PASSÉ COMPOSÉ
nuisant	nui	ayant nui

REMARQUE

Nuire, luire et *reluire* ont un participe passé invariable.

38b CONDUIRE

3e groupe

INDICATIF		SUBJONCTIF
PRÉSENT	**PASSÉ COMPOSÉ**	**PRÉSENT**
je conduis	j'ai conduit	que je conduise
tu conduis	tu as conduit	que tu conduises
il/elle conduit	il/elle a conduit	qu'il/elle conduise
nous conduisons	nous avons conduit	que nous conduisions
vous conduisez	vous avez conduit	que vous conduisiez
ils/elles conduisent	ils/elles ont conduit	qu'ils/elles conduisent
IMPARFAIT	**PLUS-QUE-PARFAIT**	**IMPARFAIT**
je conduisais	j'avais conduit	que je conduisisse
tu conduisais	tu avais conduit	que tu conduisisses
il/elle conduisait	il/elle avait conduit	qu'il/elle conduisît
nous conduisions	nous avions conduit	que nous conduisissions
vous conduisiez	vous aviez conduit	que vous conduisissiez
ils/elles conduisaient	ils/elles avaient conduit	qu'ils/elles conduisissent
PASSÉ SIMPLE	**PASSÉ ANTÉRIEUR**	**PASSÉ**
je conduisis	j'eus conduit	que j'aie conduit
tu conduisis	tu eus conduit	que tu aies conduit
il/elle conduisit	il/elle eut conduit	qu'il/elle ait conduit
nous conduisîmes	nous eûmes conduit	que nous ayons conduit
vous conduisîtes	vous eûtes conduit	que vous ayez conduit
ils/elles conduisirent	ils/elles eurent conduit	qu'ils/elles aient conduit
FUTUR SIMPLE	**FUTUR ANTÉRIEUR**	**PLUS-QUE-PARFAIT**
je conduirai	j'aurai conduit	que j'eusse conduit
tu conduiras	tu auras conduit	que tu eusses conduit
il/elle conduira	il/elle aura conduit	qu'il/elle eût conduit
nous conduirons	nous aurons conduit	que nous eussions conduit
vous conduirez	vous aurez conduit	que vous eussiez conduit
ils/elles conduiront	ils/elles auront conduit	qu'ils/elles eussent conduit

CONDUIRE

CONDITIONNEL

PRÉSENT	PASSÉ 1RE FORME	PASSÉ 2E FORME
je conduirais	j'aurais conduit	j'eusse conduit
tu conduirais	tu aurais conduit	tu eusses conduit
il/elle conduirait	il/elle aurait conduit	il/elle eût conduit
nous conduirions	nous aurions conduit	nous eussions conduit
vous conduiriez	vous auriez conduit	vous eussiez conduit
ils/elles conduiraient	ils/elles auraient conduit	ils/elles eussent conduit

IMPÉRATIF

PRÉSENT	PASSÉ
conduis	aie conduit
conduisons	ayons conduit
conduisez	ayez conduit

INFINITIF

PRÉSENT	PASSÉ
conduire	avoir conduit

PARTICIPE

PRÉSENT	PASSÉ	PASSÉ COMPOSÉ
conduisant	conduit/conduite conduits/conduites	ayant conduit

39 ÉCRIRE

3e groupe

INDICATIF		SUBJONCTIF
PRÉSENT	**PASSÉ COMPOSÉ**	**PRÉSENT**
j'écris	j'ai écrit	que j'écrive
tu écris	tu as écrit	que tu écrives
il/elle écrit	il/elle a écrit	qu'il/elle écrive
nous écrivons	nous avons écrit	que nous écrivions
vous écrivez	vous avez écrit	que vous écriviez
ils/elles écrivent	ils/elles ont écrit	qu'ils/elles écrivent
IMPARFAIT	**PLUS-QUE-PARFAIT**	**IMPARFAIT**
j'écrivais	j'avais écrit	que j'écrivisse
tu écrivais	tu avais écrit	que tu écrivisses
il/elle écrivait	il/elle avait écrit	qu'il/elle écrivît
nous écrivions	nous avions écrit	que nous écrivissions
vous écriviez	vous aviez écrit	que vous écrivissiez
ils/elles écrivaient	ils/elles avaient écrit	qu'ils/elles écrivissent
PASSÉ SIMPLE	**PASSÉ ANTÉRIEUR**	**PASSÉ**
j'écrivis	j'eus écrit	que j'aie écrit
tu écrivis	tu eus écrit	que tu aies écrit
il/elle écrivit	il/elle eut écrit	qu'il/elle ait écrit
nous écrivîmes	nous eûmes écrit	que nous ayons écrit
vous écrivîtes	vous eûtes écrit	que vous ayez écrit
ils/elles écrivirent	ils/elles eurent écrit	qu'ils/elles aient écrit
FUTUR SIMPLE	**FUTUR ANTÉRIEUR**	**PLUS-QUE-PARFAIT**
j'écrirai	j'aurai écrit	que j'eusse écrit
tu écriras	tu auras écrit	que tu eusses écrit
il/elle écrira	il/elle aura écrit	qu'il/elle eût écrit
nous écrirons	nous aurons écrit	que nous eussions écrit
vous écrirez	vous aurez écrit	que vous eussiez écrit
ils/elles écriront	ils/elles auront écrit	qu'ils/elles eussent écrit

ÉCRIRE

CONDITIONNEL

PRÉSENT	PASSÉ 1RE FORME	PASSÉ 2E FORME
j'écrirais	j'aurais écrit	j'eusse écrit
tu écrirais	tu aurais écrit	tu eusses écrit
il/elle écrirait	il/elle aurait écrit	il/elle eût écrit
nous écririons	nous aurions écrit	nous eussions écrit
vous écririez	vous auriez écrit	vous eussiez écrit
ils/elles écriraient	ils/elles auraient écrit	ils/elles eussent écrit

IMPÉRATIF

PRÉSENT	PASSÉ
écris	aie écrit
écrivons	ayons écrit
écrivez	ayez écrit

INFINITIF

PRÉSENT	PASSÉ
écrire	avoir écrit

PARTICIPE

PRÉSENT	PASSÉ	PASSÉ COMPOSÉ
écrivant	écrit/écrite écrits/écrites	ayant écrit

SUIVRE

3e groupe

INDICATIF		SUBJONCTIF
PRÉSENT	**PASSÉ COMPOSÉ**	**PRÉSENT**
je suis	j'ai suivi	que je suive
tu suis	tu as suivi	que tu suives
il/elle suit	il/elle a suivi	qu'il/elle suive
nous suivons	nous avons suivi	que nous suivions
vous suivez	vous avez suivi	que vous suiviez
ils/elles suivent	ils/elles ont suivi	qu'ils/elles suivent
IMPARFAIT	**PLUS-QUE-PARFAIT**	**IMPARFAIT**
je suivais	j'avais suivi	que je suivisse
tu suivais	tu avais suivi	que tu suivisses
il/elle suivait	il/elle avait suivi	qu'il/elle suivît
nous suivions	nous avions suivi	que nous suivissions
vous suiviez	vous aviez suivi	que vous suivissiez
ils/elles suivaient	ils/elles avaient suivi	qu'ils/elles suivissent
PASSÉ SIMPLE	**PASSÉ ANTÉRIEUR**	**PASSÉ**
je suivis	j'eus suivi	que j'aie suivi
tu suivis	tu eus suivi	que tu aies suivi
il/elle suivit	il/elle eut suivi	qu'il/elle ait suivi
nous suivîmes	nous eûmes suivi	que nous ayons suivi
vous suivîtes	vous eûtes suivi	que vous ayez suivi
ils/elles suivirent	ils/elles eurent suivi	qu'ils/elles aient suivi
FUTUR SIMPLE	**FUTUR ANTÉRIEUR**	**PLUS-QUE-PARFAIT**
je suivrai	j'aurai suivi	que j'eusse suivi
tu suivras	tu auras suivi	que tu eusses suivi
il/elle suivra	il/elle aura suivi	qu'il/elle eût suivi
nous suivrons	nous aurons suivi	que nous eussions suivi
vous suivrez	vous aurez suivi	que vous eussiez suivi
ils/elles suivront	ils/elles auront suivi	qu'ils/elles eussent suivi

SUIVRE

CONDITIONNEL

PRÉSENT	PASSÉ 1RE FORME	PASSÉ 2E FORME
je suivrais	j'aurais suivi	j'eusse suivi
tu suivrais	tu aurais suivi	tu eusses suivi
il/elle suivrait	il/elle aurait suivi	il/elle eût suivi
nous suivrions	nous aurions suivi	nous eussions suivi
vous suivriez	vous auriez suivi	vous eussiez suivi
ils/elles suivraient	ils/elles auraient suivi	ils/elles eussent suivi

IMPÉRATIF

PRÉSENT	PASSÉ
suis	aie suivi
suivons	ayons suivi
suivez	ayez suivi

INFINITIF

PRÉSENT	PASSÉ
suivre	avoir suivi

PARTICIPE

PRÉSENT	PASSÉ	PASSÉ COMPOSÉ
suivant	suivi/suivie suivis/suivies	ayant suivi

REMARQUE

Cette série regroupe les composés de *suivre*. *S'ensuivre*, verbe pronominal, forme ses temps composés avec *être* et n'est employé qu'aux 3e personnes et à l'infinitif.

RENDRE

3e groupe

INDICATIF		SUBJONCTIF
PRÉSENT	**PASSÉ COMPOSÉ**	**PRÉSENT**
je rends	j'ai rendu	que je rende
tu rends	tu as rendu	que tu rendes
il/elle rend	il/elle a rendu	qu'il/elle rende
nous rendons	nous avons rendu	que nous rendions
vous rendez	vous avez rendu	que vous rendiez
ils/elles rendent	ils/elles ont rendu	qu'ils/elles rendent
IMPARFAIT	**PLUS-QUE-PARFAIT**	**IMPARFAIT**
je rendais	j'avais rendu	que je rendisse
tu rendais	tu avais rendu	que tu rendisses
il/elle rendait	il/elle avait rendu	qu'il/elle rendît
nous rendions	nous avions rendu	que nous rendissions
vous rendiez	vous aviez rendu	que vous rendissiez
ils/elles rendaient	ils/elles avaient rendu	qu'ils/elles rendissent
PASSÉ SIMPLE	**PASSÉ ANTÉRIEUR**	**PASSÉ**
je rendis	j'eus rendu	que j'aie rendu
tu rendis	tu eus rendu	que tu aies rendu
il/elle rendit	il/elle eut rendu	qu'il/elle ait rendu
nous rendîmes	nous eûmes rendu	que nous ayons rendu
vous rendîtes	vous eûtes rendu	que vous ayez rendu
ils/elles rendirent	ils/elles eurent rendu	qu'ils/elles aient rendu
FUTUR SIMPLE	**FUTUR ANTÉRIEUR**	**PLUS-QUE-PARFAIT**
je rendrai	j'aurai rendu	que j'eusse rendu
tu rendras	tu auras rendu	que tu eusses rendu
il/elle rendra	il/elle aura rendu	qu'il/elle eût rendu
nous rendrons	nous aurons rendu	que nous eussions rendu
vous rendrez	vous aurez rendu	que vous eussiez rendu
ils/elles rendront	ils/elles auront rendu	qu'ils/elles eussent rendu

RENDRE

CONDITIONNEL

PRÉSENT	PASSÉ 1RE FORME	PASSÉ 2E FORME
je rendrais	j'aurais rendu	j'eusse rendu
tu rendrais	tu aurais rendu	tu eusses rendu
il/elle rendrait	il/elle aurait rendu	il/elle eût rendu
nous rendrions	nous aurions rendu	nous eussions rendu
vous rendriez	vous auriez rendu	vous eussiez rendu
ils/elles rendraient	ils/elles auraient rendu	ils/elles eussent rendu

IMPÉRATIF

PRÉSENT	PASSÉ
rends	aie rendu
rendons	ayons rendu
rendez	ayez rendu

INFINITIF

PRÉSENT	PASSÉ
rendre	avoir rendu

PARTICIPE

PRÉSENT	PASSÉ	PASSÉ COMPOSÉ
rendant	rendu/rendue rendus/rendues	ayant rendu

REMARQUE

Cette série comprend les verbes en **-endre** (sauf *prendre* et ses dérivés), **-andre** (ex. *répandre)*, **-erdre** (ex. *perdre*), **-ondre** (ex. *répondre)*, et **-ordre** (ex. *mordre).*

ROMPRE

3e groupe

INDICATIF		SUBJONCTIF
PRÉSENT	**PASSÉ COMPOSÉ**	**PRÉSENT**
je romps	j'ai rompu	que je rompe
tu romps	tu as rompu	que tu rompes
il/elle rompt	il/elle a rompu	qu'il/elle rompe
nous rompons	nous avons rompu	que nous rompions
vous rompez	vous avez rompu	que vous rompiez
ils/elles rompent	ils/elles ont rompu	qu'ils/elles rompent
IMPARFAIT	**PLUS-QUE-PARFAIT**	**IMPARFAIT**
je rompais	j'avais rompu	que je rompisse
tu rompais	tu avais rompu	que tu rompisses
il/elle rompait	il/elle avait rompu	qu'il/elle rompît
nous rompions	nous avions rompu	que nous rompissions
vous rompiez	vous aviez rompu	que vous rompissiez
ils/elles rompaient	ils/elles avaient rompu	qu'ils/elles rompissent
PASSÉ SIMPLE	**PASSÉ ANTÉRIEUR**	**PASSÉ**
je rompis	j'eus rompu	que j'aie rompu
tu rompis	tu eus rompu	que tu aies rompu
il/elle rompit	il/elle eut rompu	qu'il/elle ait rompu
nous rompîmes	nous eûmes rompu	que nous ayons rompu
vous rompîtes	vous eûtes rompu	que vous ayez rompu
ils/elles rompirent	ils/elles eurent rompu	qu'ils/elles aient rompu
FUTUR SIMPLE	**FUTUR ANTÉRIEUR**	**PLUS-QUE-PARFAIT**
je romprai	j'aurai rompu	que j'eusse rompu
tu rompras	tu auras rompu	que tu eusses rompu
il/elle rompra	il/elle aura rompu	qu'il/elle eût rompu
nous romprons	nous aurons rompu	que nous eussions rompu
vous romprez	vous aurez rompu	que vous eussiez rompu
ils/elles rompront	ils/elles auront rompu	qu'ils/elles eussent rompu

ROMPRE

CONDITIONNEL

PRÉSENT	PASSÉ 1RE FORME	PASSÉ 2E FORME
je romprais	j'aurais rompu	j'eusse rompu
tu romprais	tu aurais rompu	tu eusses rompu
il/elle romprait	il/elle aurait rompu	il/elle eût rompu
nous romprions	nous aurions rompu	nous eussions rompu
vous rompriez	vous auriez rompu	vous eussiez rompu
ils/elles rompraient	ils/elles auraient rompu	ils/elles eussent rompu

IMPÉRATIF

PRÉSENT	PASSÉ
romps	aie rompu
rompons	ayons rompu
rompez	ayez rompu

INFINITIF

PRÉSENT	PASSÉ
rompre	avoir rompu

PARTICIPE

PRÉSENT	PASSÉ	PASSÉ COMPOSÉ
rompant	rompu / rompue rompus / rompues	ayant rompu

REMARQUE

Les composés de *rompre (corrompre, interrompre)* se conjuguent sur ce modèle.

BATTRE

3e groupe

INDICATIF		SUBJONCTIF
PRÉSENT	**PASSÉ COMPOSÉ**	**PRÉSENT**
je bats	j'ai battu	que je batte
tu bats	tu as battu	que tu battes
il/elle bat	il/elle a battu	qu'il/elle batte
nous battons	nous avons battu	que nous battions
vous battez	vous avez battu	que vous battiez
ils/elles battent	ils/elles ont battu	qu'ils/elles battent
IMPARFAIT	**PLUS-QUE-PARFAIT**	**IMPARFAIT**
je battais	j'avais battu	que je battisse
tu battais	tu avais battu	que tu battisses
il/elle battait	il/elle avait battu	qu'il/elle battît
nous battions	nous avions battu	que nous battissions
vous battiez	vous aviez battu	que vous battissiez
ils/elles battaient	ils/elles avaient battu	qu'ils/elles battissent
PASSÉ SIMPLE	**PASSÉ ANTÉRIEUR**	**PASSÉ**
je battis	j'eus battu	que j'aie battu
tu battis	tu eus battu	que tu aies battu
il/elle battit	il/elle eut battu	qu'il/elle ait battu
nous battîmes	nous eûmes battu	que nous ayons battu
vous battîtes	vous eûtes battu	que vous ayez battu
ils/elles battirent	ils/elles eurent battu	qu'ils/elles aient battu
FUTUR SIMPLE	**FUTUR ANTÉRIEUR**	**PLUS-QUE-PARFAIT**
je battrai	j'aurai battu	que j'eusse battu
tu battras	tu auras battu	que tu eusses battu
il/elle battra	il/elle aura battu	qu'il/elle eût battu
nous battrons	nous aurons battu	que nous eussions battu
vous battrez	vous aurez battu	que vous eussiez battu
ils/elles battront	ils/elles auront battu	qu'ils/elles eussent battu

BATTRE

CONDITIONNEL

PRÉSENT	PASSÉ 1RE FORME	PASSÉ 2E FORME
je battrais	j'aurais battu	j'eusse battu
tu battrais	tu aurais battu	tu eusses battu
il/elle battrait	il/elle aurait battu	il/elle eût battu
nous battrions	nous aurions battu	nous eussions battu
vous battriez	vous auriez battu	vous eussiez battu
ils/elles battraient	ils/elles auraient battu	ils/elles eussent battu

IMPÉRATIF

PRÉSENT	PASSÉ
bats	aie battu
battons	ayons battu
battez	ayez battu

INFINITIF

PRÉSENT	PASSÉ
battre	avoir battu

PARTICIPE

PRÉSENT	PASSÉ	PASSÉ COMPOSÉ
battant	battu/battue battus/battues	ayant battu

REMARQUE

Cette série comprend les composés du verbe *battre*.

VAINCRE

3e groupe

INDICATIF		SUBJONCTIF
PRÉSENT	**PASSÉ COMPOSÉ**	**PRÉSENT**
je vaincs	j'ai vaincu	que je vainque
tu vaincs	tu as vaincu	que tu vainques
il/elle **vainc**	il/elle a vaincu	qu'il/elle vainque
nous vainquons	nous avons vaincu	que nous vainquions
vous vainquez	vous avez vaincu	que vous vainquiez
ils/elles vainquent	ils/elles ont vaincu	qu'ils/elles vainquent
IMPARFAIT	**PLUS-QUE-PARFAIT**	**IMPARFAIT**
je vainquais	j'avais vaincu	que je vainquisse
tu vainquais	tu avais vaincu	que tu vainquisses
il/elle vainquait	il/elle avait vaincu	qu'il/elle vainquît
nous vainquions	nous avions vaincu	que nous vainquissions
vous vainquiez	vous aviez vaincu	que vous vainquissiez
ils/elles vainquaient	ils/elles avaient vaincu	qu'ils/elles vainquissent
PASSÉ SIMPLE	**PASSÉ ANTÉRIEUR**	**PASSÉ**
je vainquis	j'eus vaincu	que j'aie vaincu
tu vainquis	tu eus vaincu	que tu aies vaincu
il/elle vainquit	il/elle eut vaincu	qu'il/elle ait vaincu
nous vainquîmes	nous eûmes vaincu	que nous ayons vaincu
vous vainquîtes	vous eûtes vaincu	que vous ayez vaincu
ils/elles vainquirent	ils/elles eurent vaincu	qu'ils/elles aient vaincu
FUTUR SIMPLE	**FUTUR ANTÉRIEUR**	**PLUS-QUE-PARFAIT**
je vaincrai	j'aurai vaincu	que j'eusse vaincu
tu vaincras	tu auras vaincu	que tu eusses vaincu
il/elle vaincra	il/elle aura vaincu	qu'il/elle eût vaincu
nous vaincrons	nous aurons vaincu	que nous eussions vaincu
vous vaincrez	vous aurez vaincu	que vous eussiez vaincu
ils/elles vaincront	ils/elles auront vaincu	qu'ils/elles eussent vaincu

VAINCRE

CONDITIONNEL

PRÉSENT	PASSÉ 1RE FORME	PASSÉ 2E FORME
je vaincrais	j'aurais vaincu	j'eusse vaincu
tu vaincrais	tu aurais vaincu	tu eusses vaincu
il/elle vaincrait	il/elle aurait vaincu	il/elle eût vaincu
nous vaincrions	nous aurions vaincu	nous eussions vaincu
vous vaincriez	vous auriez vaincu	vous eussiez vaincu
ils/elles vaincraient	ils/elles auraient vaincu	ils/elles eussent vaincu

IMPÉRATIF

PRÉSENT	PASSÉ
vaincs	aie vaincu
vainquons	ayons vaincu
vainquez	ayez vaincu

INFINITIF

PRÉSENT	PASSÉ
vaincre	avoir vaincu

PARTICIPE

PRÉSENT	PASSÉ	PASSÉ COMPOSÉ
vainquant	vaincu/vaincue vaincus/vaincues	ayant vaincu

REMARQUE

- Cette série comprend *vaincre* et *convaincre*.
- Devant une voyelle autre que **u** prononcé, le son [k] se note **qu** (ex. *nous vainquons, je vainquis*).
- À la 3e personne du singulier du présent de l'indicatif, *vaincre* et *convaincre* ne prennent pas de **-t** *(il vainc, il convainc)*.

LIRE

3e groupe

INDICATIF		SUBJONCTIF
PRÉSENT	**PASSÉ COMPOSÉ**	**PRÉSENT**
je lis	j'ai lu	que je lise
tu lis	tu as lu	que tu lises
il/elle lit	il/elle a lu	qu'il/elle lise
nous lisons	nous avons lu	que nous lisions
vous lisez	vous avez lu	que vous lisiez
ils/elles lisent	ils/elles ont lu	qu'ils/elles lisent
IMPARFAIT	**PLUS-QUE-PARFAIT**	**IMPARFAIT**
je lisais	j'avais lu	que je lusse
tu lisais	tu avais lu	que tu lusses
il/elle lisait	il/elle avait lu	qu'il/elle lût
nous lisions	nous avions lu	que nous lussions
vous lisiez	vous aviez lu	que vous lussiez
ils/elles lisaient	ils/elles avaient lu	qu'ils/elles lussent
PASSÉ SIMPLE	**PASSÉ ANTÉRIEUR**	**PASSÉ**
je lus	j'eus lu	que j'aie lu
tu lus	tu eus lu	que tu aies lu
il/elle lut	il/elle eut lu	qu'il/elle ait lu
nous lûmes	nous eûmes lu	que nous ayons lu
vous lûtes	vous eûtes lu	que vous ayez lu
ils/elles lurent	ils/elles eurent lu	qu'ils/elles aient lu
FUTUR SIMPLE	**FUTUR ANTÉRIEUR**	**PLUS-QUE-PARFAIT**
je lirai	j'aurai lu	que j'eusse lu
tu liras	tu auras lu	que tu eusses lu
il/elle lira	il/elle aura lu	qu'il/elle eût lu
nous lirons	nous aurons lu	que nous eussions lu
vous lirez	vous aurez lu	que vous eussiez lu
ils/elles liront	ils/elles auront lu	qu'ils/elles eussent lu

LIRE

CONDITIONNEL

PRÉSENT	PASSÉ 1RE FORME	PASSÉ 2E FORME
je lirais	j'aurais lu	j'eusse lu
tu lirais	tu aurais lu	tu eusses lu
il/elle lirait	il/elle aurait lu	il/elle eût lu
nous lirions	nous aurions lu	nous eussions lu
vous liriez	vous auriez lu	vous eussiez lu
ils/elles liraient	ils/elles auraient lu	ils/elles eussent lu

IMPÉRATIF

PRÉSENT	PASSÉ
lis	aie lu
lisons	ayons lu
lisez	ayez lu

INFINITIF

PRÉSENT	PASSÉ
lire	avoir lu

PARTICIPE

PRÉSENT	PASSÉ	PASSÉ COMPOSÉ
lisant	lu/lue lus/lues	ayant lu

REMARQUE

Cette série regroupe les composés de *lire*.

CROIRE

3e groupe

INDICATIF		SUBJONCTIF
PRÉSENT	**PASSÉ COMPOSÉ**	**PRÉSENT**
je crois	j'ai cru	que je croie
tu crois	tu as cru	que tu croies
il/elle croit	il/elle a cru	qu'il/elle croie
nous croyons	nous avons cru	que nous croyions
vous croyez	vous avez cru	que vous croyiez
ils/elles croient	ils/elles ont cru	qu'ils/elles croient
IMPARFAIT	**PLUS-QUE-PARFAIT**	**IMPARFAIT**
je croyais	j'avais cru	que je crusse
tu croyais	tu avais cru	que tu crusses
il/elle croyait	il/elle avait cru	qu'il/elle crût
nous croyions	nous avions cru	que nous crussions
vous croyiez	vous aviez cru	que vous crussiez
ils/elles croyaient	ils/elles avaient cru	qu'ils/elles crussent
PASSÉ SIMPLE	**PASSÉ ANTÉRIEUR**	**PASSÉ**
je crus	j'eus cru	que j'aie cru
tu crus	tu eus cru	que tu aies cru
il/elle crut	il/elle eut cru	qu'il/elle ait cru
nous crûmes	nous eûmes cru	que nous ayons cru
vous crûtes	vous eûtes cru	que vous ayez cru
ils/elles crurent	ils/elles eurent cru	qu'ils/elles aient cru
FUTUR SIMPLE	**FUTUR ANTÉRIEUR**	**PLUS-QUE-PARFAIT**
je croirai	j'aurai cru	que j'eusse cru
tu croiras	tu auras cru	que tu eusses cru
il/elle croira	il/elle aura cru	qu'il/elle eût cru
nous croirons	nous aurons cru	que nous eussions cru
vous croirez	vous aurez cru	que vous eussiez cru
ils/elles croiront	ils/elles auront cru	qu'ils/elles eussent cru

CROIRE

CONDITIONNEL

PRÉSENT	PASSÉ 1RE FORME	PASSÉ 2E FORME
je croirais	j'aurais cru	j'eusse cru
tu croirais	tu aurais cru	tu eusses cru
il/elle croirait	il/elle aurait cru	il/elle eût cru
nous croirions	nous aurions cru	nous eussions cru
vous croiriez	vous auriez cru	vous eussiez cru
ils/elles croiraient	ils/elles auraient cru	ils/elles eussent cru

IMPÉRATIF

PRÉSENT	PASSÉ
crois	aie cru
croyons	ayons cru
croyez	ayez cru

INFINITIF

PRÉSENT	PASSÉ
croire	avoir cru

PARTICIPE

PRÉSENT	PASSÉ	PASSÉ COMPOSÉ
croyant	cru/crue crus/crues	ayant cru

REMARQUE

Attention de ne pas oublier le **i** aux 1re et 2e personnes du pluriel de l'imparfait de l'indicatif et du présent du subjonctif *(nous croyions, vous croyiez).*

CLORE

3e groupe

INDICATIF		SUBJONCTIF
PRÉSENT	**PASSÉ COMPOSÉ**	**PRÉSENT**
je clos	j'ai clos	que je close
tu clos	tu as clos	que tu closes
il/elle clôt	il/elle a clos	qu'il/elle close
–	nous avons clos	que nous closions
–	vous avez clos	que vous closiez
ils/elles closent	ils/elles ont clos	qu'ils/elles closent
IMPARFAIT	**PLUS-QUE-PARFAIT**	**IMPARFAIT**
	j'avais clos	
	tu avais clos	
inusité	il/elle avait clos	*inusité*
	nous avions clos	
	vous aviez clos	
	ils/elles avaient clos	
PASSÉ SIMPLE	**PASSÉ ANTÉRIEUR**	**PASSÉ**
	j'eus clos	que j'aie clos
	tu eus clos	que tu aies clos
inusité	il/elle eut clos	qu'il/elle ait clos
	nous eûmes clos	que nous ayons clos
	vous eûtes clos	que vous ayez clos
	ils/elles eurent clos	qu'ils/elles aient clos
FUTUR SIMPLE	**FUTUR ANTÉRIEUR**	**PLUS-QUE-PARFAIT**
je clorai	j'aurai clos	que j'eusse clos
tu cloras	tu auras clos	que tu eusses clos
il/elle clora	il/elle aura clos	qu'il/elle eût clos
nous clorons	nous aurons clos	que nous eussions clos
vous clorez	vous aurez clos	que vous eussiez clos
ils/elles cloront	ils/elles auront clos	qu'ils/elles eussent clos

CLORE

CONDITIONNEL

PRÉSENT	PASSÉ 1RE FORME	PASSÉ 2E FORME
je clorais	j'aurais clos	j'eusse clos
tu clorais	tu aurais clos	tu eusses clos
il/elle clorait	il/elle aurait clos	il/elle eût clos
nous clorions	nous aurions clos	nous eussions clos
vous cloriez	vous auriez clos	vous eussiez clos
ils/elles cloraient	ils/elles auraient clos	ils/elles eussent clos

IMPÉRATIF

PRÉSENT	PASSÉ
clos	aie clos
–	ayons clos
–	ayez clos

INFINITIF

PRÉSENT	PASSÉ
clore	avoir clos

PARTICIPE

PRÉSENT	PASSÉ	PASSÉ COMPOSÉ
closant	clos/close clos/closes	ayant clos

REMARQUE

• Cette série comprend le verbe *clore* et ses composés *déclore, éclore, enclore, forclore.*

• *Éclore* s'emploie surtout à l'infinitif, au présent et au participe passé, *forclore* à l'infinitif et au participe passé.

• Au présent de l'indicatif on écrit : *il éclot, il enclot, il déclot* sans accent circonflexe ; par contre *il clôt* en prend un.

VIVRE

3e groupe

INDICATIF		SUBJONCTIF
PRÉSENT	**PASSÉ COMPOSÉ**	**PRÉSENT**
je vis	j'ai vécu	que je vive
tu vis	tu as vécu	que tu vives
il/elle vit	il/elle a vécu	qu'il/elle vive
nous vivons	nous avons vécu	que nous vivions
vous vivez	vous avez vécu	que vous viviez
ils/elles vivent	ils/elles ont vécu	qu'ils/elles vivent
IMPARFAIT	**PLUS-QUE-PARFAIT**	**IMPARFAIT**
je vivais	j'avais vécu	que je vécusse
tu vivais	tu avais vécu	que tu vécusses
il/elle vivait	il/elle avait vécu	qu'il/elle vécût
nous vivions	nous avions vécu	que nous vécussions
vous viviez	vous aviez vécu	que vous vécussiez
ils/elles vivaient	ils/elles avaient vécu	qu'ils/elles vécussent
PASSÉ SIMPLE	**PASSÉ ANTÉRIEUR**	**PASSÉ**
je vécus	j'eus vécu	que j'aie vécu
tu vécus	tu eus vécu	que tu aies vécu
il/elle vécut	il/elle eut vécu	qu'il/elle ait vécu
nous vécûmes	nous eûmes vécu	que nous ayons vécu
vous vécûtes	vous eûtes vécu	que vous ayez vécu
ils/elles vécurent	ils/elles eurent vécu	qu'ils/elles aient vécu
FUTUR SIMPLE	**FUTUR ANTÉRIEUR**	**PLUS-QUE-PARFAIT**
je vivrai	j'aurai vécu	que j'eusse vécu
tu vivras	tu auras vécu	que tu eusses vécu
il/elle vivra	il/elle aura vécu	qu'il/elle eût vécu
nous vivrons	nous aurons vécu	que nous eussions vécu
vous vivrez	vous aurez vécu	que vous eussiez vécu
ils/elles vivront	ils/elles auront vécu	qu'ils/elles eussent vécu

VIVRE

CONDITIONNEL

PRÉSENT	PASSÉ 1RE FORME	PASSÉ 2E FORME
je vivrais	j'aurais vécu	j'eusse vécu
tu vivrais	tu aurais vécu	tu eusses vécu
il/elle vivrait	il/elle aurait vécu	il/elle eût vécu
nous vivrions	nous aurions vécu	nous eussions vécu
vous vivriez	vous auriez vécu	vous eussiez vécu
ils/elles vivraient	ils/elles auraient vécu	ils/elles eussent vécu

IMPÉRATIF

PRÉSENT	PASSÉ
vis	aie vécu
vivons	ayons vécu
vivez	ayez vécu

INFINITIF

PRÉSENT	PASSÉ
vivre	avoir vécu

PARTICIPE

PRÉSENT	PASSÉ	PASSÉ COMPOSÉ
vivant	vécu/vécue vécus/vécues	ayant vécu

REMARQUE

- Cette série regroupe les composés de *vivre.*
- *Survivre* a un participe passé invariable *survécu.*

47

MOUDRE

3e groupe

INDICATIF		SUBJONCTIF
PRÉSENT	**PASSÉ COMPOSÉ**	**PRÉSENT**
je mouds	j'ai moulu	que je moule
tu mouds	tu as moulu	que tu moules
il/elle moud	il/elle a moulu	qu'il/elle moule
nous moulons	nous avons moulu	que nous moulions
vous moulez	vous avez moulu	que vous mouliez
ils/elles moulent	ils/elles ont moulu	qu'ils/elles moulent
IMPARFAIT	**PLUS-QUE-PARFAIT**	**IMPARFAIT**
je moulais	j'avais moulu	que je moulusse
tu moulais	tu avais moulu	que tu moulusses
il/elle moulait	il/elle avait moulu	qu'il/elle moulût
nous moulions	nous avions moulu	que nous moulussions
vous mouliez	vous aviez moulu	que vous moulussiez
ils/elles moulaient	ils/elles avaient moulu	qu'ils/elles moulussent
PASSÉ SIMPLE	**PASSÉ ANTÉRIEUR**	**PASSÉ**
je moulus	j'eus moulu	que j'aie moulu
tu moulus	tu eus moulu	que tu aies moulu
il/elle moulut	il/elle eut moulu	qu'il/elle ait moulu
nous moulûmes	nous eûmes moulu	que nous ayons moulu
vous moulûtes	vous eûtes moulu	que vous ayez moulu
ils/elles moulurent	ils/elles eurent moulu	qu'ils/elles aient moulu
FUTUR SIMPLE	**FUTUR ANTÉRIEUR**	**PLUS-QUE-PARFAIT**
je moudrai	j'aurai moulu	que j'eusse moulu
tu moudras	tu auras moulu	que tu eusses moulu
il/elle moudra	il/elle aura moulu	qu'il/elle eût moulu
nous moudrons	nous aurons moulu	que nous eussions moulu
vous moudrez	vous aurez moulu	que vous eussiez moulu
ils/elles moudront	ils/elles auront moulu	qu'ils/elles eussent moulu

MOUDRE

CONDITIONNEL

PRÉSENT	PASSÉ 1RE FORME	PASSÉ 2E FORME
je moudrais	j'aurais moulu	j'eusse moulu
tu moudrais	tu aurais moulu	tu eusses moulu
il/elle moudrait	il/elle aurait moulu	il/elle eût moulu
nous moudrions	nous aurions moulu	nous eussions moulu
vous moudriez	vous auriez moulu	vous eussiez moulu
ils/elles moudraient	ils/elles auraient moulu	ils/elles eussent moulu

IMPÉRATIF

PRÉSENT	PASSÉ
mouds	aie moulu
moulons	ayons moulu
moulez	ayez moulu

INFINITIF

PRÉSENT	PASSÉ
moudre	avoir moulu

PARTICIPE

PRÉSENT	PASSÉ	PASSÉ COMPOSÉ
moulant	moulu/moulue moulus/moulues	ayant moulu

REMARQUE

Les formes conjuguées de ce verbe sont rarement utilisées (sauf *moudrai(s)*, *moulu, ue*) par risque de confusion avec certaines formes du verbe *mouler*.

COUDRE

3e groupe

INDICATIF		SUBJONCTIF
PRÉSENT	**PASSÉ COMPOSÉ**	**PRÉSENT**
je couds	j'ai cousu	que je couse
tu couds	tu as cousu	que tu couses
il/elle coud	il/elle a cousu	qu'il/elle couse
nous cousons	nous avons cousu	que nous cousions
vous cousez	vous avez cousu	que vous cousiez
ils/elles cousent	ils/elles ont cousu	qu'ils/elles cousent
IMPARFAIT	**PLUS-QUE-PARFAIT**	**IMPARFAIT**
je cousais	j'avais cousu	que je cousisse
tu cousais	tu avais cousu	que tu cousisses
il/elle cousait	il/elle avait cousu	qu'il/elle cousît
nous cousions	nous avions cousu	que nous cousissions
vous cousiez	vous aviez cousu	que vous cousissiez
ils/elles cousaient	ils/elles avaient cousu	qu'ils/elles cousissent
PASSÉ SIMPLE	**PASSÉ ANTÉRIEUR**	**PASSÉ**
je cousis	j'eus cousu	que j'aie cousu
tu cousis	tu eus cousu	que tu aies cousu
il/elle cousit	il/elle eut cousu	qu'il/elle ait cousu
nous cousîmes	nous eûmes cousu	que nous ayons cousu
vous cousîtes	vous eûtes cousu	que vous ayez cousu
ils/elles cousirent	ils/elles eurent cousu	qu'ils/elles aient cousu
FUTUR SIMPLE	**FUTUR ANTÉRIEUR**	**PLUS-QUE-PARFAIT**
je coudrai	j'aurai cousu	que j'eusse cousu
tu coudras	tu auras cousu	que tu eusses cousu
il/elle coudra	il/elle aura cousu	qu'il/elle eût cousu
nous coudrons	nous aurons cousu	que nous eussions cousu
vous coudrez	vous aurez cousu	que vous eussiez cousu
ils/elles coudront	ils/elles auront cousu	qu'ils/elles eussent cousu

COUDRE

CONDITIONNEL

PRÉSENT	PASSÉ 1RE FORME	PASSÉ 2E FORME
je coudrais	j'aurais cousu	j'eusse cousu
tu coudrais	tu aurais cousu	tu eusses cousu
il/elle coudrait	il/elle aurait cousu	il/elle eût cousu
nous coudrions	nous aurions cousu	nous eussions cousu
vous coudriez	vous auriez cousu	vous eussiez cousu
ils/elles coudraient	ils/elles auraient cousu	ils/elles eussent cousu

IMPÉRATIF

PRÉSENT	PASSÉ
couds	aie cousu
cousons	ayons cousu
cousez	ayez cousu

INFINITIF

PRÉSENT	PASSÉ
coudre	avoir cousu

PARTICIPE

PRÉSENT	PASSÉ	PASSÉ COMPOSÉ
cousant	cousu/cousue	ayant cousu
	cousus/cousues	

JOINDRE

3e groupe

INDICATIF		SUBJONCTIF
PRÉSENT	**PASSÉ COMPOSÉ**	**PRÉSENT**
je joins	j'ai joint	que je joigne
tu joins	tu as joint	que tu joignes
il/elle joint	il/elle a joint	qu'il/elle joigne
nous joignons	nous avons joint	que nous joignions
vous joignez	vous avez joint	que vous joigniez
ils/elles joignent	ils/elles ont joint	qu'ils/elles joignent
IMPARFAIT	**PLUS-QUE-PARFAIT**	**IMPARFAIT**
je joignais	j'avais joint	que je joignisse
tu joignais	tu avais joint	que tu joignisses
il/elle joignait	il/elle avait joint	qu'il/elle joignît
nous joignions	nous avions joint	que nous joignissions
vous joigniez	vous aviez joint	que vous joignissiez
ils/elles joignaient	ils/elles avaient joint	qu'ils/elles joignissent
PASSÉ SIMPLE	**PASSÉ ANTÉRIEUR**	**PASSÉ**
je joignis	j'eus joint	que j'aie joint
tu joignis	tu eus joint	que tu aies joint
il/elle joignit	il/elle eut joint	qu'il/elle ait joint
nous joignîmes	nous eûmes joint	que nous ayons joint
vous joignîtes	vous eûtes joint	que vous ayez joint
ils/elles joignirent	ils/elles eurent joint	qu'ils/elles aient joint
FUTUR SIMPLE	**FUTUR ANTÉRIEUR**	**PLUS-QUE-PARFAIT**
je joindrai	j'aurai joint	que j'eusse joint
tu joindras	tu auras joint	que tu eusses joint
il/elle joindra	il/elle aura joint	qu'il/elle eût joint
nous joindrons	nous aurons joint	que nous eussions joint
vous joindrez	vous aurez joint	que vous eussiez joint
ils/elles joindront	ils/elles auront joint	qu'ils/elles eussent joint

JOINDRE

CONDITIONNEL

PRÉSENT	PASSÉ 1RE FORME	PASSÉ 2E FORME
je joindrais	j'aurais joint	j'eusse joint
tu joindrais	tu aurais joint	tu eusses joint
il/elle joindrait	il/elle aurait joint	il/elle eût joint
nous joindrions	nous aurions joint	nous eussions joint
vous joindriez	vous auriez joint	vous eussiez joint
ils/elles joindraient	ils/elles auraient joint	ils/elles eussent joint

IMPÉRATIF

PRÉSENT	PASSÉ
joins	aie joint
joignons	ayons joint
joignez	ayez joint

INFINITIF

PRÉSENT	PASSÉ
joindre	avoir joint

PARTICIPE

PRÉSENT	PASSÉ	PASSÉ COMPOSÉ
joignant	joint/jointe joints/jointes	ayant joint

REMARQUE

• Attention de ne pas oublier le **i** aux 1re et 2e personnes du pluriel de l'imparfait de l'indicatif et du présent du subjonctif *(nous joignions, vous joigniez)*.

TRAIRE

3e groupe

INDICATIF		SUBJONCTIF
PRÉSENT	**PASSÉ COMPOSÉ**	**PRÉSENT**
je trais	j'ai trait	que je traie
tu trais	tu as trait	que tu traies
il/elle trait	il/elle a trait	qu'il/elle traie
nous trayons	nous avons trait	que nous trayions
vous trayez	vous avez trait	que vous trayiez
ils/elles traient	ils/elles ont trait	qu'ils/elles traient
IMPARFAIT	**PLUS-QUE-PARFAIT**	**IMPARFAIT**
je trayais	j'avais trait	
tu trayais	tu avais trait	
il/elle trayait	il/elle avait trait	*inusité*
nous trayions	nous avions trait	
vous trayiez	vous aviez trait	
ils/elles trayaient	ils/elles avaient trait	
PASSÉ SIMPLE	**PASSÉ ANTÉRIEUR**	**PASSÉ**
	j'eus trait	que j'aie trait
	tu eus trait	que tu aies trait
inusité	il/elle eut trait	qu'il/elle ait trait
	nous eûmes trait	que nous ayons trait
	vous eûtes trait	que vous ayez trait
	ils/elles eurent trait	qu'ils/elles aient trait
FUTUR SIMPLE	**FUTUR ANTÉRIEUR**	**PLUS-QUE-PARFAIT**
je trairai	j'aurai trait	que j'eusse trait
tu trairas	tu auras trait	que tu eusses trait
il/elle traira	il/elle aura trait	qu'il/elle eût trait
nous trairons	nous aurons trait	que nous eussions trait
vous trairez	vous aurez trait	que vous eussiez trait
ils/elles trairont	ils/elles auront trait	qu'ils/elles eussent trait

TRAIRE

CONDITIONNEL

PRÉSENT	PASSÉ 1RE FORME	PASSÉ 2E FORME
je trairais	j'aurais trait	j'eusse trait
tu trairais	tu aurais trait	tu eusses trait
il/elle trairait	il/elle aurait trait	il/elle eût trait
nous trairions	nous aurions trait	nous eussions trait
vous trairiez	vous auriez trait	vous eussiez trait
ils/elles trairaient	ils/elles auraient trait	ils/elles eussent trait

IMPÉRATIF

PRÉSENT	PASSÉ
trais	aie trait
trayons	ayons trait
trayez	ayez trait

INFINITIF

PRÉSENT	PASSÉ
traire	avoir trait

PARTICIPE

PRÉSENT	PASSÉ	PASSÉ COMPOSÉ
trayant	trait/traite traits/traites	ayant trait

REMARQUE

- Les verbes de cette série (*attraire, distraire, soustraire*, etc.) sont inusités au passé simple et à l'imparfait du subjonctif.
- Attention de ne pas oublier le **i** aux 1re et 2e personnes du pluriel de l'imparfait de l'indicatif et du présent du subjonctif *(nous trayions, vous trayiez).*

ABSOUDRE

3e groupe

INDICATIF		SUBJONCTIF
PRÉSENT	**PASSÉ COMPOSÉ**	**PRÉSENT**
j'absous	j'ai absous	que j'absolve
tu absous	tu as absous	que tu absolves
il/elle absout	il/elle a absous	qu'il/elle absolve
nous absolvons	nous avons absous	que nous absolvions
vous absolvez	vous avez absous	que vous absolviez
ils/elles absolvent	ils/elles ont absous	qu'ils/elles absolvent
IMPARFAIT	**PLUS-QUE-PARFAIT**	**IMPARFAIT**
j'absolvais	j'avais absous	
tu absolvais	tu avais absous	
il/elle absolvait	il/elle avait absous	*inusité*
nous absolvions	nous avions absous	
vous absolviez	vous aviez absous	
ils/elles absolvaient	ils/elles avaient absous	
PASSÉ SIMPLE	**PASSÉ ANTÉRIEUR**	**PASSÉ**
	j'eus absous	que j'aie absous
	tu eus absous	que tu aies absous
inusité	il/elle eut absous	qu'il/elle ait absous
	nous eûmes absous	que nous ayons absous
	vous eûtes absous	que vous ayez absous
	ils/elles eurent absous	qu'ils/elles aient absous
FUTUR SIMPLE	**FUTUR ANTÉRIEUR**	**PLUS-QUE-PARFAIT**
j'absoudrai	j'aurai absous	que j'eusse absous
tu absoudras	tu auras absous	que tu eusses absous
il/elle absoudra	il/elle aura absous	qu'il/elle eût absous
nous absoudrons	nous aurons absous	que nous eussions absous
vous absoudrez	vous aurez absous	que vous eussiez absous
ils/elles absoudront	ils/elles auront absous	qu'ils/elles eussent absous

ABSOUDRE

CONDITIONNEL

PRÉSENT	PASSÉ 1RE FORME	PASSÉ 2E FORME
j'absoudrais	j'aurais absous	j'eusse absous
tu absoudrais	tu aurais absous	tu eusses absous
il/elle absoudrait	il/elle aurait absous	il/elle eût absous
nous absoudrions	nous aurions absous	nous eussions absous
vous absoudriez	vous auriez absous	vous eussiez absous
ils/elles absoudraient	ils/elles auraient absous	ils/elles eussent absous

IMPÉRATIF

PRÉSENT	PASSÉ
absous	aie absous
absolvons	ayons absous
absolvez	ayez absous

INFINITIF

PRÉSENT	PASSÉ
absoudre	avoir absous

PARTICIPE

PRÉSENT	PASSÉ	PASSÉ COMPOSÉ
absolvant	absous/absoute absous/absoutes	ayant absous

REMARQUE

• Cette série comprend les verbes *absoudre*, *dissoudre* et *résoudre*.

• **La réforme de l'orthographe de 1990** préconise d'employer les participes passés *absout*, *dissout* avec un **t** final, sur le modèle des féminins *absoute*, *dissoute*. Ainsi on peut écrire indifféremment *j'ai absous* ou *j'ai absout*.

• *Résoudre* a deux participes passés : *résolu*, *ue* pour le sens « statuer, se déterminer » (ex. *problème résolu*) et *résous*, *oute* pour le sens « dissoudre » (ex. *brouillard résous en pluie*).

CRAINDRE

3e groupe

INDICATIF		SUBJONCTIF
PRÉSENT	**PASSÉ COMPOSÉ**	**PRÉSENT**
je crains	j'ai craint	que je craigne
tu crains	tu as craint	que tu craignes
il/elle craint	il/elle a craint	qu'il/elle craigne
nous craignons	nous avons craint	que nous craignions
vous craignez	vous avez craint	que vous craigniez
ils/elles craignent	ils/elles ont craint	qu'ils/elles craignent
IMPARFAIT	**PLUS-QUE-PARFAIT**	**IMPARFAIT**
je craignais	j'avais craint	que je craignisse
tu craignais	tu avais craint	que tu craignisses
il/elle craignait	il/elle avait craint	qu'il/elle craignît
nous craignions	nous avions craint	que nous craignissions
vous craigniez	vous aviez craint	que vous craignissiez
ils/elles craignaient	ils/elles avaient craint	qu'ils/elles craignissent
PASSÉ SIMPLE	**PASSÉ ANTÉRIEUR**	**PASSÉ**
je craignis	j'eus craint	que j'aie craint
tu craignis	tu eus craint	que tu aies craint
il/elle craignit	il/elle eut craint	qu'il/elle ait craint
nous craignîmes	nous eûmes craint	que nous ayons craint
vous craignîtes	vous eûtes craint	que vous ayez craint
ils/elles craignirent	ils/elles eurent craint	qu'ils/elles aient craint
FUTUR SIMPLE	**FUTUR ANTÉRIEUR**	**PLUS-QUE-PARFAIT**
je craindrai	j'aurai craint	que j'eusse craint
tu craindras	tu auras craint	que tu eusses craint
il/elle craindra	il/elle aura craint	qu'il/elle eût craint
nous craindrons	nous aurons craint	que nous eussions craint
vous craindrez	vous aurez craint	que vous eussiez craint
ils/elles craindront	ils/elles auront craint	qu'ils/elles eussent craint

CRAINDRE

CONDITIONNEL

PRÉSENT	PASSÉ 1RE FORME	PASSÉ 2E FORME
je craindrais	j'aurais craint	j'eusse craint
tu craindrais	tu aurais craint	tu eusses craint
il/elle craindrait	il/elle aurait craint	il/elle eût craint
nous craindrions	nous aurions craint	nous eussions craint
vous craindriez	vous auriez craint	vous eussiez craint
ils/elles craindraient	ils/elles auraient craint	ils/elles eussent craint

IMPÉRATIF

PRÉSENT	PASSÉ
crains	aie craint
craignons	ayons craint
craignez	ayez craint

INFINITIF

PRÉSENT	PASSÉ
craindre	avoir craint

PARTICIPE

PRÉSENT	PASSÉ	PASSÉ COMPOSÉ
craignant	craint/crainte craints/craintes	ayant craint

REMARQUE

Attention de ne pas oublier le **i** aux 1re et 2e personnes du pluriel de l'imparfait de l'indicatif et du présent du subjonctif *(nous craignions, vous craigniez).*

PEINDRE

3e groupe

INDICATIF		SUBJONCTIF
PRÉSENT	**PASSÉ COMPOSÉ**	**PRÉSENT**
je peins	j'ai peint	que je peigne
tu peins	tu as peint	que tu peignes
il/elle peint	il/elle a peint	qu'il/elle peigne
nous peignons	nous avons peint	que nous peignions
vous peignez	vous avez peint	que vous peigniez
ils/elles peignent	ils/elles ont peint	qu'ils/elles peignent
IMPARFAIT	**PLUS-QUE-PARFAIT**	**IMPARFAIT**
je peignais	j'avais peint	que je peignisse
tu peignais	tu avais peint	que tu peignisses
il/elle peignait	il/elle avait peint	qu'il/elle peignît
nous peignions	nous avions peint	que nous peignissions
vous peigniez	vous aviez peint	que vous peignissiez
ils/elles peignaient	ils/elles avaient peint	qu'ils/elles peignissent
PASSÉ SIMPLE	**PASSÉ ANTÉRIEUR**	**PASSÉ**
je peignis	j'eus peint	que j'aie peint
tu peignis	tu eus peint	que tu aies peint
il/elle peignit	il/elle eut peint	qu'il/elle ait peint
nous peignîmes	nous eûmes peint	que nous ayons peint
vous peignîtes	vous eûtes peint	que vous ayez peint
ils/elles peignirent	ils/elles eurent peint	qu'ils/elles aient peint
FUTUR SIMPLE	**FUTUR ANTÉRIEUR**	**PLUS-QUE-PARFAIT**
je peindrai	j'aurai peint	que j'eusse peint
tu peindras	tu auras peint	que tu eusses peint
il/elle peindra	il/elle aura peint	qu'il/elle eût peint
nous peindrons	nous aurons peint	que nous eussions peint
vous peindrez	vous aurez peint	que vous eussiez peint
ils/elles peindront	ils/elles auront peint	qu'ils/elles eussent peint

PEINDRE

CONDITIONNEL

PRÉSENT	PASSÉ 1RE FORME	PASSÉ 2E FORME
je peindrais	j'aurais peint	j'eusse peint
tu peindrais	tu aurais peint	tu eusses peint
il/elle peindrait	il/elle aurait peint	il/elle eût peint
nous peindrions	nous aurions peint	nous eussions peint
vous peindriez	vous auriez peint	vous eussiez peint
ils/elles peindraient	ils/elles auraient peint	ils/elles eussent peint

IMPÉRATIF

PRÉSENT	PASSÉ
peins	aie peint
peignons	ayons peint
peignez	ayez peint

INFINITIF

PRÉSENT	PASSÉ
peindre	avoir peint

PARTICIPE

PRÉSENT	PASSÉ	PASSÉ COMPOSÉ
peignant	peint/peinte	ayant peint
	peints/peintes	

REMARQUE

- Attention de ne pas oublier le **i** aux 1re et 2e personnes du pluriel de l'imparfait de l'indicatif et du présent du subjonctif *(nous peignions, vous peigniez).*
- De nombreuses formes du verbe *peindre* sont communes avec le verbe *peigner.*

BOIRE

3e groupe

INDICATIF		SUBJONCTIF
PRÉSENT	**PASSÉ COMPOSÉ**	**PRÉSENT**
je bois	j'ai bu	que je boive
tu bois	tu as bu	que tu boives
il/elle boit	il/elle a bu	qu'il/elle boive
nous buvons	nous avons bu	que nous buvions
vous buvez	vous avez bu	que vous buviez
ils/elles boivent	ils/elles ont bu	qu'ils/elles boivent
IMPARFAIT	**PLUS-QUE-PARFAIT**	**IMPARFAIT**
je buvais	j'avais bu	que je busse
tu buvais	tu avais bu	que tu busses
il/elle buvait	il/elle avait bu	qu'il/elle bût
nous buvions	nous avions bu	que nous bussions
vous buviez	vous aviez bu	que vous bussiez
ils/elles buvaient	ils/elles avaient bu	qu'ils/elles bussent
PASSÉ SIMPLE	**PASSÉ ANTÉRIEUR**	**PASSÉ**
je bus	j'eus bu	que j'aie bu
tu bus	tu eus bu	que tu aies bu
il/elle but	il/elle eut bu	qu'il/elle ait bu
nous bûmes	nous eûmes bu	que nous ayons bu
vous bûtes	vous eûtes bu	que vous ayez bu
ils/elles burent	ils/elles eurent bu	qu'ils/elles aient bu
FUTUR SIMPLE	**FUTUR ANTÉRIEUR**	**PLUS-QUE-PARFAIT**
je boirai	j'aurai bu	que j'eusse bu
tu boiras	tu auras bu	que tu eusses bu
il/elle boira	il/elle aura bu	qu'il/elle eût bu
nous boirons	nous aurons bu	que nous eussions bu
vous boirez	vous aurez bu	que vous eussiez bu
ils/elles boiront	ils/elles auront bu	qu'ils/elles eussent bu

BOIRE

CONDITIONNEL

PRÉSENT	PASSÉ 1RE FORME	PASSÉ 2E FORME
je boirais	j'aurais bu	j'eusse bu
tu boirais	tu aurais bu	tu eusses bu
il/elle boirait	il/elle aurait bu	il/elle eût bu
nous boirions	nous aurions bu	nous eussions bu
vous boiriez	vous auriez bu	vous eussiez bu
ils/elles boiraient	ils/elles auraient bu	ils/elles eussent bu

IMPÉRATIF

PRÉSENT	PASSÉ
bois	aie bu
buvons	ayons bu
buvez	ayez bu

INFINITIF

PRÉSENT	PASSÉ
boire	avoir bu

PARTICIPE

PRÉSENT	PASSÉ	PASSÉ COMPOSÉ
buvant	bu/bue bus/bues	ayant bu

PLAIRE

3e groupe

INDICATIF		SUBJONCTIF
PRÉSENT	**PASSÉ COMPOSÉ**	**PRÉSENT**
je plais	j'ai plu	que je plaise
tu plais	tu as plu	que tu plaises
il/elle plaît	il/elle a plu	qu'il/elle plaise
nous plaisons	nous avons plu	que nous plaisions
vous plaisez	vous avez plu	que vous plaisiez
ils/elles plaisent	ils/elles ont plu	qu'ils/elles plaisent
IMPARFAIT	**PLUS-QUE-PARFAIT**	**IMPARFAIT**
je plaisais	j'avais plu	que je plusse
tu plaisais	tu avais plu	que tu plusses
il/elle plaisait	il/elle avait plu	qu'il/elle plût
nous plaisions	nous avions plu	que nous plussions
vous plaisiez	vous aviez plu	que vous plussiez
ils/elles plaisaient	ils/elles avaient plu	qu'ils/elles plussent
PASSÉ SIMPLE	**PASSÉ ANTÉRIEUR**	**PASSÉ**
je plus	j'eus plu	que j'aie plu
tu plus	tu eus plu	que tu aies plu
il/elle plut	il/elle eut plu	qu'il/elle ait plu
nous plûmes	nous eûmes plu	que nous ayons plu
vous plûtes	vous eûtes plu	que vous ayez plu
ils/elles plurent	ils/elles eurent plu	qu'ils/elles aient plu
FUTUR SIMPLE	**FUTUR ANTÉRIEUR**	**PLUS-QUE-PARFAIT**
je plairai	j'aurai plu	que j'eusse plu
tu plairas	tu auras plu	que tu eusses plu
il/elle plaira	il/elle aura plu	qu'il/elle eût plu
nous plairons	nous aurons plu	que nous eussions plu
vous plairez	vous aurez plu	que vous eussiez plu
ils/elles plairont	ils/elles auront plu	qu'ils/elles eussent plu

PLAIRE

CONDITIONNEL

PRÉSENT	PASSÉ 1RE FORME	PASSÉ 2E FORME
je plairais	j'aurais plu	j'eusse plu
tu plairais	tu aurais plu	tu eusses plu
il/elle plairait	il/elle aurait plu	il/elle eût plu
nous plairions	nous aurions plu	nous eussions plu
vous plairiez	vous auriez plu	vous eussiez plu
ils/elles plairaient	ils/elles auraient plu	ils/elles eussent plu

IMPÉRATIF

PRÉSENT	PASSÉ
plais	aie plu
plaisons	ayons plu
plaisez	ayez plu

INFINITIF

PRÉSENT	PASSÉ
plaire	avoir plu

PARTICIPE

PRÉSENT	PASSÉ	PASSÉ COMPOSÉ
plaisant	plu	ayant plu

REMARQUE

• *Complaire, déplaire* et *plaire* prennent traditionnellement un accent circonflexe au présent de l'indicatif : *il plaît.* Cependant, **la réforme de l'orthographe de 1990** préconise l'abandon de ce circonflexe. Les formes *il plait, il complait, il déplait* ne sont donc plus considérées comme fautives.

• *Taire* se conjugue comme **plaire** sauf au présent *(il tait)* et au participe passé *(tu, tue).*

54 TAIRE

3e groupe

INDICATIF		SUBJONCTIF
PRÉSENT	**PASSÉ COMPOSÉ**	**PRÉSENT**
je tais	j'ai tu	que je taise
tu tais	tu as tu	que tu taises
il/elle tait	il/elle a tu	qu'il/elle taise
nous taisons	nous avons tu	que nous taisions
vous taisez	vous avez tu	que vous taisiez
ils/elles taisent	ils/elles ont tu	qu'ils/elles taisent
IMPARFAIT	**PLUS-QUE-PARFAIT**	**IMPARFAIT**
je taisais	j'avais tu	que je tusse
tu taisais	tu avais tu	que tu tusses
il/elle taisait	il/elle avait tu	qu'il/elle tût
nous taisions	nous avions tu	que nous tussions
vous taisiez	vous aviez tu	que vous tussiez
ils/elles taisaient	ils/elles avaient tu	qu'ils/elles tussent
PASSÉ SIMPLE	**PASSÉ ANTÉRIEUR**	**PASSÉ**
je tus	j'eus tu	que j'aie tu
tu tus	tu eus tu	que tu aies tu
il/elle tut	il/elle eut tu	qu'il/elle ait tu
nous tûmes	nous eûmes tu	que nous ayons tu
vous tûtes	vous eûtes tu	que vous ayez tu
ils/elles turent	ils/elles eurent tu	qu'ils/elles aient tu
FUTUR SIMPLE	**FUTUR ANTÉRIEUR**	**PLUS-QUE-PARFAIT**
je tairai	j'aurai tu	que j'eusse tu
tu tairas	tu auras tu	que tu eusses tu
il/elle taira	il/elle aura tu	qu'il/elle eût tu
nous tairons	nous aurons tu	que nous eussions tu
vous tairez	vous aurez tu	que vous eussiez tu
ils/elles tairont	ils/elles auront tu	qu'ils/elles eussent tu

TAIRE

CONDITIONNEL

PRÉSENT	PASSÉ 1RE FORME	PASSÉ 2E FORME
je tairais	j'aurais tu	j'eusse tu
tu tairais	tu aurais tu	tu eusses tu
il/elle tairait	il/elle aurait tu	il/elle eût tu
nous tairions	nous aurions tu	nous eussions tu
vous tairiez	vous auriez tu	vous eussiez tu
ils/elles tairaient	ils/elles auraient tu	ils/elles eussent tu

IMPÉRATIF

PRÉSENT	PASSÉ
tais	aie tu
taisons	ayons tu
taisez	ayez tu

INFINITIF

PRÉSENT	PASSÉ
taire	avoir tu

PARTICIPE

PRÉSENT	PASSÉ	PASSÉ COMPOSÉ
taisant	tu/tue	ayant tu
	tus/tues	

CROÎTRE

3e groupe

INDICATIF		SUBJONCTIF
PRÉSENT	**PASSÉ COMPOSÉ**	**PRÉSENT**
je croîs	j'ai crû	que je croisse
tu croîs	tu as crû	que tu croisses
il/elle croît	il/elle a crû	qu'il/elle croisse
nous croissons	nous avons crû	que nous croissions
vous croissez	vous avez crû	que vous croissiez
ils/elles croissent	ils/elles ont crû	qu'ils/elles croissent
IMPARFAIT	**PLUS-QUE-PARFAIT**	**IMPARFAIT**
je croissais	j'avais crû	que je crûsse
tu croissais	tu avais crû	que tu crûsses
il/elle croissait	il/elle avait crû	qu'il/elle crût
nous croissions	nous avions crû	que nous crûssions
vous croissiez	vous aviez crû	que vous crûssiez
ils/elles croissaient	ils/elles avaient crû	qu'ils/elles crûssent
PASSÉ SIMPLE	**PASSÉ ANTÉRIEUR**	**PASSÉ**
je crûs	j'eus crû	que j'aie crû
tu crûs	tu eus crû	que tu aies crû
il/elle crût	il/elle eut crû	qu'il/elle ait crû
nous crûmes	nous eûmes crû	que nous ayons crû
vous crûtes	vous eûtes crû	que vous ayez crû
ils/elles crûrent	ils/elles eurent crû	qu'ils/elles aient crû
FUTUR SIMPLE	**FUTUR ANTÉRIEUR**	**PLUS-QUE-PARFAIT**
je croîtrai	j'aurai crû	que j'eusse crû
tu croîtras	tu auras crû	que tu eusses crû
il/elle croîtra	il/elle aura crû	qu'il/elle eût crû
nous croîtrons	nous aurons crû	que nous eussions crû
vous croîtrez	vous aurez crû	que vous eussiez crû
ils/elles croîtront	ils/elles auront crû	qu'ils/elles eussent crû

CONDITIONNEL

PRÉSENT	PASSÉ 1RE FORME	PASSÉ 2E FORME
je croîtrais	j'aurais crû	j'eusse crû
tu croîtrais	tu aurais crû	tu eusses crû
il/elle croîtrait	il/elle aurait crû	il/elle eût crû
nous croîtrions	nous aurions crû	nous eussions crû
vous croîtriez	vous auriez crû	vous eussiez crû
ils/elles croîtraient	ils/elles auraient crû	ils/elles eussent crû

IMPÉRATIF

PRÉSENT	PASSÉ
croîs	aies crû
croissons	ayons crû
croissez	ayez crû

INFINITIF

PRÉSENT	PASSÉ
croître	avoir crû

PARTICIPE

PRÉSENT	PASSÉ	PASSÉ COMPOSÉ
croissant	crû/crue crus/crues	ayant crû

REMARQUE

Ce verbe prend traditionnellement un accent circonflexe sur le **i** devant le **t.**

Cependant, **la réforme de l'orthographe de 1990** préconise l'abandon de ce circonflexe au futur et au conditionnel, temps auxquels la confusion entre les verbes *croître* et *croire* n'est pas possible. Ainsi les graphies *je croitrai, tu croitras, il croitra, nous croitrons, vous croitrez, ils croitront* et *je croitrais, tu croitrais, il croitrait, nous croitrions, vous croitriez, ils croitraient* ne sont plus considérées comme fautives.

➤ ***LE VERBE, FORMES ET EMPLOIS.***

ACCROÎTRE

3e groupe

INDICATIF		SUBJONCTIF
PRÉSENT	**PASSÉ COMPOSÉ**	**PRÉSENT**
j'accrois	j'ai accru	que j'accroisse
tu accrois	tu as accru	que tu accroisses
il/elle accroît	il/elle a accru	qu'il/elle accroisse
nous accroissons	nous avons accru	que nous accroissions
vous accroissez	vous avez accru	que vous accroissiez
ils/elles accroissent	ils/elles ont accru	qu'ils/elles accroissent
IMPARFAIT	**PLUS-QUE-PARFAIT**	**IMPARFAIT**
j'accroissais	j'avais accru	que j'accrusse
tu accroissais	tu avais accru	que tu accrusses
il/elle accroissait	il/elle avait accru	qu'il/elle accrût
nous accroissions	nous avions accru	que nous accrussions
vous accroissiez	vous aviez accru	que vous accrussiez
ils/elles accroissaient	ils/elles avaient accru	qu'ils/elles accrussent
PASSÉ SIMPLE	**PASSÉ ANTÉRIEUR**	**PASSÉ**
j'accrus	j'eus accru	que j'aie accru
tu accrus	tu eus accru	que tu aies accru
il/elle accrut	il/elle eut accru	qu'il/elle ait accru
nous accrûmes	nous eûmes accru	que nous ayons accru
vous accrûtes	vous eûtes accru	que vous ayez accru
ils/elles accrurent	ils/elles eurent accru	qu'ils/elles aient accru
FUTUR SIMPLE	**FUTUR ANTÉRIEUR**	**PLUS-QUE-PARFAIT**
j'accroîtrai	j'aurai accru	que j'eusse accru
tu accroîtras	tu auras accru	que tu eusses accru
il/elle accroîtra	il/elle aura accru	qu'il/elle eût accru
nous accroîtrons	nous aurons accru	que nous eussions accru
vous accroîtrez	vous aurez accru	que vous eussiez accru
ils/elles accroîtron	ils/elles auront accru	qu'ils/elles eussent accru

ACCROÎTRE

CONDITIONNEL

PRÉSENT	PASSÉ 1RE FORME	PASSÉ 2E FORME
j'accroîtrais	j'aurais accru	j'eusse accru
tu accroîtrais	tu aurais accru	tu eusses accru
il/elle accroîtrait	il/elle aurait accru	il/elle eût accru
nous accroîtrions	nous aurions accru	nous eussions accru
vous accroîtriez	vous auriez accru	vous eussiez accru
ils/elles accroîtraient	ils/elles auraient accru	ils/elles eussent accru

IMPÉRATIF

PRÉSENT	PASSÉ
accrois	aie accru
accroissons	ayons accru
accroissez	ayez accru

INFINITIF

PRÉSENT	PASSÉ
accroître	avoir accru

PARTICIPE

PRÉSENT	PASSÉ	PASSÉ COMPOSÉ
accroissant	accru / accrue accrus / accrues	ayant accru

REMARQUE

Ce verbe prend traditionnellement un accent circonflexe sur le **i** devant le **t.**

Cependant, l**a réforme de l'orthographe de 1990** préconise l'abandon de ce circonflexe. Ainsi les graphies *j'accroitrai, tu accroitras, il accroitra, nous accroitrons, vous accroitrez, ils accroitront* et *j'accroitrais, tu accroitrais, il accroitrait, nous accroitrions, vous accroitriez, ils accroitraient* ne sont plus considérées comme fautives.

➤ ***LE VERBE, FORMES ET EMPLOIS.***

METTRE

3e groupe

INDICATIF		SUBJONCTIF
PRÉSENT	**PASSÉ COMPOSÉ**	**PRÉSENT**
je mets	j'ai mis	que je mette
tu mets	tu as mis	que tu mettes
il/elle met	il/elle a mis	qu'il/elle mette
nous mettons	nous avons mis	que nous mettions
vous mettez	vous avez mis	que vous mettiez
ils/elles mettent	ils/elles ont mis	qu'ils/elles mettent
IMPARFAIT	**PLUS-QUE-PARFAIT**	**IMPARFAIT**
je mettais	j'avais mis	que je misse
tu mettais	tu avais mis	que tu misses
il/elle mettait	il/elle avait mis	qu'il/elle mît
nous mettions	nous avions mis	que nous missions
vous mettiez	vous aviez mis	que vous missiez
ils/elles mettaient	ils/elles avaient mis	qu'ils/elles missent
PASSÉ SIMPLE	**PASSÉ ANTÉRIEUR**	**PASSÉ**
je mis	j'eus mis	que j'aie mis
tu mis	tu eus mis	que tu aies mis
il/elle mit	il/elle eut mis	qu'il/elle ait mis
nous mîmes	nous eûmes mis	que nous ayons mis
vous mîtes	vous eûtes mis	que vous ayez mis
ils/elles mirent	ils/elles eurent mis	qu'ils/elles aient mis
FUTUR SIMPLE	**FUTUR ANTÉRIEUR**	**PLUS-QUE-PARFAIT**
je mettrai	j'aurai mis	que j'eusse mis
tu mettras	tu auras mis	que tu eusses mis
il/elle mettra	il/elle aura mis	qu'il/elle eût mis
nous mettrons	nous aurons mis	que nous eussions mis
vous mettrez	vous aurez mis	que vous eussiez mis
ils/elles mettront	ils/elles auront mis	qu'ils/elles eussent mis

METTRE

CONDITIONNEL

PRÉSENT	PASSÉ 1RE FORME	PASSÉ 2E FORME
je mettrais	j'aurais mis	j'eusse mis
tu mettrais	tu aurais mis	tu eusses mis
il/elle mettrait	il/elle aurait mis	il/elle eût mis
nous mettrions	nous aurions mis	nous eussions mis
vous mettriez	vous auriez mis	vous eussiez mis
ils/elles mettraient	ils/elles auraient mis	ils/elles eussent mis

IMPÉRATIF

PRÉSENT	PASSÉ
mets	aie mis
mettons	ayons mis
mettez	ayez mis

INFINITIF

PRÉSENT	PASSÉ
mettre	avoir mis

PARTICIPE

PRÉSENT	PASSÉ	PASSÉ COMPOSÉ
mettant	mis/mise mis/mises	ayant mis

REMARQUE

Cette série regroupe les composés de *mettre*.

57 CONNAÎTRE

3e groupe

INDICATIF		SUBJONCTIF
PRÉSENT	**PASSÉ COMPOSÉ**	**PRÉSENT**
je connais	j'ai connu	que je connaisse
tu connais	tu as connu	que tu connaisses
il/elle connaît	il/elle a connu	qu'il/elle connaisse
nous connaissons	nous avons connu	que nous connaissions
vous connaissez	vous avez connu	que vous connaissiez
ils/elles connaissent	ils/elles ont connu	qu'ils/elles connaissent
IMPARFAIT	**PLUS-QUE-PARFAIT**	**IMPARFAIT**
je connaissais	j'avais connu	que je connusse
tu connaissais	tu avais connu	que tu connusses
il/elle connaissait	il/elle avait connu	qu'il/elle connût
nous connaissions	nous avions connu	que nous connussions
vous connaissiez	vous aviez connu	que vous connussiez
ils/elles connaissaient	ils/elles avaient connu	qu'ils/elles connussent
PASSÉ SIMPLE	**PASSÉ ANTÉRIEUR**	**PASSÉ**
je connus	j'eus connu	que j'aie connu
tu connus	tu eus connu	que tu aies connu
il/elle connut	il/elle eut connu	qu'il/elle ait connu
nous connûmes	nous eûmes connu	que nous ayons connu
vous connûtes	vous eûtes connu	que vous ayez connu
ils/elles connurent	ils/elles eurent connu	qu'ils/elles aient connu
FUTUR SIMPLE	**FUTUR ANTÉRIEUR**	**PLUS-QUE-PARFAIT**
je connaîtrai	j'aurai connu	que j'eusse connu
tu connaîtras	tu auras connu	que tu eusses connu
il/elle connaîtra	il/elle aura connu	qu'il/elle eût connu
nous connaîtrons	nous aurons connu	que nous eussions connu
vous connaîtrez	vous aurez connu	que vous eussiez connu
ils/elles connaîtront	ils/elles auront connu	qu'ils/elles eussent connu

CONNAÎTRE

CONDITIONNEL

PRÉSENT	PASSÉ 1RE FORME	PASSÉ 2E FORME
je connaîtrais	j'aurais connu	j'eusse connu
tu connaîtrais	tu aurais connu	tu eusses connu
il/elle connaîtrait	il/elle aurait connu	il/elle eût connu
nous connaîtrions	nous aurions connu	nous eussions connu
vous connaîtriez	vous auriez connu	vous eussiez connu
ils/elles connaîtraient	ils/elles auraient connu	ils/elles eussent connu

IMPÉRATIF

PRÉSENT	PASSÉ
connais	aie connu
connaissons	ayons connu
connaissez	ayez connu

INFINITIF

PRÉSENT	PASSÉ
connaître	avoir connu

PARTICIPE

PRÉSENT	PASSÉ	PASSÉ COMPOSÉ
connaissant	connu/connue connus/connues	ayant connu

REMARQUE

• Le **i** prend traditionnellement un accent circonflexe devant un **t.** Cependant, **la réforme de l'orthographe de 1990** préconise l'abandon de ce circonflexe. Ainsi les graphies *connaitre, il connait, je connaitrai, tu connaitras, il connaitra, nous connaitrons, vous connaitrez, ils connaitront* et *je connaitrais, tu connaitrais, il connaitrait, nous connaitrions, vous connaitriez, ils connaitraient*, ne sont plus considérées comme fautives.

• *Paître* n'a ni temps composés ni participe passé, ni passé simple, ni subjonctif imparfait. Mais ces formes existent pour *repaître (repu, ue ; je repus).*

PRENDRE

3e groupe

INDICATIF		SUBJONCTIF
PRÉSENT	**PASSÉ COMPOSÉ**	**PRÉSENT**
je prends	j'ai pris	que je prenne
tu prends	tu as pris	que tu prennes
il/elle prend	il/elle a pris	qu'il/elle prenne
nous prenons	nous avons pris	que nous prenions
vous prenez	vous avez pris	que vous preniez
ils/elles prennent	ils/elles ont pris	qu'ils/elles prennent
IMPARFAIT	**PLUS-QUE-PARFAIT**	**IMPARFAIT**
je prenais	j'avais pris	que je prisse
tu prenais	tu avais pris	que tu prisses
il/elle prenait	il/elle avait pris	qu'il/elle prît
nous prenions	nous avions pris	que nous prissions
vous preniez	vous aviez pris	que vous prissiez
ils/elles prenaient	ils/elles avaient pris	qu'ils/elles prissent
PASSÉ SIMPLE	**PASSÉ ANTÉRIEUR**	**PASSÉ**
je pris	j'eus pris	que j'aie pris
tu pris	tu eus pris	que tu aies pris
il/elle prit	il/elle eut pris	qu'il/elle ait pris
nous prîmes	nous eûmes pris	que nous ayons pris
vous prîtes	vous eûtes pris	que vous ayez pris
ils/elles prirent	ils/elles eurent pris	qu'ils/elles aient pris
FUTUR SIMPLE	**FUTUR ANTÉRIEUR**	**PLUS-QUE-PARFAIT**
je prendrai	j'aurai pris	que j'eusse pris
tu prendras	tu auras pris	que tu eusses pris
il/elle prendra	il/elle aura pris	qu'il/elle eût pris
nous prendrons	nous aurons pris	que nous eussions pris
vous prendrez	vous aurez pris	que vous eussiez pris
ils/elles prendront	ils/elles auront pris	qu'ils/elles eussent pris

PRENDRE

CONDITIONNEL

PRÉSENT	PASSÉ 1RE FORME	PASSÉ 2E FORME
je prendrais	j'aurais pris	j'eusse pris
tu prendrais	tu aurais pris	tu eusses pris
il/elle prendrait	il/elle aurait pris	il/elle eût pris
nous prendrions	nous aurions pris	nous eussions pris
vous prendriez	vous auriez pris	vous eussiez pris
ils/elles prendraient	ils/elles auraient pris	ils/elles eussent pris

IMPÉRATIF

PRÉSENT	PASSÉ
prends	aie pris
prenons	ayons pris
prenez	ayez pris

INFINITIF

PRÉSENT	PASSÉ
prendre	avoir pris

PARTICIPE

PRÉSENT	PASSÉ	PASSÉ COMPOSÉ
prenant	pris/prise pris/prises	ayant pris

REMARQUE

Cette série regroupe les composés de *prendre*.

NAÎTRE

3e groupe

INDICATIF		SUBJONCTIF
PRÉSENT	**PASSÉ COMPOSÉ**	**PRÉSENT**
je nais	je suis né/née	que je naisse
tu nais	tu es né/née	que tu naisses
il/elle naît	il/elle est né/née	qu'il/elle naisse
nous naissons	nous sommes nés/nées	que nous naissions
vous naissez	vous êtes nés/nées	que vous naissiez
ils/elles naissent	ils/elles sont nés/nées	qu'ils/elles naissent
IMPARFAIT	**PLUS-QUE-PARFAIT**	**IMPARFAIT**
je naissais	j'étais né/née	que je naquisse
tu naissais	tu étais né/née	que tu naquisses
il/elle naissait	il/elle était né/née	qu'il/elle naquît
nous naissions	nous étions nés/nées	que nous naquissions
vous naissiez	vous étiez nés/nées	que vous naquissiez
ils/elles naissaient	ils/elles étaient nés/nées	qu'ils/elles naquissent
PASSÉ SIMPLE	**PASSÉ ANTÉRIEUR**	**PASSÉ**
je naquis	je fus né/née	que je sois né/née
tu naquis	tu fus né/née	que tu sois né/née
il/elle naquit	il/elle fut né/née	qu'il/elle soit né/née
nous naquîmes	nous fûmes nés/nées	que nous soyons nés/nées
vous naquîtes	vous fûtes nés/nées	que vous soyez nés/nées
ils/elles naquirent	ils/elles furent nés/nées	qu'ils/elles soient nés/nées
FUTUR SIMPLE	**FUTUR ANTÉRIEUR**	**PLUS-QUE-PARFAIT**
je naîtrai	je serai né/née	que je fusse né/née
tu naîtras	tu seras né/née	que tu fusses né/née
il/elle naîtra	il/elle sera né/née	qu'il/elle fût né/née
nous naîtrons	nous serons nés/nées	que nous fussions nés/nées
vous naîtrez	vous serez nés/nées	que vous fussiez nés/nées
ils/elles naîtront	ils/elles seront nés/nées	qu'ils/elles fussent nés/nées

NAÎTRE

CONDITIONNEL

PRÉSENT	PASSÉ 1RE FORME	PASSÉ 2E FORME
je naîtrais	je serais né/née	je fusse né/née
tu naîtrais	tu serais né/née	tu fusses né/née
il/elle naîtrait	il/elle serait né/née	il/elle fût né/née
nous naîtrions	nous serions nés/nées	nous fussions nés/nées
vous naîtriez	vous seriez nés/nées	vous fussiez nés/nées
ils/elles naîtraient	ils/elles seraient nés/nées	ils/elles fussent nés/nées

IMPÉRATIF

PRÉSENT	PASSÉ
nais	sois né/née
naissons	soyons nés/nées
naissez	soyez nés/nées

INFINITIF

PRÉSENT	PASSÉ
naître	être né/née
	être nés/nées

PARTICIPE

PRÉSENT	PASSÉ	PASSÉ COMPOSÉ
naissant	né/née	étant né/née
	nés/nées	étant nés/nées

REMARQUE

Le **i** prend traditionnellement un accent circonflexe devant un **t.** Cependant, **la réforme de l'orthographe de 1990** préconise l'abandon de ce circonflexe. Ainsi les graphies *naitre, il nait, je naitrai, tu naitras, il naitra, nous naitrons, vous naitrez, ils naitront* et *je naitrais, tu naitrais, il naitrait, nous naitrions, vous naitriez, ils naitraient* ne sont plus considérées comme fautives.

FAIRE

3e groupe

INDICATIF		SUBJONCTIF
PRÉSENT	**PASSÉ COMPOSÉ**	**PRÉSENT**
je fais	j'ai fait	que je fasse
tu fais	tu as fait	que tu fasses
il/elle fait	il/elle a fait	qu'il/elle fasse
nous faisons	nous avons fait	que nous fassions
vous **faites**	vous avez fait	que vous fassiez
ils/elles font	ils/elles ont fait	qu'ils/elles fassent
IMPARFAIT	**PLUS-QUE-PARFAIT**	**IMPARFAIT**
je faisais	j'avais fait	que je fisse
tu faisais	tu avais fait	que tu fisses
il/elle faisait	il/elle avait fait	qu'il/elle fît
nous faisions	nous avions fait	que nous fissions
vous faisiez	vous aviez fait	que vous fissiez
ils/elles faisaient	ils/elles avaient fait	qu'ils/elles fissent
PASSÉ SIMPLE	**PASSÉ ANTÉRIEUR**	**PASSÉ**
je fis	j'eus fait	que j'aie fait
tu fis	tu eus fait	que tu aies fait
il/elle fit	il/elle eut fait	qu'il/elle ait fait
nous fîmes	nous eûmes fait	que nous ayons fait
vous fîtes	vous eûtes fait	que vous ayez fait
ils/elles firent	ils/elles eurent fait	qu'ils/elles aient fait
FUTUR SIMPLE	**FUTUR ANTÉRIEUR**	**PLUS-QUE-PARFAIT**
je ferai	j'aurai fait	que j'eusse fait
tu feras	tu auras fait	que tu eusses fait
il/elle fera	il/elle aura fait	qu'il/elle eût fait
nous ferons	nous aurons fait	que nous eussions fait
vous ferez	vous aurez fait	que vous eussiez fait
ils/elles feront	ils/elles auront fait	qu'ils/elles eussent fait

FAIRE

CONDITIONNEL

PRÉSENT	PASSÉ 1RE FORME	PASSÉ 2E FORME
je ferais	j'aurais fait	j'eusse fait
tu ferais	tu aurais fait	tu eusses fait
il/elle ferait	il/elle aurait fait	il/elle eût fait
nous ferions	nous aurions fait	nous eussions fait
vous feriez	vous auriez fait	vous eussiez fait
ils/elles feraient	ils/elles auraient fait	ils/elles eussent fait

IMPÉRATIF

PRÉSENT	PASSÉ
fais	aie fait
faisons	ayons fait
faites	ayez fait

INFINITIF

PRÉSENT	PASSÉ
faire	avoir fait

PARTICIPE

PRÉSENT	PASSÉ	PASSÉ COMPOSÉ
faisant	fait/faite faits/faites	ayant fait

ÊTRE

3e groupe

INDICATIF		SUBJONCTIF
PRÉSENT	**PASSÉ COMPOSÉ**	**PRÉSENT**
je suis	j'ai été	que je sois
tu es	tu as été	que tu sois
il/elle est	il/elle a été	qu'il/elle soit
nous sommes	nous avons été	que nous soyons
vous êtes	vous avez été	que vous soyez
ils/elles sont	ils/elles ont été	qu'ils/elles soient
IMPARFAIT	**PLUS-QUE-PARFAIT**	**IMPARFAIT**
j'étais	j'avais été	que je fusse
tu étais	tu avais été	que tu fusses
il/elle était	il/elle avait été	qu'il/elle fût
nous étions	nous avions été	que nous fussions
vous étiez	vous aviez été	que vous fussiez
ils/elles étaient	ils/elles avaient été	qu'ils/elles fussent
PASSÉ SIMPLE	**PASSÉ ANTÉRIEUR**	**PASSÉ**
je fus	j'eus été	que j'aie été
tu fus	tu eus été	que tu aies été
il/elle fut	il/elle eut été	qu'il/elle ait été
nous fûmes	nous eûmes été	que nous ayons été
vous fûtes	vous eûtes été	que vous ayez été
ils/elles furent	ils/elles eurent été	qu'ils/elles aient été
FUTUR SIMPLE	**FUTUR ANTÉRIEUR**	**PLUS-QUE-PARFAIT**
je serai	j'aurai été	que j'eusse été
tu seras	tu auras été	que tu eusses été
il/elle sera	il/elle aura été	qu'il/elle eût été
nous serons	nous aurons été	que nous eussions été
vous serez	vous aurez été	que vous eussiez été
ils/elles seront	ils/elles auront été	qu'ils/elles eussent été

ÊTRE

CONDITIONNEL

PRÉSENT	PASSÉ 1RE FORME	PASSÉ 2E FORME
je serais	j'aurais été	j'eusse été
tu serais	tu aurais été	tu eusses été
il/elle serait	il/elle aurait été	il/elle eût été
nous serions	nous aurions été	nous eussions été
vous seriez	vous auriez été	vous eussiez été
ils/elles seraient	ils/elles auraient été	ils/elles eussent été

IMPÉRATIF

PRÉSENT	PASSÉ
sois	aie été
soyons	ayons été
soyez	ayez été

INFINITIF

PRÉSENT	PASSÉ
être	avoir été

PARTICIPE

PRÉSENT	PASSÉ	PASSÉ COMPOSÉ
étant	été	ayant été

REMARQUE

- Aux temps composés, **être** se conjugue avec *avoir.*
- Le passé composé sert à former le passé surcomposé d'autres verbes (ex. *quand j'ai été parti*).

aller : 9

avoir : 34

être : 61

faire : 60

pouvoir : 33

savoir : 32

L'INDEX DES VERBES

• Les verbes modèles sont en gras :

ex. : acheminer ‹1›
acheter ‹5›
achever ‹5›

• Le chiffre indiqué entre chevrons est le numéro du tableau de conjugaison du verbe modèle :

ex. : **acquérir** ‹21› renvoie au tableau 21
empiéger ‹3 et 6› renvoie aux tableaux 3 et 6

• La marque **déf.** signale un verbe défectif, c'est-à-dire un verbe pour lequel il manque certaines formes conjuguées ou dont toutes les formes conjuguées ne sont pas usitées. Les formes usitées sont données à la suite de cette marque. Reportez-vous également à la partie ***Le verbe, formes et emplois*** pour plus d'informations.

• Certains verbes peuvent se conjuguer aux temps passés soit avec l'auxiliaire *avoir*, soit avec l'auxiliaire *être*. Cela vous est rappelé derrière la marque **aux.**

ex . : absenter (s') (**aux.** être)
descendre (**aux.** avoir, être)

abaisser ‹ 1 ›
abalourdir ‹ 2 ›
abandonner ‹ 1 ›
abasourdir ‹ 2 ›
abâtardir ‹ 2 ›
abattre ‹ 41 ›
abcéder ‹ 6 ›
abdiquer ‹ 1 ›
abécher ‹ 6 ›
abecquer ‹ 1 ›
abêtir ‹ 2 ›
abhorrer ‹ 1 ›
abîmer
ou abimer* ‹ 1 ›
abjurer ‹ 1 ›
ablater ‹ 1 ›
abloquer ‹ 1 ›
ablutionner ‹ 1 ›
abolir ‹ 2 ›
abominer ‹ 1 ›
abonder ‹ 1 ›
abonner ‹ 1 ›
abonnir ‹ 2 ›
aborder ‹ 1 ›
aboucher ‹ 1 ›
abouler ‹ 1 ›
abouter ‹ 1 ›
aboutir ‹ 2 ›
aboyer ‹ 8 ›
abraser ‹ 1 ›
abréagir ‹ 2 ›
abréger ‹ 3 et 6 ›
abreuver ‹ 1 ›
abrier ‹ 7 ›
abriter ‹ 1 ›
abroger ‹ 3 ›
abrutir ‹ 2 ›
absenter (s') ‹ 1 ›
(aux. être)
absorber ‹ 1 ›
absoudre ‹ 51 **p. p.** *absous, absoute* ou *absout*, absoute* ›
abstenir (s') ‹ 22 ›
(aux. être)
absterger ‹ 3 ›
abstraire ‹ 50 ›
abuser ‹ 1 ›
acagnarder ‹ 1 ›
accabler ‹ 1 ›
accalmir (s') ‹ 2 ›
(aux. être)
accaparer ‹ 1 ›
accastiller ‹ 1 ›
accéder ‹ 6 ›
accélérer ‹ 6 ›
accentuer ‹ 1 ›
accepter ‹ 1 ›
accessoiriser ‹ 1 ›
accidenter ‹ 1 ›
acclamer ‹ 1 ›
acclimater ‹ 1 ›
accoler ‹ 1 ›
accommoder ‹ 1 ›
accompagner ‹ 1 ›
accomplir ‹ 2 ›
accorder ‹ 1 ›
accoster ‹ 1 ›
accoter ‹ 1 ›
accouardir ‹ 2 ›
accoucher ‹ 1 ›
accouder (s') ‹ 1 ›
(aux. être)
accoupler ‹ 1 ›
accourcir ‹ 2 ›
accourir ‹ 11 ›
(aux. avoir, être)
accoutrer ‹ 1 ›
accoutumer ‹ 1 ›
accréditer ‹ 1 ›
accrocher ‹ 1 ›
accroire ‹ **déf.** seult à l'infinitif ›
accroître
ou accroitre* ‹ 55 **p. p.** *accru, accrue, accrus, accrues* ›
accroupir (s') ‹ 2 ›
(aux. être)
accueillir ‹ 12 ›
acculer ‹ 1 ›
acculturer ‹ 1 ›
accumuler ‹ 1 ›
accuser ‹ 1 ›
acérer ‹ 6 ›
acétifier ‹ 7 ›
achalander ‹ 1 ›
achaler ‹ 1 ›
acharner ‹ 1 ›
acheminer ‹ 1 ›
acheter ‹ 5 ›
achever ‹ 5 ›
achopper ‹ 1 ›
achromatiser ‹ 1 ›
acidifier ‹ 7 ›
aciduler ‹ 1 ›
aciérer ‹ 6 ›
acliquer (s') ‹ 1 ›
(aux. être)
acoquiner (s') ‹ 1 ›
(aux. être)
acquérir ‹ 21 ›
acquiescer ‹ 3 ›
acquitter ‹ 1 ›
acter ‹ 1 ›
actionner ‹ 1 ›
activer ‹ 1 ›
actualiser ‹ 1 ›
adapter ‹ 1 ›
additionner ‹ 1 ›
adhérer ‹ 6 ›
adirer ‹ **déf.** seult à l'infinitif ›
adjectiver ‹ 1 ›
adjoindre ‹ 49 ›
adjuger ‹ 3 ›
adjurer ‹ 1 ›
adjuver ‹ 1 ›
admettre ‹ 56 ›
administrer ‹ 1 ›

admirer ‹ **1** ›
admonester ‹ **1** ›
adonner ‹ **1** ›
adopter ‹ **1** ›
adorer ‹ **1** ›
adorner ‹ **1** ›
adosser ‹ **1** ›
adouber ‹ **1** ›
adoucir ‹ **2** ›
adresser ‹ **1** ›
adsorber ‹ **1** ›
aduler ‹ **1** ›
adultérer ‹ **6** ›
advenir ‹ **déf. 22** seult à l'infinitif et à la 3e pers. › (**aux.** être)
adverbialiser ‹ **1** ›
aérer ‹ **6** ›
aérolarguer ‹ **1** ›
affabuler ‹ **1** ›
affadir ‹ **2** ›
affaiblir ‹ **2** ›
affairer (s') ‹ **1** › (**aux.** être)
affaisser ‹ **1** ›
affaiter ‹ **1** ›
affaler ‹ **1** ›
affamer ‹ **1** ›
affecter ‹ **1** ›
affectionner ‹ **1** ›
affermer ‹ **1** ›
affermir ‹ **2** ›
afficher ‹ **1** ›
affider (s') ‹ **1** › (**aux.** être)
affiler ‹ **1** ›
affilier ‹ **7** ›
affiner ‹ **1** ›
affirmer ‹ **1** ›
affleurer ‹ **1** ›
affliger ‹ **3** ›
afflouer ‹ **1** ›
affluer ‹ **1** ›
affoler ‹ **1** ›
affouager ‹ **3** ›
affouiller ‹ **1** ›
affourager ‹ **3** ›
affourcher ‹ **1** ›
affourrager ‹ **3** ›
affranchir ‹ **2** ›
affréter ‹ **6** ›
affriander ‹ **1** ›
affrioler ‹ **1** ›
affronter ‹ **1** ›
affubler ‹ **1** ›
affûter ou affuter* ‹ **1** ›
africaniser ‹ **1** ›
agacer ‹ **3** ›
agencer ‹ **3** ›
agenouiller (s') ‹ **1** › (**aux.** être)
agglomérer ‹ **6** ›
agglutiner ‹ **1** ›
aggraver ‹ **1** ›
agioter ‹ **1** ›
agir ‹ **2** ›
agiter ‹ **1** ›
agneler ‹ **5** ›
agonir ‹ **2** ›
agoniser ‹ **1** ›
agrafer ‹ **1** ›
agrandir ‹ **2** ›
agréer ‹ **1** ›
agréger ‹ **3** et **6** ›
agrémenter ‹ **1** ›
agresser ‹ **1** ›
agripper ‹ **1** ›
aguerrir ‹ **2** ›
aguicher ‹ **1** ›
ahaner ‹ **1** ›
aheurter ‹ **1** ›
ahurir ‹ **2** ›
aider ‹ **1** ›
aigrir ‹ **2** ›
aiguer ‹ **1** ›
aiguiller ‹ **1** ›
aiguilleter ‹ **4** ›
aiguillonner ‹ **1** ›
aiguiser ‹ **1** ›
ailler ‹ **1** ›
aimanter ‹ **1** ›
aimer ‹ **1** ›
airer ‹ **1** ›
ajointer ‹ **1** ›
ajourer ‹ **1** ›
ajourner ‹ **1** ›
ajouter ‹ **1** ›
ajuster ‹ **1** ›
alanguir ‹ **2** ›
alarguer ‹ **1** ›
alarmer ‹ **1** ›
alcaliniser ‹ **1** ›
alcooliser ‹ **1** ›
alerter ‹ **1** ›
aléser ‹ **6** ›
aleviner ‹ **1** ›
algébriser ‹ **1** ›
aliéner ‹ **6** ›
aligner ‹ **1** ›
alimenter ‹ **1** ›
alinéatiser ‹ **1** ›
aliter ‹ **1** ›
allaiter ‹ **1** ›
allécher ‹ **6** ›
alléger ‹ **6** ›
alléguer ‹ **6** ›
aller ‹ **9** › (**aux.** être)
allier ‹ **7** ›
allonger ‹ **3** ›
allotir ‹ **2** ›
allouer ‹ **1** ›
allumer ‹ **1** ›
allusionner ‹ **1** ›
alluvionner ‹ **1** ›
alourdir ‹ **2** ›
alpaguer ‹ **1** ›
alper ‹ **1** ›

alphabétiser ‹ **1** ›
altérer ‹ **6** ›
alterner ‹ **1** ›
aluminer ‹ **1** ›
aluner ‹ **1** ›
alunir ‹ **2** ›
amabiliser ‹ **1** ›
amadouer ‹ **1** ›
amaigrir ‹ **2** ›
amalgamer ‹ **1** ›
amariner ‹ **1** ›
amarrer ‹ **1** ›
amasser ‹ **1** ›
amateloter ‹ **1** ›
amatir ‹ **2** ›
ambiancer ‹ **3** ›
ambitionner ‹ **1** ›
ambler ‹ **1** ›
ambrer ‹ **1** ›
ambuler ‹ **1** ›
améliorer ‹ **1** ›
aménager ‹ **3** ›
amender ‹ **1** ›
amener ‹ **5** ›
amenuiser ‹ **1** ›
américaniser ‹ **1** ›
amerrir ‹ **2** ›
ameublir ‹ **2** ›
ameuter ‹ **1** ›
amidonner ‹ **1** ›
amincir ‹ **2** ›
amnistier ‹ **7** ›
amocher ‹ **1** ›
amodier ‹ **7** ›
amoindrir ‹ **2** ›
amollir ‹ **2** ›
amonceler ‹ **4** ›
amorcer ‹ **3** ›
amortir ‹ **2** ›
amouracher (s') ‹ **1** ›
(aux. être**)**
amplifier ‹ **7** ›
amputer ‹ **1** ›

amuïr (s') ‹ **2** ›
(aux. être**)**
amunitionner ‹ **1** ›
amurer ‹ **1** ›
amuser ‹ **1** ›
anagrammatiser ‹ **1** ›
anagrammer ‹ **1** ›
analyser ‹ **1** ›
anastomoser ‹ **1** ›
anathématiser ‹ **1** ›
ancrer ‹ **1** ›
anéantir ‹ **2** ›
anémier ‹ **7** ›
anesthésier ‹ **7** ›
anglaiser ‹ **1** ›
angliciser ‹ **1** ›
angoisser ‹ **1** ›
anhéler ‹ **6** ›
animaliser ‹ **1** ›
animer ‹ **1** ›
aniser ‹ **1** ›
ankyloser ‹ **1** ›
anneler ‹ **4** ›
annexer ‹ **1** ›
annihiler ‹ **1** ›
annoncer ‹ **3** ›
annoter ‹ **1** ›
annualiser ‹ **1** ›
annuler ‹ **1** ›
anoblir ‹ **2** ›
anodiser ‹ **1** ›
ânonner ‹ **1** ›
anonymiser ‹ **1** ›
anordir ‹ **2** ›
antagoniser ‹ **1** ›
antéposer ‹ **1** ›
anthropomorphiser ‹ **1** ›
anticiper ‹ **1** ›
antidater ‹ **1** ›
antiparasiter ‹ **1** ›
apaiser ‹ **1** ›
apercevoir ‹ **28** ›

apetisser ‹ **1** ›
apeurer ‹ **1** ›
apiquer ‹ **1** ›
apitoyer ‹ **8** ›
aplanir ‹ **2** ›
aplatir ‹ **2** ›
apostasier ‹ **7** ›
apostiller ‹ **1** ›
apostropher ‹ **1** ›
apparaître
ou apparaitre* ‹ **57** ›
(aux. avoir, être**)**
appareiller ‹ **1** ›
apparenter ‹ **1** ›
apparier ‹ **7** ›
apparoir ‹ **déf.** seult à l'infinitif et à la 3e pers. du singulier de l'indicatif présent ›
appartenir ‹ **22** ›
appâter ‹ **1** ›
appauvrir ‹ **2** ›
appeler ‹ **4** ›
appendre ‹ **41** ›
appertiser ‹ **1** ›
appesantir ‹ **2** ›
applaudir ‹ **2** ›
appliquer ‹ **1** ›
appoggiaturer ‹ **1** ›
appointer ‹ **1** ›
appointir ‹ **2** ›
appondre ‹ **41** ›
apponter ‹ **1** ›
apporter ‹ **1** ›
apposer ‹ **1** ›
apprécier ‹ **7** ›
appréhender ‹ **1** ›
apprendre ‹ **58** ›
apprêter ‹ **1** ›
apprivoiser ‹ **1** ›
approcher ‹ **1** ›
approfondir ‹ **2** ›
approprier ‹ **7** ›

approuver ‹ **1** ›
approvisionner ‹ **1** ›
appuyer ‹ **8** ›
apurer ‹ **1** ›
aquareller ‹ **1** ›
arabiser ‹ **1** ›
araser ‹ **1** ›
arbitrer ‹ **1** ›
arborer ‹ **1** ›
arcbouter ‹ **1** ›
architecturer ‹ **1** ›
archiver ‹ **1** ›
arçonner ‹ **1** ›
ardoiser ‹ **1** ›
argenter ‹ **1** ›
arguer
ou argüer* ‹ **1** ›
argumenter ‹ **1** ›
arianiser ‹ **1** ›
ariser ‹ **1** ›
armaturer ‹ **1** ›
armer ‹ **1** ›
armorier ‹ **7** ›
arnaquer ‹ **1** ›
aromatiser ‹ **1** ›
arpéger ‹ **3** et **6** ›
arpenter ‹ **1** ›
arquer ‹ **1** ›
arracher ‹ **1** ›
arraisonner ‹ **1** ›
arranger ‹ **3** ›
arrenter ‹ **1** ›
arrérager ‹ **3** ›
arrêter ‹ **1** ›
arriérer ‹ **6** ›
arrimer ‹ **1** ›
arriser ‹ **1** ›
arriver ‹ **1** › **(aux.** être)
arroger (s') ‹ **3** ›
(aux. être)
arrondir ‹ **2** ›
arroser ‹ **1** ›
arsouiller ‹ **1** ›
arsouiller (s') ‹ **1** ›
(aux. être)
articuler ‹ **1** ›
artificialiser ‹ **1** ›
ascendre ‹ **41** ›
ascensionner ‹ **1** ›
aseptiser ‹ **1** ›
asiler ‹ **1** ›
aspecter ‹ **1** ›
asperger ‹ **3** ›
asphalter ‹ **1** ›
asphyxier ‹ **7** ›
aspirer ‹ **1** ›
assabler ‹ **1** ›
assagir ‹ **2** ›
assaillir ‹ **13** ›
assainir ‹ **2** ›
assaisonner ‹ **1** ›
assarmenter ‹ **1** ›
assassiner ‹ **1** ›
assauvagir ‹ **2** ›
assavoir ‹ **déf.** seult à l'infinitif et après le verbe faire ›
assécher ‹ **6** ›
assembler ‹ **1** ›
assener ‹ **5** ›
ou asséner ‹ **6** ›
assentir ‹ **16** ›
asseoir
ou assoir* ‹ **26** ›
assermenter ‹ **1** ›
asserter ‹ **1** ›
asservir ‹ **2** ›
assibiler ‹ **1** ›
assiéger ‹ **3** et **6** ›
assigner ‹ **1** ›
assimiler ‹ **1** ›
assister ‹ **1** ›
associer ‹ **7** ›
assoiffer ‹ **1** ›
assoler ‹ **1** ›
assombrir ‹ **2** ›
assommer ‹ **1** ›
assonancer ‹ **3** ›
assortir ‹ **2** ›
assoupir ‹ **2** ›
assouplir ‹ **2** ›
assourdir ‹ **2** ›
assouvir ‹ **2** ›
assujettir ‹ **2** ›
assumer ‹ **1** ›
assurer ‹ **1** ›
asticoter ‹ **1** ›
astiquer ‹ **1** ›
astreindre ‹ **52** ›
atermoyer ‹ **8** ›
athéiser ‹ **1** ›
atomiser ‹ **1** ›
atrophier ‹ **7** ›
attabler ‹ **1** ›
attacher ‹ **1** ›
attaquer ‹ **1** ›
attarder ‹ **1** ›
atteindre ‹ **52** ›
atteler ‹ **4** ›
attendre ‹ **41** ›
attendrir ‹ **2** ›
attenir ‹ **22** ›
attenter ‹ **1** ›
attentionner (s') ‹ **1** ›
(aux. être)
atténuer ‹ **1** ›
atterrer ‹ **1** ›
atterrir ‹ **2** ›
attester ‹ **1** ›
attiédir ‹ **2** ›
attifer ‹ **1** ›
attiger ‹ **3** ›
attirer ‹ **1** ›
attiser ‹ **1** ›
attitrer ‹ **1** ›
attoucher ‹ **1** ›
attraire ‹ **déf. 50** usité surtout à l'infinitif ›
attraper ‹ **1** ›
attribuer ‹ **1** ›

attrister ‹ **1** ›
attrouper ‹ **1** ›
aubader ‹ **1** ›
audiencer ‹ **1** ›
auditer ‹ **1** ›
auditionner ‹ **1** ›
augmenter ‹ **1** ›
augurer ‹ **1** ›
auner ‹ **1** ›
auréoler ‹ **1** ›
aurifier ‹ **7** ›
ausculter ‹ **1** ›
authentifier ‹ **7** ›
authentiquer ‹ **1** ›
autoaccuser (s') ‹ **1** › (**aux.** être)
auto-administrer (s') ‹ **1** › (**aux.** être)
autocensurer (s') ‹ **1** › (**aux.** être)
autocongratuler (s') ‹ **1** › (**aux.** être)
autocontrôler (s') ‹ **1** › (**aux.** être)
autocorriger (s') ‹ **3** › (**aux.** être)
autocratiser ‹ **1** ›
autocritiquer (s') ‹ **1** › (**aux.** être)
autodéfendre (s') ‹ **41** › (**aux.** être)
autodéfinir (s') ‹ **2** › (**aux.** être)
autodégrader (s') ‹ **1** › (**aux.** être)
autodéterminer (s') ‹ **1** › (**aux.** être)
autodétruire (s') ‹ **38** › (**aux.** être)
autodiscipliner (s') ‹ **1** › (**aux.** être)
autoéditer ‹ **1** ›
autoévaluer (s') ‹ **1** › (**aux.** être)
autoféconder (s') ‹ **1** › (**aux.** être)
autofinancer ‹ **3** ›
autoflageller (s') ‹ **1** › (**aux.** être)
autoformer (s') ‹ **1** › (**aux.** être)
autogérer (s') ‹ **6** › (**aux.** être)
autographier ‹ **7** ›
autolyser (s') ‹ **1** › (**aux.** être)
automatiser ‹ **1** ›
automutiler (s') ‹ **1** › (**aux.** être)
autonomiser (s') ‹ **1** › (**aux.** être)
autoparodier ‹ **7** ›
autoproclamer (s') ‹ **1** › (**aux.** être)
autoproduire (s') ‹ **38** › (**aux.** être)
autopsier ‹ **7** ›
autoréguler ‹ **1** ›
autoréparer (s') ‹ **1** › (**aux.** être)
autorépliquer (s') ‹ **1** › (**aux.** être)
autoriser ‹ **1** › (**aux.** être)
autosuggestionner (s') ‹ **1** › (**aux.** être)
autotomiser (s') ‹ **1** › (**aux.** être)
avachir ‹ **2** ›
avalancher ‹ **1** ›
avaler ‹ **1** ›
avaliser ‹ **1** ›
avancer ‹ **3** ›
avantager ‹ **3** ›
avarier ‹ **7** ›
aventurer ‹ **1** ›
avérer ‹ **déf. 6** le v. tr. n'existe qu'à l'infinitif et au **p. p.** *avéré ;* le v. pr. n'est usité qu'aux 3e pers. et au p. présent *s'avérant* ›
avertir ‹ **2** ›
aveugler ‹ **1** ›
aveulir ‹ **2** ›
avilir ‹ **2** ›
aviner ‹ **1** ›
avironner ‹ **1** ›
aviser ‹ **1** ›
avitailler ‹ **1** ›
aviver ‹ **1** ›
avoiner ‹ **1** ›
avoir ‹ **34** ›
avoisiner ‹ **1** ›
avorter ‹ **1** ›
avouer ‹ **1** ›
avoyer ‹ **8** ›
axer ‹ **1** ›
axiomatiser ‹ **1** ›
azimuter ‹ **1** ›
azurer ‹ **1** ›
babiller ‹ **1** ›
bâcher ‹ **1** ›
bachoter ‹ **1** ›
bâcler ‹ **1** ›
badauder ‹ **1** ›
bader ‹ **1** ›
badger ‹ **3** ›
badigeonner ‹ **1** ›
badiner ‹ **1** ›
baffer ‹ **1** ›
bafouer ‹ **1** ›
bafouiller ‹ **1** ›
bâfrer ‹ **1** ›
bagarrer ‹ **1** ›
baguenauder ‹ **1** ›
baguer ‹ **1** ›
baigner ‹ **1** ›
bailler ‹ **1** ›
bâiller ‹ **1** ›
bâillonner ‹ **1** ›

baiser ‹ **1** ›
baisoter ‹ **1** ›
baisser ‹ **1** ›
bakéliser ‹ **1** ›
balader ‹ **1** ›
balafrer ‹ **1** ›
balancer ‹ **3** ›
balanstiquer ‹ **1** ›
balayer ‹ **8** ›
balbutier ‹ **7** ›
baliser ‹ **1** ›
balkaniser ‹ **1** ›
ballaster ‹ **1** ›
baller ‹ **1** ›
ballonner ‹ **1** ›
ballotter
ou balloter* ‹ **1** ›
balustrer ‹ **1** ›
bambocher ‹ **1** ›
banaliser ‹ **1** ›
bananer ‹ **1** ›
bancher ‹ **1** ›
bander ‹ **1** ›
bannir ‹ **2** ›
banquer ‹ **1** ›
banqueter ‹ **4** ›
baptiser ‹ **1** ›
baqueter ‹ **4** ›
baragouiner ‹ **1** ›
baraquer ‹ **1** ›
baratiner ‹ **1** ›
baratter ‹ **1** ›
barbariser ‹ **1** ›
barber ‹ **1** ›
barbifier ‹ **7** ›
barboter ‹ **1** ›
barbouiller ‹ **1** ›
barder ‹ **1** ›
baréter ‹ **6** ›
barguigner ‹ **1** ›
barioler ‹ **1** ›
barjaquer ‹ **1** ›
baronifier ‹ **7** ›
baronner ‹ **1** ›
baroquiser (se) ‹ **1** ›
(**aux.** être)
barrer ‹ **1** ›
barricader ‹ **1** ›
barrir ‹ **2** ›
bartériser ‹ **1** ›
barytonner ‹ **1** ›
basaner ‹ **1** ›
basculer ‹ **1** ›
baser ‹ **1** ›
bassiner ‹ **1** ›
baster ‹ **1** ›
bastinguer ‹ **1** ›
bastonner ‹ **1** ›
batailler ‹ **1** ›
bateler ‹ **4** ›
bâter ‹ **1** ›
batifoler ‹ **1** ›
bâtir ‹ **2** ›
bâtonner ‹ **1** ›
battre ‹ **41** ›
bauger (se) ‹ **3** ›
(**aux.** être)
bavarder ‹ **1** ›
bavasser ‹ **1** ›
baver ‹ **1** ›
bavoter ‹ **1** ›
bayer ‹ **déf.** seult à l'infinitif ›
bazarder ‹ **1** ›
béatifier ‹ **7** ›
bêcher ‹ **1** ›
bêcheveter ‹ **4** ›
bécoter ‹ **1** ›
becquer ‹ **1** ›
becqueter ‹ **4** ›
becter ‹ **1** ›
bedonner ‹ **1** ›
béer ‹ **1** ›
bégayer ‹ **8** ›
bégueter ‹ **5** ›
bêler ‹ **1** ›
bémoliser ‹ **1** ›
bénéficier ‹ **7** ›
bénir ‹ **2 p. p.** *béni, ie* et *bénit, ite* ›
béqueter ‹ **4** ›
béquiller ‹ **1** ›
bercer ‹ **3** ›
berner ‹ **1** ›
bertillonner ‹ **1** ›
besogner ‹ **1** ›
bestialiser ‹ **1** ›
bêtifier ‹ **7** ›
bétonner ‹ **1** ›
beugler ‹ **1** ›
beurrer ‹ **1** ›
biaiser ‹ **1** ›
bibeloter ‹ **1** ›
biberonner ‹ **1** ›
bibliographier ‹ **7** ›
bicher ‹ **1** ›
bichonner ‹ **1** ›
bidonner ‹ **1** ›
bidouiller ‹ **1** ›
bienvenir ‹ **déf.** seult à l'infinitif ›
biffer ‹ **1** ›
biffetonner ‹ **1** ›
bifurquer ‹ **1** ›
bigarrer ‹ **1** ›
bigler ‹ **1** ›
bigner (se) ‹ **1** ›
(**aux.** être)
bigophoner ‹ **1** ›
bigorner ‹ **1** ›
biler (se) ‹ **1** › (**aux.** être)
bilinguiser ‹ **1** ›
billarder ‹ **1** ›
biner ‹ **1** ›
biographier ‹ **7** ›
biologiser ‹ **1** ›
biopsier ‹ **7** ›
biper ‹ **1** ›
biscuiter ‹ **1** ›

biseauter ‹ 1 ›
biser ‹ 1 ›
bisouter ‹ 1 ›
bisquer ‹ 1 ›
bissecter ‹ 1 ›
bisser ‹ 1 ›
bistouriser ‹ 1 ›
bistourner ‹ 1 ›
bistrer ‹ 1 ›
biter ‹ 1 ›
bitumer ‹ 1 ›
biturer (se) ‹ 1 › **(aux.** être**)**
bivouaquer ‹ 1 ›
bizuter ‹ 1 ›
blablater ‹ 1 ›
blackbouler ‹ 1 ›
blaguer ‹ 1 ›
blaireauter ‹ 1 ›
blairer ‹ 1 ›
blâmer ‹ 1 ›
blanchir ‹ 2 ›
blanchoyer ‹ 8 ›
blaser ‹ 1 ›
blasonner ‹ 1 ›
blasphémer ‹ 6 ›
blatérer ‹ 6 ›
blêmir ‹ 2 ›
bléser ‹ 6 ›
blesser ‹ 1 ›
blettir ‹ 2 ›
bleuir ‹ 2 ›
bleuter ‹ 1 ›
blinder ‹ 1 ›
blinquer ‹ 1 ›
blistériser ‹ 1 ›
bloguer ‹ 1 ›
blondir ‹ 2 ›
blondoyer ‹ 8 ›
bloquer ‹ 1 ›
blottir (se) ‹ 2 › **(aux.** être**)**
blouser ‹ 1 ›
bluetter ‹ 1 ›
bluffer ‹ 1 ›
bluter ‹ 1 ›
bobiner ‹ 1 ›
bocarder ‹ 1 ›
bœufer ‹ 1 ›
boguer ‹ 1 ›
boire ‹ 53 ›
boiser ‹ 1 ›
boitailler ‹ 1 ›
boiter ‹ 1 ›
boitiller ‹ 1 ›
bolcheviser ‹ 1 ›
bombarder ‹ 1 ›
bomber ‹ 1 ›
bombiner ‹ 1 ›
bondir ‹ 2 ›
bonifier ‹ 7 ›
bonimenter ‹ 1 ›
booker ‹ 1 ›
booster ‹ 1 ›
booter ‹ 1 ›
bordéliser ‹ 1 ›
border ‹ 1 ›
bordurer ‹ 1 ›
borner ‹ 1 ›
bornoyer ‹ 8 ›
bosseler ‹ 4 ›
bosser ‹ 1 ›
bossuer ‹ 1 ›
bostonner ‹ 1 ›
botaniser ‹ 1 ›
botteler ‹ 4 ›
botter ‹ 1 ›
boubouler ‹ 1 ›
boucaner ‹ 1 ›
boucharder ‹ 1 ›
boucher ‹ 1 ›
bouchonner ‹ 1 ›
boucler ‹ 1 ›
bouder ‹ 1 ›
boudiner ‹ 1 ›
bouffarder ‹ 1 ›
bouffer ‹ 1 ›
bouffir ‹ 2 ›
bouffonner ‹ 1 ›
bouger ‹ 3 ›
bougonner ‹ 1 ›
bouillir ‹ 15 ›
bouillonner ‹ 1 ›
bouillotter ou bouilloter* ‹ 1 ›
boulanger ‹ 3 ›
bouler ‹ 1 ›
bouleverser ‹ 1 ›
boulocher ‹ 1 ›
boulonner ‹ 1 ›
boulotter ‹ 1 ›
boumer ‹ 1 ›
bouquiner ‹ 1 ›
bourdonner ‹ 1 ›
bourgeonner ‹ 1 ›
bourlinguer ‹ 1 ›
bourreler ‹ 4 ›
bourrer ‹ 1 ›
boursicoter ‹ 1 ›
boursoufler ou boursouffler ‹ 1 ›
bousculer ‹ 1 ›
bousiller ‹ 1 ›
boustifailler ‹ 1 ›
bouter ‹ 1 ›
boutonner ‹ 1 ›
bouturer ‹ 1 ›
bouveter ‹ 4 ›
boxer ‹ 1 ›
boyauter (se) ‹ 1 › **(aux.** être**)**
boycotter ‹ 1 ›
braconner ‹ 1 ›
brader ‹ 1 ›
brailler ‹ 1 ›
braire ‹ 50 ›
braiser ‹ 1 ›
braisiller ‹ 1 ›
bramer ‹ 1 ›

brancarder ‹ **1** ›
brancher ‹ **1** ›
brandir ‹ **2** ›
brandonner ‹ **1** ›
brandouiller ‹ **1** ›
branler ‹ **1** ›
braquer ‹ **1** ›
braser ‹ **1** ›
brasiller ‹ **1** ›
brasquer ‹ **1** ›
brasser ‹ **1** ›
brasseyer ‹ **1** ›
braver ‹ **1** ›
brayer ‹ **8** ›
breaker ‹ **1** ›
bredouiller ‹ **1** ›
brêler ‹ **1** ›
brésiller ‹ **1** ›
brétailler ‹ **1** ›
bretteler ‹ **4** ›
bretter ‹ **1** ›
breveter ‹ **4** ›
brichetonner ‹ **1** ›
bricoler ‹ **1** ›
brider ‹ **1** ›
bridger ‹ **3** ›
briefer ‹ **1** ›
brier ‹ **7** ›
brifer
ou **briffer** ‹ **1** ›
brigander ‹ **1** ›
briguer ‹ **1** ›
brillanter ‹ **1** ›
brillantiner ‹ **1** ›
briller ‹ **1** ›
brimbaler ‹ **1** ›
brimer ‹ **1** ›
bringuebaler ‹ **1** ›
bringuer ‹ **1** ›
briquer ‹ **1** ›
briqueter ‹ **4** ›
briser ‹ **1** ›
britanniser ‹ **1** ›
brocanter ‹ **1** ›
brocarder ‹ **1** ›
brocher ‹ **1** ›
brocheter ‹ **4** ›
broder ‹ **1** ›
broncher ‹ **1** ›
bronzer ‹ **1** ›
brosser ‹ **1** ›
brouetter ‹ **1** ›
brouillarder ‹ **1** ›
brouillasser ‹ **1** ›
brouiller ‹ **1** ›
brouillonner ‹ **1** ›
broussailler ‹ **1** ›
brousser ‹ **1** ›
brouter ‹ **1** ›
broyer ‹ **8** ›
bruiner ‹ **1** ›
bruire ‹ **déf. 2** seult à l'infinitif, à la 3e pers. et au p. présent ›
bruisser ‹ **1** ›
bruiter ‹ **1** ›
brûler
ou **bruler*** ‹ **1** ›
brumasser ‹ **1** ›
brumer ‹ **1** ›
brumiser ‹ **1** ›
brunir ‹ **2** ›
brusquer ‹ **1** ›
brutaliser ‹ **1** ›
bûcher
ou **bucher*** ‹ **1** ›
bûcheronner
ou **bucheronner*** ‹ **1** ›
budgéter ‹ **6** ›
budgétiser ‹ **1** ›
buissonner ‹ **1** ›
buller ‹ **1** ›
bunkeriser ‹ **1** ›
bureaucratiser ‹ **1** ›
buriner ‹ **1** ›
buser ‹ **1** ›
busquer ‹ **1** ›
buter ‹ **1** ›
butiner ‹ **1** ›
butter ‹ **1** ›
buvoter ‹ **1** ›
cabaler ‹ **1** ›
cabaner ‹ **1** ›
câbler ‹ **1** ›
cabosser ‹ **1** ›
caboter ‹ **1** ›
cabotiner ‹ **1** ›
cabrer ‹ **1** ›
cabrioler ‹ **1** ›
cacaber ‹ **1** ›
cacarder ‹ **1** ›
cacher ‹ **1** ›
cacheter ‹ **4** ›
cachetonner ‹ **1** ›
cachotter ‹ **1** ›
cacographier ‹ **7** ›
cadastrer ‹ **1** ›
cadavériser (se) ‹ **1** › **(aux.** être**)**
cadeauter ‹ **1** ›
cadenasser ‹ **1** ›
cadencer ‹ **3** ›
cadmier ‹ **7** ›
cadrer ‹ **1** ›
cafarder ‹ **1** ›
cafeter ‹ **5** ›
cafouiller ‹ **1** ›
cafter ‹ **1** ›
cagnarder ‹ **1** ›
caguer ‹ **1** ›
cahoter ‹ **1** ›
caillasser ‹ **1** ›
caillebotter ‹ **1** ›
cailler ‹ **1** ›
cailleter ‹ **4** ›
caillouter ‹ **1** ›
cajoler ‹ **1** ›
calaminer (se) ‹ **1** › **(aux.** être**)**

calamistrer ‹ **1** ›
calancher ‹ **1** ›
calandrer ‹ **1** ›
calciner ‹ **1** ›
calculer ‹ **1** ›
calencher ‹ **1** ›
caler ‹ **1** ›
caleter ‹ **5** ›
calfater ‹ **1** ›
calfeutrer ‹ **1** ›
calibrer ‹ **1** ›
câliner ‹ **1** ›
calligraphier ‹ **7** ›
calmer ‹ **1** ›
calmir ‹ **2** ›
calomnier ‹ **7** ›
calorifuger ‹ **3** ›
caloriser ‹ **1** ›
calotter ‹ **1** ›
calquer ‹ **1** ›
calter ‹ **1** ›
cambrer ‹ **1** ›
cambrioler ‹ **1** ›
cameloter ‹ **1** ›
camer (se) ‹ **1** ›
(aux. être**)**
camionner ‹ **1** ›
camoufler ‹ **1** ›
camper ‹ **1** ›
camphrer ‹ **1** ›
canaliser ‹ **1** ›
canarder ‹ **1** ›
cancaner ‹ **1** ›
cancériser ‹ **1** ›
candir (se) ‹ **2** ›
(aux. être**)**
caner ‹ **1** ›
canevasser ‹ **1** ›
canneler ‹ **4** ›
canner ‹ **1** ›
canneter ‹ **4** ›
cannibaliser ‹ **1** ›
canoniser ‹ **1** ›
canonner ‹ **1** ›
canoter ‹ **1** ›
cantiner ‹ **1** ›
cantonaliser ‹ **1** ›
cantonner ‹ **1** ›
canuler ‹ **1** ›
caoutchouter ‹ **1** ›
caparaçonner ‹ **1** ›
capéer ‹ **1** ›
capeler ‹ **4** ›
capeyer ‹ **1** ›
capitaliser ‹ **1** ›
capitonner ‹ **1** ›
capituler ‹ **1** ›
caponner ‹ **1** ›
caporaliser ‹ **1** ›
capoter ‹ **1** ›
capsuler ‹ **1** ›
capter ‹ **1** ›
captiver ‹ **1** ›
capturer ‹ **1** ›
capuchonner ‹ **1** ›
caquer ‹ **1** ›
caqueter ‹ **5** ›
caracoler ‹ **1** ›
caractériser ‹ **1** ›
caramboler ‹ **1** ›
carambouiller ‹ **1** ›
caraméliser ‹ **1** ›
carapater (se) ‹ **1** ›
(aux. être**)**
carbonater ‹ **1** ›
carboniser ‹ **1** ›
carburer ‹ **1** ›
carcailler ‹ **1** ›
carder ‹ **1** ›
cardinaliser ‹ **1** ›
carencer ‹ **3** ›
caréner ‹ **6** ›
caresser ‹ **1** ›
carguer ‹ **1** ›
caricaturer ‹ **1** ›
carier ‹ **7** ›
carillonner ‹ **1** ›
carminer ‹ **1** ›
carnifier (se) ‹ **7** ›
(aux. être**)**
carotter ‹ **1** ›
carreler ‹ **4** ›
carrer ‹ **1** ›
carrosser ‹ **1** ›
carroyer ‹ **8** ›
carter ‹ **1** ›
cartographier ‹ **7** ›
cartonner ‹ **1** ›
carver ‹ **1** ›
cascader ‹ **1** ›
caséifier ‹ **7** ›
casemater ‹ **1** ›
caser ‹ **1** ›
caserner ‹ **1** ›
casquer ‹ **1** ›
casse-croûter
ou cassecrouter* ‹ **1** ›
casser ‹ **1** ›
castagner ‹ **1** ›
castrer ‹ **1** ›
cataboliser ‹ **1** ›
cataloguer ‹ **1** ›
catalyser ‹ **1** ›
catapulter ‹ **1** ›
catastropher ‹ **1** ›
catcher ‹ **1** ›
catéchiser ‹ **1** ›
catégoriser ‹ **1** ›
catholiciser ‹ **1** ›
catir ‹ **2** ›
cauchemarder ‹ **1** ›
causer ‹ **1** ›
cautériser ‹ **1** ›
cautionner ‹ **1** ›
cavalcader ‹ **1** ›
cavaler ‹ **1** ›
caver ‹ **1** ›
caviarder ‹ **1** ›
céder ‹ **6** ›

ceindre ‹ **52** ›
ceinturer ‹ **1** ›
célébrer ‹ **6** ›
celer ‹ **5** ›
cémenter ‹ **1** ›
cendrer ‹ **1** ›
censurer ‹ **1** ›
centraliser ‹ **1** ›
centrer ‹ **1** ›
centrifuger ‹ **3** ›
centupler ‹ **1** ›
cercler ‹ **1** ›
cerner ‹ **1** ›
certifier ‹ **7** ›
césariser ‹ **1** ›
cesser ‹ **1** ›
chabler ‹ **1** ›
chagriner ‹ **1** ›
chahuter ‹ **1** ›
chaîner
ou chainer* ‹ **1** ›
challenger ‹ **3** ›
chaloir ‹ **déf.** rarissime, sauf à la 3e pers. du présent de l'indicatif *chaut* ›
chalouper ‹ **1** ›
chaluter ‹ **1** ›
chamailler ‹ **1** ›
chamarrer ‹ **1** ›
chambarder ‹ **1** ›
chambouler ‹ **1** ›
chambranler ‹ **1** ›
chambrer ‹ **1** ›
chamoiser ‹ **1** ›
champagniser ‹ **1** ›
champignonner ‹ **1** ›
champlever ‹ **5** ›
chanceler ‹ **4** ›
chancir ‹ **2** ›
chanfreiner ‹ **1** ›
changer ‹ **3** ›
chansonner ‹ **1** ›
chanter ‹ **1** ›
chantonner ‹ **1** ›
chantourner ‹ **1** ›
chaparder ‹ **1** ›
chapeauter ‹ **1** ›
chapeler ‹ **4** ›
chaperonner ‹ **1** ›
chapitrer ‹ **1** ›
chaponner ‹ **1** ›
chaptaliser ‹ **1** ›
charbonner ‹ **1** ›
charcler ‹ **1** ›
charcuter ‹ **1** ›
charger ‹ **3** ›
chariboter ‹ **1** ›
charioter
ou charrioter ‹ **1** ›
charlataniser ‹ **1** ›
charmer ‹ **1** ›
charpenter ‹ **1** ›
charrier ‹ **7** ›
charronner ‹ **1** ›
charroyer ‹ **8** ›
charruer ‹ **1** ›
chartériser ‹ **1** ›
chasser ‹ **1** ›
châtaigner ‹ **1** ›
châtier ‹ **7** ›
chatonner ‹ **1** ›
chatouiller ‹ **1** ›
chatoyer ‹ **8** ›
châtrer ‹ **1** ›
chatter ‹ **1** ›
chauffer ‹ **1** ›
chauler ‹ **1** ›
chaumer ‹ **1** ›
chausser ‹ **1** ›
chauvir ‹ **16** sauf aux pers. du singulier du présent de l'indicatif et de l'impératif : **2** ›
chavirer ‹ **1** ›
checker ‹ **1** ›
cheminer ‹ **1** ›
chemiser ‹ **1** ›
chercher ‹ **1** ›
chérir ‹ **2** ›
chevaler ‹ **1** ›
chevaucher ‹ **1** ›
cheviller ‹ **1** ›
chevronner ‹ **1** ›
chevroter ‹ **1** ›
chiader ‹ **1** ›
chialer ‹ **1** ›
chicaner ‹ **1** ›
chicorer (se) ‹ **1** › **(aux.** être**)**
chicoter ‹ **1** ›
chier ‹ **7** ›
chiffonner ‹ **1** ›
chiffrer ‹ **1** ›
chigner ‹ **1** ›
chiner ‹ **1** ›
chinoiser ‹ **1** ›
chiper ‹ **1** ›
chipoter ‹ **1** ›
chiquenauder ‹ **1** ›
chiquer ‹ **1** ›
chlinguer ‹ **1** ›
chlorer ‹ **1** ›
chloroformer ‹ **1** ›
chlorurer ‹ **1** ›
choir ‹ **déf.** *je chois, tu chois, il choit, ils choient* (les autres personnes manquent au présent) ; *je chus, nous chûmes. Chu, chue* au **p. p.** — Formes vieillies : *je choirai* ou *cherrai, nous choirons* ou *cherrons* ›
choisir ‹ **2** ›
chômer ‹ **1** ›
choper ‹ **1** ›
chopiner ‹ **1** ›
chopper ‹ **1** ›
choquer ‹ **1** ›
chorégraphier ‹ **7** ›

chosifier ‹ **7** ›
chouchouter ‹ **1** ›
chouiner ‹ **1** ›
chouraver ‹ **1** ›
chourer ‹ **1** ›
choyer ‹ **8** ›
christianiser ‹ **1** ›
chromatiser ‹ **1** ›
chromer ‹ **1** ›
chroniciser (se) ‹ **1** › (**aux.** être)
chroniquer ‹ **1** ›
chronométrer ‹ **6** ›
chronoprogrammer ‹ **1** ›
chuchoter ‹ **1** ›
chuinter ‹ **1** ›
chuter ‹ **1** ›
cibler ‹ **1** ›
cicatriser ‹ **1** ›
ciller ‹ **1** ›
cimenter ‹ **1** ›
cinématographier ‹ **7** ›
cingler ‹ **1** ›
cintrer ‹ **1** ›
circoncire ‹ **37** sauf **p. p.** *circoncis, ise* ›
circonscrire ‹ **39** ›
circonstancier ‹ **7** ›
circonvenir ‹ **22** ›
circonvoisiner ‹ **1** ›
circuler ‹ **1** ›
cirer ‹ **1** ›
cisailler ‹ **1** ›
ciseler ‹ **5** ›
citer ‹ **1** ›
citronner ‹ **1** ›
civiliser ‹ **1** ›
clabauder ‹ **1** ›
claboter ‹ **1** ›
claironner ‹ **1** ›
clamecer ‹ **5** ›
clamer ‹ **1** ›
clamper ‹ **1** ›
clamser ‹ **1** ›
clapir ‹ **2** ›
clapir (se) ‹ **2** › (**aux.** être)
clapoter ‹ **1** ›
clapper ‹ **1** ›
claquemurer ‹ **1** ›
claquer ‹ **1** ›
claqueter ‹ **4** ›
clarifier ‹ **7** ›
classer ‹ **1** ›
classifier ‹ **7** ›
claudiquer ‹ **1** ›
claustrer ‹ **1** ›
clavarder ‹ **1** ›
claveliser ‹ **1** ›
claveter ‹ **4** ›
clayonner ‹ **1** ›
cléricaliser ‹ **1** ›
clicher ‹ **1** ›
cligner ‹ **1** ›
clignoter ‹ **1** ›
climatiser ‹ **1** ›
clinquer ‹ **1** ›
cliper ‹ **1** ›
cliquer ‹ **1** ›
cliqueter ‹ **4** ›
clisser ‹ **1** ›
cliver ‹ **1** ›
clochardiser ‹ **1** ›
clocher ‹ **1** ›
clocheter ‹ **4** ›
cloisonner ‹ **1** ›
cloîtrer ou cloitrer* ‹ **1** ›
cloner ‹ **1** ›
cloper ‹ **1** ›
clopiner ‹ **1** ›
cloquer ‹ **1** ›
clore ‹ **déf. 45** inusité au passé simple et à l'imparfait de l'indicatif et du subjonctif ›
clôturer ‹ **1** ›
clouer ‹ **1** ›
clouter ‹ **1** ›
clustériser ‹ **1** ›
coacher ‹ **1** ›
coaguler ‹ **1** ›
coaliser ‹ **1** ›
coasser ‹ **1** ›
cocarder (se) ‹ **1** › (**aux.** être)
cocheniller ‹ **1** ›
cocher ‹ **1** ›
côcher ‹ **1** ›
cochonner ‹ **1** ›
cocooner ‹ **1** ›
cocoter ‹ **1** ›
cocotter ‹ **1** ›
cocufier ‹ **7** ›
codécider ‹ **1** ›
coder ‹ **1** ›
codifier ‹ **7** ›
codiriger ‹ **3** ›
coécrire ‹ **39** ›
coéditer ‹ **1** ›
coexister ‹ **1** ›
coffiner ‹ **1** ›
coffrer ‹ **1** ›
cofinancer ‹ **3** ›
cofonder ‹ **1** ›
cogérer ‹ **6** ›
cogiter ‹ **1** ›
cogner ‹ **1** ›
cohabiter ‹ **1** ›
cohériter ‹ **1** ›
coiffer ‹ **1** ›
coincer ‹ **3** ›
coincher ‹ **1** ›
coïncider ‹ **1** ›
coïter ‹ **1** ›
cokéfier ‹ **7** ›
colérer ‹ **6** ›
coliser ‹ **1** ›
collaborer ‹ **1** ›

collapser ‹ **1** ›
collationner ‹ **1** ›
collecter ‹ **1** ›
collectionner ‹ **1** ›
collectiviser ‹ **1** ›
coller ‹ **1** ›
colleter ‹ **4** ›
colliger ‹ **3** ›
collisionner ‹ **1** ›
colloquer ‹ **1** ›
colmater ‹ **1** ›
coloniser ‹ **1** ›
colophaner ‹ **1** ›
colorer ‹ **1** ›
colorier ‹ **7** ›
coloriser ‹ **1** ›
colporter ‹ **1** ›
coltiner ‹ **1** ›
combattre ‹ **41** ›
combiner ‹ **1** ›
combler ‹ **1** ›
comburer ‹ **1** ›
commander ‹ **1** ›
commanditer ‹ **1** ›
commémorer ‹ **1** ›
commencer ‹ **3** ›
commenter ‹ **1** ›
commercer ‹ **3** ›
commercialiser ‹ **1** ›
commérer ‹ **6** ›
commettre ‹ **56** ›
comminer ‹ **1** ›
commissionner ‹ **1** ›
commotionner ‹ **1** ›
commuer ‹ **1** ›
communaliser ‹ **1** ›
communautariser ‹ **1** ›
communier ‹ **7** ›
communiquer ‹ **1** ›
commuter ‹ **1** ›
compacter ‹ **1** ›
comparaître
ou comparaitre* ‹ **57** ›
comparer ‹ **1** ›
comparoir ‹ **déf.** seult à l'infinitif et au p. présent *comparant* ›
compartimenter ‹ **1** ›
compasser ‹ **1** ›
compatir ‹ **2** ›
compénétrer ‹ **6** ›
compenser ‹ **1** ›
compiler ‹ **1** ›
compisser ‹ **1** ›
complaindre ‹ **52** ›
complaire ‹ **54** ›
complanter ‹ **1** ›
complémenter ‹ **1** ›
compléter ‹ **6** ›
complexer ‹ **1** ›
complexifier ‹ **7** ›
complimenter ‹ **1** ›
compliquer ‹ **1** ›
comploter ‹ **1** ›
comporter ‹ **1** ›
composer ‹ **1** ›
composter ‹ **1** ›
compoter ‹ **1** ›
comprendre ‹ **58** ›
compresser ‹ **1** ›
comprimer ‹ **1** ›
compromettre ‹ **56** ›
comptabiliser ‹ **1** ›
compter ‹ **1** ›
compulser ‹ **1** ›
computer ‹ **1** ›
concasser ‹ **1** ›
concaténer ‹ **6** ›
concéder ‹ **6** ›
concélébrer ‹ **6** ›
concentrer ‹ **1** ›
conceptualiser ‹ **1** ›
concerner ‹ **1** ›
concerter ‹ **1** ›
concevoir ‹ **28** ›
conchier ‹ **7** ›
concilier ‹ **7** ›
conclure ‹ **35** ›
concocter ‹ **1** ›
concorder ‹ **1** ›
concourir ‹ **11** ›
concréter ‹ **6** ›
concrétiser ‹ **1** ›
concubiner ‹ **1** ›
concurrencer ‹ **3** ›
condamner ‹ **1** ›
condenser ‹ **1** ›
condescendre ‹ **41** ›
condimenter ‹ **1** ›
conditionner ‹ **1** ›
conduire ‹ **38** ›
confabuler ‹ **1** ›
confectionner ‹ **1** ›
confédérer ‹ **6** ›
conférer ‹ **6** ›
confesser ‹ **1** ›
confier ‹ **7** ›
configurer ‹ **1** ›
confiner ‹ **1** ›
confire ‹ **37** ›
confirmer ‹ **1** ›
confisquer ‹ **1** ›
confluer ‹ **1** ›
confondre ‹ **41** ›
conformer ‹ **1** ›
conforter ‹ **1** ›
confronter ‹ **1** ›
congédier ‹ **7** ›
congeler ‹ **5** ›
congestionner ‹ **1** ›
conglomérer ‹ **6** ›
conglutiner ‹ **1** ›
congratuler ‹ **1** ›
congréer ‹ **1** ›
conjecturer ‹ **1** ›
conjoindre ‹ **49** ›

conjointer (se) ‹ **1** › **(aux.** être**)**
conjuguer ‹ **1** ›
conjurer ‹ **1** ›
connaître ou connaitre* ‹ **57** ›
connecter ‹ **1** ›
connoter ‹ **1** ›
conquérir ‹ **21** ›
consacrer ‹ **1** ›
conscientiser ‹ **1** ›
conseiller ‹ **1** ›
consentir ‹ **16** ›
conserver ‹ **1** ›
considérer ‹ **6** ›
consigner ‹ **1** ›
consister ‹ **1** ›
consoler ‹ **1** ›
consolider ‹ **1** ›
consommer ‹ **1** ›
consoner ‹ **1** ›
conspirer ‹ **1** ›
conspuer ‹ **1** ›
constater ‹ **1** ›
consteller ‹ **1** ›
consterner ‹ **1** ›
constiper ‹ **1** ›
constituer ‹ **1** ›
constitutionnaliser ‹ **1** ›
construire ‹ **38** ›
consulter ‹ **1** ›
consumer ‹ **1** ›
contacter ‹ **1** ›
contagionner ‹ **1** ›
containeriser ‹ **1** ›
contaminer ‹ **1** ›
contempler ‹ **1** ›
conteneuriser ‹ **1** ›
contenir ‹ **22** ›
contenter ‹ **1** ›
conter ‹ **1** ›
contester ‹ **1** ›
contextualiser ‹ **1** ›
contingenter ‹ **1** ›
continuer ‹ **1** ›
contorsionner (se) ‹ **1** › **(aux.** être**)**
contourner ‹ **1** ›
contracter ‹ **1** ›
contractualiser ‹ **1** ›
contracturer ‹ **1** ›
contraindre ‹ **52** ›
contrarier ‹ **7** ›
contraster ‹ **1** ›
contre-attaquer ou contrattaquer* ‹ **1** ›
contrebalancer ‹ **3** ›
contrebalancer (s'en) ‹ **3** › **(aux.** être**)**
contrebattre ‹ **41** ›
contrebraquer ‹ **1** ›
contrebuter ‹ **1** ›
contrecarrer ‹ **1** ›
contrecoller ‹ **1** ›
contredire ‹ **37** sauf *vous contredisez* ›
contrefaire ‹ **60** ›
contreficher (se) ‹ **1** › **(aux.** être**)**
contrefoutre (se) ‹ **déf.** se conjugue comme *foutre ;* inusité aux passés simple et antérieur de l'indicatif, aux passé et plus-que-parfait du subjonctif › **(aux.** être**)**
contre-indiquer ou contrindiquer* ‹ **1** ›
contremander ‹ **1** ›
contre-manifester ou contremanifester* ‹ **1** ›
contremarquer ‹ **1** ›
contre-passer ou contrepasser* ‹ **1** ›
contrer ‹ **1** ›
contresigner ‹ **1** ›
contre-tirer ou contretirer* ‹ **1** ›
contretyper ‹ **1** ›
contrevenir ‹ **22** ›
contribuer ‹ **1** ›
contrister ‹ **1** ›
contrôler ‹ **1** ›
controverser ‹ **1** ›
contusionner ‹ **1** ›
convaincre ‹ **42** ›
convenir ‹ **22** › **(aux.** avoir, être**)**
conventionner ‹ **1** ›
converger ‹ **3** ›
conversationner ‹ **1** ›
converser ‹ **1** ›
convertir ‹ **2** ›
convier ‹ **7** ›
convivialiser ‹ **1** ›
convoiter ‹ **1** ›
convoler ‹ **1** ›
convoquer ‹ **1** ›
convoyer ‹ **8** ›
convulser ‹ **1** ›
convulsionner ‹ **1** ›
coopérer ‹ **6** ›
coopter ‹ **1** ›
coordonner ‹ **1** ›
copartager ‹ **3** ›
copermuter ‹ **1** ›
copier ‹ **7** ›
copiloter ‹ **1** ›
copiner ‹ **1** ›
coposséder ‹ **6** ›
coprésider ‹ **1** ›
coproduire ‹ **38** ›
copuler ‹ **1** ›
coqueter ‹ **4** ›
coquiller ‹ **1** ›
cordeler ‹ **4** ›
corder ‹ **1** ›

cordonner ‹ **1** ›
coréaliser ‹ **1** ›
cornaquer ‹ **1** ›
cornemuser ‹ **1** ›
corner ‹ **1** ›
correctionnaliser ‹ **1** ›
corréler ‹ **6** ›
correspondre ‹ **41** ›
corriger ‹ **3** ›
corroborer ‹ **1** ›
corroder ‹ **1** ›
corrompre ‹ **41** ›
corroyer ‹ **8** ›
corser ‹ **1** ›
corseter ‹ **5** ›
cosigner ‹ **1** ›
cosmétiquer ‹ **1** ›
cosser ‹ **1** ›
costumer ‹ **1** ›
coter ‹ **1** ›
cotillonner ‹ **1** ›
cotir ‹ **2** ›
cotiser ‹ **1** ›
cotonner (se) ‹ **1** ›
(aux. être)
côtoyer ‹ **8** ›
couchailler ‹ **1** ›
coucher ‹ **1** ›
couder ‹ **1** ›
coudoyer ‹ **8** ›
coudre ‹ **48** ›
couillonner ‹ **1** ›
couiner ‹ **1** ›
couler ‹ **1** ›
coulisser ‹ **1** ›
coupailler ‹ **1** ›
couper ‹ **1** ›
couperoser ‹ **1** ›
coupler ‹ **1** ›
courailler ‹ **1** ›
courbaturer ‹ **1** ›
courber ‹ **1** ›
courcailler ‹ **1** ›
courir ‹ **11** ›
couronner ‹ **1** ›
courre ‹ **déf.** seult à l'infinitif présent ›
courroucer ‹ **3** ›
courser ‹ **1** ›
courtauder ‹ **1** ›
court-bouillonner ‹ **1** ›
court-circuiter ‹ **1** ›
courtiser ‹ **1** ›
cousiner ‹ **1** ›
couteler ‹ **4** ›
coûter
ou couter* ‹ **1** ›
couturer ‹ **1** ›
couver ‹ **1** ›
couvrir ‹ **18** ›
cracher ‹ **1** ›
crachiner ‹ **1** ›
crachoter ‹ **1** ›
crachouiller ‹ **1** ›
cracker ‹ **1** ›
crailler ‹ **1** ›
craindre ‹ **52** ›
cramer ‹ **1** ›
cramoisir ‹ **2** ›
cramponner ‹ **1** ›
crâner ‹ **1** ›
crânoter ‹ **1** ›
cranter ‹ **1** ›
crapahuter ‹ **1** ›
crapoter ‹ **1** ›
crapuler ‹ **1** ›
craqueler ‹ **4** ›
craquer ‹ **1** ›
craqueter ‹ **4** ›
crasher (se) ‹ **1** ›
(aux. être)
crasser ‹ **1** ›
cravacher ‹ **1** ›
cravater ‹ **1** ›
crawler ‹ **1** ›
crayonner ‹ **1** ›
crécher ‹ **6** ›
crédibiliser ‹ **1** ›
créditer ‹ **1** ›
créer ‹ **1** ›
crémer ‹ **6** ›
créneler
ou crèneler* ‹ **4** ›
créner ‹ **6** ›
créoliser ‹ **1** ›
créosoter ‹ **1** ›
crêpeler (se) ‹ **5** ›
(aux. être)
crêper ‹ **1** ›
crépir ‹ **2** ›
crépiter ‹ **1** ›
crételer ‹ **4** ›
crêter ‹ **1** ›
crétiniser ‹ **1** ›
creuser ‹ **1** ›
crevasser ‹ **1** ›
crever ‹ **5** ›
criailler ‹ **1** ›
cribler ‹ **1** ›
crier ‹ **7** ›
criminaliser ‹ **1** ›
criquer ‹ **1** ›
criser ‹ **1** ›
crisper ‹ **1** ›
crisser ‹ **1** ›
cristalliser ‹ **1** ›
criticailler ‹ **1** ›
critiquer ‹ **1** ›
croasser ‹ **1** ›
crocher ‹ **1** ›
crocheter ‹ **5** ›
croire ‹ **44** ›
croiser ‹ **1** ›
croître
ou croitre* ‹ **55 p. p.** *crû, crue, crus, crues* ›
croller ‹ **1** ›
cronir ‹ **2** ›
croquer ‹ **1** ›

crosser ‹ **1** ›
crotter ‹ **1** ›
crouler ‹ **1** ›
croupir ‹ **2** ›
croustiller ‹ **1** ›
croûter
ou crouter* ‹ **1** ›
croûtonner
ou croutonner* ‹ **1** ›
crucifier ‹ **7** ›
cryogéniser ‹ **1** ›
cryoniser ‹ **1** ›
crypter ‹ **1** ›
cryptographier ‹ **7** ›
cuber ‹ **1** ›
cueillir ‹ **12** ›
cuirasser ‹ **1** ›
cuire ‹ **38** ›
cuisiner ‹ **1** ›
cuiter (se) ‹ **1** ›
(aux. être**)**
cuivrer ‹ **1** ›
culasser ‹ **1** ›
culbuter ‹ **1** ›
culer ‹ **1** ›
culminer ‹ **1** ›
culotter ‹ **1** ›
culpabiliser ‹ **1** ›
cultiver ‹ **1** ›
culturaliser ‹ **1** ›
cumuler ‹ **1** ›
curariser ‹ **1** ›
curer ‹ **1** ›
cureter ‹ **4** ›
customiser ‹ **1** ›
cuveler ‹ **4** ›
cuver ‹ **1** ›
cyanoser ‹ **1** ›
cyanurer ‹ **1** ›
cybernétiser ‹ **1** ›
cycliser ‹ **1** ›
cylindrer ‹ **1** ›
dactylographier ‹ **7** ›

daguer ‹ **1** ›
daguerréotyper ‹ **1** ›
daigner ‹ **1** ›
daller ‹ **1** ›
damasquiner ‹ **1** ›
damasser ‹ **1** ›
damer ‹ **1** ›
damner ‹ **1** ›
dandiner ‹ **1** ›
dandyfier ‹ **7** ›
danser ‹ **1** ›
dansoter ‹ **1** ›
darder ‹ **1** ›
dater ‹ **1** ›
dauber ‹ **1** ›
dealer ‹ **1** ›
déambuler ‹ **1** ›
débâcher ‹ **1** ›
débâcler ‹ **1** ›
débagouler ‹ **1** ›
débaguer ‹ **1** ›
débâillonner ‹ **1** ›
déballaster ‹ **1** ›
déballer ‹ **1** ›
déballonner (se) ‹ **1** ›
(aux. être**)**
débalourder ‹ **1** ›
débanaliser ‹ **1** ›
débander ‹ **1** ›
débanquer ‹ **1** ›
débaptiser ‹ **1** ›
débarbouiller ‹ **1** ›
débarder ‹ **1** ›
débarouler ‹ **1** ›
débarquer ‹ **1** ›
débarrasser ‹ **1** ›
débarrer ‹ **1** ›
débarricader ‹ **1** ›
débâter ‹ **1** ›
débâtir ‹ **2** ›
débattre ‹ **41** ›
débaucher ‹ **1** ›
débecter ‹ **1** ›

débenzoler ‹ **1** ›
débéqueter ‹ **4** ›
débéquiller ‹ **1** ›
débiffer ‹ **1** ›
débiliter ‹ **1** ›
débillarder ‹ **1** ›
débiner ‹ **1** ›
débiper ‹ **1** ›
débiter ‹ **1** ›
déblatérer ‹ **6** ›
déblayer ‹ **8** ›
débloquer ‹ **1** ›
débobiner ‹ **1** ›
déboguer ‹ **1** ›
déboiser ‹ **1** ›
déboîter
ou déboiter* ‹ **1** ›
débonder ‹ **1** ›
débondonner ‹ **1** ›
déborder ‹ **1** ›
débosseler ‹ **4** ›
débotteler ‹ **4** ›
débotter ‹ **1** ›
déboucher ‹ **1** ›
déboucler ‹ **1** ›
débouillir ‹ **15** ›
débouler ‹ **1** ›
déboulonner ‹ **1** ›
débouquer ‹ **1** ›
débourber ‹ **1** ›
débourrer ‹ **1** ›
débourser ‹ **1** ›
déboussoler ‹ **1** ›
débouter ‹ **1** ›
déboutonner ‹ **1** ›
débraguetter ‹ **1** ›
débrailler (se) ‹ **1** ›
(aux. être**)**
débrancher ‹ **1** ›
débrayer ‹ **8** ›
débrider ‹ **1** ›
débriefer ‹ **1** ›
débringuer ‹ **1** ›

débringuer (se) ‹ **1** › **(aux.** être**)**
débrocher ‹ **1** ›
débronzer ‹ **1** ›
débrouiller ‹ **1** ›
débroussailler ‹ **1** ›
débrousser ‹ **1** ›
débrutir ‹ **2** ›
débucher ‹ **1** ›
débudgétiser ‹ **1** ›
débureaucratiser ‹ **1** ›
débusquer ‹ **1** ›
débuter ‹ **1** ›
décabosser ‹ **1** ›
décacheter ‹ **4** ›
décadenasser ‹ **1** ›
décadrer ‹ **1** ›
décaféiner ‹ **1** ›
décaisser ‹ **1** ›
décalaminer ‹ **1** ›
décalcifier ‹ **7** ›
décaler ‹ **1** ›
décalotter ‹ **1** ›
décalquer ‹ **1** ›
décamper ‹ **1** ›
décaniller ‹ **1** ›
décanter ‹ **1** ›
décantonner ‹ **1** ›
décapeler ‹ **4** ›
décaper ‹ **1** ›
décapitaliser ‹ **1** ›
décapiter ‹ **1** ›
décapoter ‹ **1** ›
décapsider (se) ‹ **1** › **(aux.** être**)**
décapsuler ‹ **1** ›
décapuchonner ‹ **1** ›
décarbonater ‹ **1** ›
décarboniser ‹ **1** ›
décarboxyler ‹ **1** ›
décarburer ‹ **1** ›
décarcasser (se) ‹ **1** › **(aux.** être**)**
décarreler ‹ **4** ›
décarrer ‹ **1** ›
décartonner ‹ **1** ›
décaser ‹ **1** ›
décatir ‹ **2** ›
décauser ‹ **1** ›
décavaillonner ‹ **1** ›
décaver ‹ **1** ›
décéder ‹ **6** ›
déceindre ‹ **52** ›
déceler ‹ **5** ›
décélérer ‹ **6** ›
décentraliser ‹ **1** ›
décentrer ‹ **1** ›
décercler ‹ **1** ›
décérébrer ‹ **6** ›
décerner ‹ **1** ›
décerveler ‹ **4** ›
décesser ‹ **1** ›
décevoir ‹ **28** ›
déchaîner ou **déchainer*** ‹ **1** ›
déchaler ‹ **1** ›
déchanter ‹ **1** ›
déchaperonner ‹ **1** ›
décharger ‹ **3** ›
décharner ‹ **1** ›
déchauler ‹ **1** ›
déchaumer ‹ **1** ›
déchausser ‹ **1** ›
déchevêtrer ‹ **1** ›
décheviller ‹ **1** ›
déchiffonner ‹ **1** ›
déchiffrer ‹ **1** ›
déchiqueter ‹ **4** ›
déchirer ‹ **1** ›
déchlorurer ‹ **1** ›
déchoir ‹ **déf. 25** futur *je déchoirai* ou vx *je décherrai* ; pas d'impératif ni de p. présent › **(aux.** avoir, être**)**
déchristianiser ‹ **1** ›
décider ‹ **1** ›
déciller ‹ **1** ›
décimaliser ‹ **1** ›
décimer ‹ **1** ›
décintrer ‹ **1** ›
déciviliser ‹ **1** ›
déclamer ‹ **1** ›
déclancher ‹ **1** ›
déclarer ‹ **1** ›
déclasser ‹ **1** ›
déclassifier ‹ **7** ›
déclaveter ‹ **4** ›
déclencher ‹ **1** ›
décléricaliser ‹ **1** ›
déclimater ‹ **1** ›
décliner ‹ **1** ›
décliquer ‹ **1** ›
décliqueter ‹ **4** ›
décloisonner ‹ **1** ›
décloîtrer ou **décloitrer*** ‹ **1** ›
déclore ‹ **45** ›
déclouer ‹ **1** ›
décocher ‹ **1** ›
décoder ‹ **1** ›
décoffrer ‹ **1** ›
décoiffer ‹ **1** ›
décoincer ‹ **3** ›
décolérer ‹ **6** ›
décoller ‹ **1** ›
décolleter ‹ **4** ›
décoloniser ‹ **1** ›
décolorer ‹ **1** ›
décombrer ‹ **1** ›
décommander ‹ **1** ›
décommettre ‹ **56** ›
décommuniser ‹ **1** ›
décompacter ‹ **1** ›
décompenser ‹ **1** ›
décompiler ‹ **1** ›
décompléter ‹ **6** ›
décomplexer ‹ **1** ›
décomposer ‹ **1** ›

décompresser ‹ **1** ›
décomprimer ‹ **1** ›
décompter ‹ **1** ›
déconcentrer ‹ **1** ›
déconcerter ‹ **1** ›
déconditionner ‹ **1** ›
déconfire ‹ **37** ›
décongeler ‹ **5** ›
décongestionner ‹ **1** ›
déconnecter ‹ **1** ›
déconner ‹ **1** ›
déconseiller ‹ **1** ›
déconsidérer ‹ **6** ›
déconsigner ‹ **1** ›
déconsolider ‹ **1** ›
déconstitutionnaliser ‹ **1** ›
déconstruire ‹ **38** ›
décontaminer ‹ **1** ›
décontenancer ‹ **3** ›
décontracter ‹ **1** ›
déconventionner ‹ **1** ›
décoquiller ‹ **1** ›
décorder ‹ **1** ›
décorer ‹ **1** ›
décorner ‹ **1** ›
décorréler ‹ **6** ›
décortiquer ‹ **1** ›
décoter ‹ **1** ›
découcher ‹ **1** ›
découdre ‹ **48** ›
découler ‹ **1** ›
découper ‹ **1** ›
découpler ‹ **1** ›
décourager ‹ **3** ›
découronner ‹ **1** ›
découvrir ‹ **18** ›
décramponner ‹ **1** ›
décrapouiller (se) ‹ **1** › (**aux.** être)
décrasser ‹ **1** ›
décrédibiliser ‹ **1** ›
décréditer ‹ **1** ›
décréoliser ‹ **1** ›
décrêpeler ‹ **5** ›
décrêper ‹ **1** ›
décrépir ‹ **2** ›
décréter ‹ **6** ›
décreuser ‹ **1** ›
décrier ‹ **7** ›
décriminaliser ‹ **1** ›
décrire ‹ **39** ›
décrisper ‹ **1** ›
décristalliser (se) ‹ **1** › (**aux.** être)
décrocher ‹ **1** ›
décroiser ‹ **1** ›
décroître ou décroitre* ‹ **55** **p. p.** *décru, décrue, décrus, décrues* ›
décrotter ‹ **1** ›
décroûter ou décrouter* ‹ **1** ›
décruer ‹ **1** ›
décrypter ‹ **1** ›
décuirasser ‹ **1** ›
décuire ‹ **38** ›
décuiter ‹ **1** ›
décuivrer ‹ **1** ›
déculasser ‹ **1** ›
déculotter ‹ **1** ›
déculpabiliser ‹ **1** ›
décupler ‹ **1** ›
décuver ‹ **1** ›
dédaigner ‹ **1** ›
dédicacer ‹ **3** ›
dédier ‹ **7** ›
dédifférencier (se) ‹ **7** › (**aux.** être)
dédire ‹ **37** sauf *vous dédisez* ›
dédiviniser ‹ **1** ›
dédommager ‹ **3** ›
dédorer ‹ **1** ›
dédouaner ‹ **1** ›
dédoubler ‹ **1** ›
dédoublonner ‹ **1** ›
dédramatiser ‹ **1** ›
déduire ‹ **38** ›
défâcher (se) ‹ **1** › (**aux.** être)
défaçonner ‹ **1** ›
défaillir ‹ **13** futur *je défaillirai* ou vx *je défaudrai* ›
défaire ‹ **60** ›
défalquer ‹ **1** ›
défarder ‹ **1** ›
défarguer (se) ‹ **1** › (**aux.** être)
défatiguer ‹ **1** ›
défaufiler ‹ **1** ›
défausser ‹ **1** ›
défausser (se) ‹ **1** › (**aux.** être)
défavoriser ‹ **1** ›
déféminiser ‹ **1** ›
défendre ‹ **41** ›
défenestrer ‹ **1** ›
déféquer ‹ **6** ›
déférer ‹ **6** ›
déferler ‹ **1** ›
déferrer ‹ **1** ›
défeuiller ‹ **1** ›
défeutrer ‹ **1** ›
défibrer ‹ **1** ›
défibriller ‹ **1** ›
défibriner ‹ **1** ›
déficeler ‹ **4** ›
défier ‹ **7** ›
défier (se) ‹ **7** › (**aux.** être)
défiger ‹ **3** ›
défigurer ‹ **1** ›
défiler ‹ **1** ›
défilocher ‹ **1** ›
définir ‹ **2** ›
défiscaliser ‹ **1** ›

déflagrer ‹ 1 ›
défléchir ‹ 2 ›
défleurir ‹ 2 ›
défloquer ‹ 1 ›
déflorer ‹ 1 ›
défluer ‹ 1 ›
défocaliser ‹ 1 ›
défolier ‹ 7 ›
défoncer ‹ 3 ›
déforcer ‹ 3 ›
déforester ‹ 1 ›
déformer ‹ 1 ›
défouler ‹ 1 ›
défourailler ‹ 1 ›
défourner ‹ 1 ›
défourrer ‹ 1 ›
défragmenter ‹ 1 ›
défraîchir
ou défraichir* ‹ 2 ›
défranchir ‹ 2 ›
défrayer ‹ 8 ›
défricher ‹ 1 ›
défringuer ‹ 1 ›
défriper ‹ 1 ›
défriser ‹ 1 ›
défroisser ‹ 1 ›
défroncer ‹ 3 ›
défroquer ‹ 1 ›
défruiter ‹ 1 ›
défubler ‹ 1 ›
dégager ‹ 3 ›
dégainer ‹ 1 ›
dégalonner ‹ 1 ›
déganter ‹ 1 ›
dégarnir ‹ 2 ›
dégarouler ‹ 1 ›
dégauchir ‹ 2 ›
dégazer ‹ 1 ›
dégazoliner ‹ 1 ›
dégazonner ‹ 1 ›
dégeler ‹ 5 ›
dégêner ‹ 1 ›
dégénérer ‹ 6 ›
dégermer ‹ 1 ›
dégingander (se) ‹ 1 ›
(aux. être)
dégîter
ou dégiter* ‹ 1 ›
dégivrer ‹ 1 ›
déglacer ‹ 3 ›
déglinguer ‹ 1 ›
dégluer ‹ 1 ›
déglutir ‹ 2 ›
dégobiller ‹ 1 ›
dégoiser ‹ 1 ›
dégommer ‹ 1 ›
dégonder ‹ 1 ›
dégonfler ‹ 1 ›
dégorger ‹ 3 ›
dégoter ‹ 1 ›
dégoudronner ‹ 1 ›
dégouliner ‹ 1 ›
dégoupiller ‹ 1 ›
dégourdir ‹ 2 ›
dégoûter
ou dégouter* ‹ 1 ›
dégoutter ‹ 1 ›
dégrader ‹ 1 ›
dégrafer ‹ 1 ›
dégrainer ‹ 1 ›
dégraisser ‹ 1 ›
dégraveler ‹ 4 ›
dégravoyer ‹ 8 ›
dégréer ‹ 1 ›
dégrever ‹ 5 ›
dégriffer ‹ 1 ›
dégringoler ‹ 1 ›
dégripper ‹ 1 ›
dégriser ‹ 1 ›
dégrosser ‹ 1 ›
dégrossir ‹ 2 ›
dégrouiller (se) ‹ 1 ›
(aux. être)
dégrouper ‹ 1 ›
déguerpir ‹ 2 ›
dégueulasser ‹ 1 ›
dégueuler ‹ 1 ›
déguiser ‹ 1 ›
dégurgiter ‹ 1 ›
déguster ‹ 1 ›
déhaler ‹ 1 ›
déhâler ‹ 1 ›
déhancher (se) ‹ 1 ›
(aux. être)
déharnacher ‹ 1 ›
déhotter ‹ 1 ›
déhouiller ‹ 1 ›
déifier ‹ 7 ›
déjanter ‹ 1 ›
déjauger ‹ 3 ›
déjaunir ‹ 2 ›
déjeter ‹ 4 ›
déjeuner ‹ 1 ›
déjoindre ‹ 49 ›
déjouer ‹ 1 ›
déjucher ‹ 1 ›
déjudaïser ‹ 1 ›
déjuger (se) ‹ 3 ›
(aux. être)
délabialiser ‹ 1 ›
délabrer ‹ 1 ›
délabyrinther ‹ 1 ›
délacer ‹ 3 ›
délainer ‹ 1 ›
délaisser ‹ 1 ›
délaiter ‹ 1 ›
délarder ‹ 1 ›
délasser ‹ 1 ›
délatter ‹ 1 ›
délaver ‹ 1 ›
délayer ‹ 8 ›
déléaturer ‹ 1 ›
délecter ‹ 1 ›
délégitimer ‹ 1 ›
déléguer ‹ 6 ›
délester ‹ 1 ›
délibérer ‹ 6 ›
délicoter ‹ 1 ›
délier ‹ 7 ›

délignifier ‹ **7** ›
déligoter ‹ **1** ›
délimiter ‹ **1** ›
délinéamenter ‹ **1** ›
délinéer ‹ **1** ›
délirer ‹ **1** ›
délisser ‹ **1** ›
déliter ‹ **1** ›
délivrer ‹ **1** ›
délocaliser ‹ **1** ›
déloger ‹ **3** ›
déloguer (se) ‹ **1** ›
(**aux.** être)
déloquer ‹ **1** ›
délover ‹ **1** ›
délurer ‹ **1** ›
délustrer ‹ **1** ›
déluter ‹ **1** ›
démacler ‹ **1** ›
démagnétiser ‹ **1** ›
démaigrir ‹ **2** ›
démailler ‹ **1** ›
démailloter ‹ **1** ›
démancher ‹ **1** ›
demander ‹ **1** ›
démanger ‹ **3** ›
démanteler ‹ **5** ›
démantibuler ‹ **1** ›
démaquiller ‹ **1** ›
démarcher ‹ **1** ›
démarier ‹ **7** ›
démarquer ‹ **1** ›
démarrer ‹ **1** ›
démascler ‹ **1** ›
démasculiniser ‹ **1** ›
démasquer ‹ **1** ›
démastiquer ‹ **1** ›
démâter ‹ **1** ›
dématérialiser ‹ **1** ›
démazouter ‹ **1** ›
démédicaliser ‹ **1** ›
démêler ‹ **1** ›
démembrer ‹ **1** ›
déménager ‹ **3** ›
démener (se) ‹ **5** ›
(**aux.** être)
démentir ‹ **16** ›
démerder (se) ‹ **1** ›
(**aux.** être)
démériter ‹ **1** ›
déméthaniser ‹ **1** ›
démettre ‹ **56** ›
démeubler ‹ **1** ›
demeurer ‹ **1** ›
(**aux.** avoir, être)
démieller ‹ **1** ›
démilitariser ‹ **1** ›
déminer ‹ **1** ›
déminéraliser ‹ **1** ›
démissionner ‹ **1** ›
démobiliser ‹ **1** ›
démocratiser ‹ **1** ›
démoder ‹ **1** ›
démoduler ‹ **1** ›
démolir ‹ **2** ›
démonétiser ‹ **1** ›
démoniser ‹ **1** ›
démonter ‹ **1** ›
démontrer ‹ **1** ›
démoraliser ‹ **1** ›
démordre ‹ **41** ›
démotiver ‹ **1** ›
démoucheter ‹ **4** ›
démouler ‹ **1** ›
démoustiquer ‹ **1** ›
démultiplier ‹ **7** ›
démunir ‹ **2** ›
démurer ‹ **1** ›
démuseler ‹ **4** ›
démutiser ‹ **1** ›
démyéliniser ‹ **1** ›
démystifier ‹ **7** ›
démythifier ‹ **7** ›
dénantir ‹ **2** ›
dénasaliser ‹ **1** ›
dénationaliser ‹ **1** ›
dénatter ‹ **1** ›
dénaturaliser ‹ **1** ›
dénaturer ‹ **1** ›
dénazifier ‹ **7** ›
dénébuler ‹ **1** ›
dénébuliser ‹ **1** ›
déneiger ‹ **3** ›
dénerver ‹ **1** ›
déniaiser ‹ **1** ›
dénicher ‹ **1** ›
dénickeler ‹ **4** ›
dénicotiniser ‹ **1** ›
dénier ‹ **7** ›
dénigrer ‹ **1** ›
dénitrater ‹ **1** ›
dénitrifier ‹ **7** ›
déniveler ‹ **4** ›
dénoircir ‹ **2** ›
dénombrer ‹ **1** ›
dénommer ‹ **1** ›
dénoncer ‹ **3** ›
dénoter ‹ **1** ›
dénouer ‹ **1** ›
dénoyauter ‹ **1** ›
dénoyer ‹ **8** ›
densifier ‹ **7** ›
denteler ‹ **4** ›
dénucléariser ‹ **1** ›
dénuder ‹ **1** ›
dénuer (se) ‹ **1** ›
(**aux.** être)
dépailler ‹ **1** ›
dépalisser ‹ **1** ›
dépanneauter ‹ **1** ›
dépanner ‹ **1** ›
dépapilloter ‹ **1** ›
dépaqueter ‹ **4** ›
déparaffiner ‹ **1** ›
déparasiter ‹ **1** ›
dépareiller ‹ **1** ›
déparer ‹ **1** ›
déparier ‹ **7** ›
déparler ‹ **1** ›

déparquer ‹ **1** ›
départager ‹ **3** ›
départementaliser ‹ **1** ›
départiculariser ‹ **1** ›
1. **départir** ‹ **16** › **(aux.** avoir**)** (distribuer)
2. **départir** (se) ‹ **16** › **(aux.** être**)** (renoncer à)
dépasser ‹ **1** ›
dépassionner ‹ **1** ›
dépatouiller (se) ‹ **1** › **(aux.** être**)**
dépatrier ‹ **7** ›
dépaver ‹ **1** ›
dépayser ‹ **1** ›
dépecer ‹ **3** et **5** ›
dépêcher ‹ **1** ›
dépeigner ‹ **1** ›
dépeindre ‹ **52** ›
dépelotonner ‹ **1** ›
dépénaliser ‹ **1** ›
dépendre ‹ **41** ›
dépenser ‹ **1** ›
dépérir ‹ **2** ›
dépersonnaliser ‹ **1** ›
dépêtrer ‹ **1** ›
dépeupler ‹ **1** ›
déphaser ‹ **1** ›
déphosphorer ‹ **1** ›
dépiauter ‹ **1** ›
dépierrer ‹ **1** ›
dépigmenter (se) ‹ **1** › **(aux.** être**)**
dépiler ‹ **1** ›
dépiquer ‹ **1** ›
dépister ‹ **1** ›
dépiter ‹ **1** ›
dépitonner ‹ **1** ›
déplacer ‹ **3** ›
déplafonner ‹ **1** ›
déplaire ‹ **54** ›
déplanter ‹ **1** ›
déplâtrer ‹ **1** ›
déplier ‹ **7** ›
déplisser ‹ **1** ›
déplomber ‹ **1** ›
déplorer ‹ **1** ›
déployer ‹ **8** ›
déplumer ‹ **1** ›
dépocher ‹ **1** ›
dépoétiser ‹ **1** ›
dépointer ‹ **1** ›
dépoitrailler (se) ‹ **1** › **(aux.** être**)**
dépolariser ‹ **1** ›
dépolir ‹ **2** ›
dépolitiser ‹ **1** ›
dépolluer ‹ **1** ›
dépolymériser ‹ **1** ›
dépopulariser ‹ **1** ›
déporter ‹ **1** ›
déposer ‹ **1** ›
déposséder ‹ **6** ›
dépoter ‹ **1** ›
dépoudrer ‹ **1** ›
dépouiller ‹ **1** ›
dépourvoir ‹ **déf. 25** usité seult à l'infinitif et aux temps composés ›
dépoussiérer ‹ **6** ›
dépraver ‹ **1** ›
déprécier ‹ **7** ›
déprendre (se) ‹ **58** › **(aux.** être**)**
dépressuriser ‹ **1** ›
déprimer ‹ **1** ›
dépriser ‹ **1** ›
déprogrammer ‹ **1** ›
déprolétariser ‹ **1** ›
déprotéger ‹ **6** et **3** ›
dépsychiatriser ‹ **1** ›
dépuceler ‹ **4** ›
dépulper ‹ **1** ›
dépurer ‹ **1** ›
députer ‹ **1** ›
déqualifier ‹ **7** ›
déraciner ‹ **1** ›
dérader ‹ **1** ›
dérager ‹ **3** ›
déraidir ‹ **2** ›
dérailler ‹ **1** ›
déraisonner ‹ **1** ›
déramer ‹ **1** ›
déranger ‹ **3** ›
déraper ‹ **1** ›
déraser ‹ **1** ›
dérater ‹ **1** ›
dérationaliser ‹ **1** ›
dératiser ‹ **1** ›
dérayer ‹ **8** ›
déréaliser ‹ **1** ›
déréférencer ‹ **3** ›
déréglementer ou **dérèglementer*** ‹ **1** ›
dérégler ‹ **6** ›
dérelier ‹ **7** ›
dérembourser ‹ **1** ›
déresponsabiliser ‹ **1** ›
dérider ‹ **1** ›
dériver ‹ **1** ›
dériveter ‹ **4** ›
dérober ‹ **1** ›
dérocher ‹ **1** ›
déroder ‹ **1** ›
déroger ‹ **3** ›
déroquer ‹ **1** ›
dérougir ‹ **2** ›
dérouiller ‹ **1** ›
dérouler ‹ **1** ›
dérouter ‹ **1** ›
désabonner ‹ **1** ›
désabuser ‹ **1** ›
désaccentuer ‹ **1** ›
désacclimater ‹ **1** ›
désaccorder ‹ **1** ›
désaccoupler ‹ **1** ›
désaccoutumer ‹ **1** ›

désachalander ‹ **1** ›
désacidifier ‹ **7** ›
désaciérer ‹ **6** ›
désacraliser ‹ **1** ›
désactiver ‹ **1** ›
désadapter ‹ **1** ›
désaérer ‹ **6** ›
désaffecter ‹ **1** ›
désaffectionner (se) ‹ **1** › **(aux.** être**)**
désaffilier ‹ **7** ›
désaffleurer ‹ **1** ›
désaffubler ‹ **1** ›
désagrafer ‹ **1** ›
désagréer ‹ **1** ›
désagréger ‹ **3** et **6** ›
désaimanter ‹ **1** ›
désaisonnaliser ‹ **1** ›
désajuster ‹ **1** ›
désaliéner ‹ **6** ›
désaligner ‹ **1** ›
désaliniser ‹ **1** ›
désalper ‹ **1** ›
désaltérer ‹ **6** ›
désamarrer ‹ **1** ›
désambiguïser ou désambigüiser* ‹ **1** ›
désamianter ‹ **1** ›
désamidonner ‹ **1** ›
désaminer ‹ **1** ›
désamorcer ‹ **3** ›
désancrer ‹ **1** ›
désangler ‹ **1** ›
désangoisser ‹ **1** ›
désankyloser ‹ **1** ›
désannexer ‹ **1** ›
désannoncer ‹ **3** ›
désaper ‹ **1** ›
désapeurer ‹ **1** ›
désappareiller ‹ **1** ›
désapparier ‹ **7** ›
désappointer ‹ **1** ›
désapprendre ‹ **58** ›
désapproprier ‹ **7** ›
désapprouver ‹ **1** ›
désapprovisionner ‹ **1** ›
désarçonner ‹ **1** ›
désargenter ‹ **1** ›
désarmer ‹ **1** ›
désarrimer ‹ **1** ›
désarticuler ‹ **1** ›
désassembler ‹ **1** ›
désassimiler ‹ **1** ›
désassortir ‹ **2** ›
désatomiser ‹ **1** ›
désattrister ‹ **1** ›
désavantager ‹ **3** ›
désavouer ‹ **1** ›
désaxer ‹ **1** ›
desceller ‹ **1** ›
descendre ‹ **41** › **(aux.** avoir, être**)**
déscolariser ‹ **1** ›
déscotcher ‹ **1** ›
déséchouer ‹ **1** ›
désectoriser ‹ **1** ›
déséduquer ‹ **1** ›
déségrégationner ‹ **1** ›
désélectionner ‹ **1** ›
désélectriser ‹ **1** ›
désemballer ‹ **1** ›
désembobiner ‹ **1** ›
désembourber ‹ **1** ›
désembourgeoiser ‹ **1** ›
désembouteiller ‹ **1** ›
désembrouiller ‹ **1** ›
désembroussailler ‹ **1** ›
désembrunir (se) ‹ **2** › **(aux.** être**)**
désembuer ‹ **1** ›
désemmailloter ‹ **1** ›
désemmancher ‹ **1** ›
désempaler ‹ **1** ›
désemparer ‹ **1** ›
désempeser ‹ **5** ›
désempêtrer ‹ **1** ›
désempierrer ‹ **1** ›
désempiler ‹ **1** ›
désemplir ‹ **2** ›
désemprisonner ‹ **1** ›
désencadrer ‹ **1** ›
désencanailler ‹ **1** ›
désencarter ‹ **1** ›
désenchaîner ou désenchainer* ‹ **1** ›
désenchanter ‹ **1** ›
désenclaver ‹ **1** ›
désenclouer ‹ **1** ›
désencombrer ‹ **1** ›
désencrasser ‹ **1** ›
désencroûter ou désencrouter* ‹ **1** ›
désendetter (se) ‹ **1** › **(aux.** être**)**
désénerver ‹ **1** ›
désenfiler ‹ **1** ›
désenflammer ‹ **1** ›
désenfler ‹ **1** ›
désenfourner ‹ **1** ›
désenfumer ‹ **1** ›
désengager ‹ **3** ›
désengluer ‹ **1** ›
désengorger ‹ **3** ›
désengouer (se) ‹ **1** › **(aux.** être**)**
désengourdir ‹ **2** ›
désengrener ‹ **5** ›
désenivrer ‹ **1** ›
désenlacer ‹ **3** ›
désenlaidir ‹ **2** ›
désenneiger ‹ **3** ›
désennuyer ‹ **8** ›
désenrayer ‹ **8** ›
désenrouer ‹ **1** ›

désensabler ‹ **1** ›
désensevelir ‹ **2** ›
désensibiliser ‹ **1** ›
désensorceler ‹ **4** ›
désentoiler ‹ **1** ›
désentortiller ‹ **1** ›
désentraver ‹ **1** ›
désentrelacer ‹ **3** ›
désenvaser ‹ **1** ›
désenvelopper ‹ **1** ›
désenvenimer ‹ **1** ›
désenverguer ‹ **1** ›
désenvoûter
ou désenvouter* ‹ **1** ›
désépaissir ‹ **2** ›
désépargner ‹ **1** ›
désépingler ‹ **1** ›
déséquilibrer ‹ **1** ›
déséquiper ‹ **1** ›
déserter ‹ **1** ›
désertifier (se) ‹ **7** ›
(aux. être**)**
désespérer ‹ **6** ›
désétatiser ‹ **1** ›
désexciter ‹ **1** ›
désexualiser ‹ **1** ›
déshabiller ‹ **1** ›
déshabituer ‹ **1** ›
désherber ‹ **1** ›
déshériter ‹ **1** ›
déshonorer ‹ **1** ›
déshuiler ‹ **1** ›
déshumaniser ‹ **1** ›
déshumidifier ‹ **7** ›
déshydrater ‹ **1** ›
déshydrogéner ‹ **6** ›
déshypothéquer ‹ **6** ›
désigner ‹ **1** ›
désillusionner ‹ **1** ›
désincarcérer ‹ **6** ›
désincarner ‹ **1** ›
désincruster ‹ **1** ›
désindexer ‹ **1** ›

désindividualiser ‹ **1** ›
désindustrialiser ‹ **1** ›
désinfecter ‹ **1** ›
désinformer ‹ **1** ›
désinhiber ‹ **1** ›
désinscrire (se) ‹ **39** ›
(aux. être**)**
désinsectiser ‹ **1** ›
désinsérer ‹ **6** ›
désinstaller ‹ **1** ›
désintégrer ‹ **6** ›
désintellectualiser ‹ **1** ›
désintéresser ‹ **1** ›
désintoxiquer ‹ **1** ›
désinvestir ‹ **2** ›
désinviter ‹ **1** ›
désirer ‹ **1** ›
désister (se) ‹ **1** ›
(aux. être**)**
désobéir ‹ **2** ›
désobliger ‹ **3** ›
désobstruer ‹ **1** ›
désoccuper ‹ **1** ›
désocialiser ‹ **1** ›
désodoriser ‹ **1** ›
désoler ‹ **1** ›
désolidariser ‹ **1** ›
désoperculer ‹ **1** ›
désopiler ‹ **1** ›
désorbiter ‹ **1** ›
désorganiser ‹ **1** ›
désorienter ‹ **1** ›
désosser ‹ **1** ›
désoxygéner ‹ **6** ›
desquamer ‹ **1** ›
dessabler ‹ **1** ›
dessaisir ‹ **2** ›
dessaisonaliser ‹ **1** ›
dessaisonner ‹ **1** ›
dessaler ‹ **1** ›
dessangler ‹ **1** ›
dessaouler ‹ **1** ›
dessaper ‹ **1** ›

dessécher ‹ **6** ›
desseller ‹ **1** ›
desserrer ‹ **1** ›
dessertir ‹ **2** ›
desservir ‹ **14** ›
dessiller ‹ **1** ›
dessiner ‹ **1** ›
dessoler ‹ **1** ›
dessoucher ‹ **1** ›
dessouder ‹ **1** ›
dessoûler
ou dessouler* ‹ **1** ›
dessuinter ‹ **1** ›
déstabiliser ‹ **1** ›
déstaliniser ‹ **1** ›
destiner ‹ **1** ›
destituer ‹ **1** ›
déstocker ‹ **1** ›
déstresser ‹ **1** ›
déstructurer ‹ **1** ›
désubjectiviser ‹ **1** ›
désulfiter ‹ **1** ›
désulfurer ‹ **1** ›
désunir ‹ **2** ›
désurbaniser ‹ **1** ›
désynchroniser ‹ **1** ›
désyndicaliser ‹ **1** ›
détacher ‹ **1** ›
détailler ‹ **1** ›
détaler ‹ **1** ›
détartrer ‹ **1** ›
détaxer ‹ **1** ›
détecter ‹ **1** ›
déteindre ‹ **52** ›
dételer ‹ **4** ›
détendre ‹ **41** ›
détenir ‹ **22** ›
déterger ‹ **3** ›
détériorer ‹ **1** ›
déterminer ‹ **1** ›
déterrer ‹ **1** ›
détester ‹ **1** ›
détimbrer ‹ **1** ›

détirer ‹ **1** ›
détisser ‹ **1** ›
détoner ‹ **1** ›
détonner ‹ **1** ›
détordre ‹ **41** ›
détortiller ‹ **1** ›
détourer ‹ **1** ›
détourner ‹ **1** ›
détoxifier ‹ **7** ›
détoxiner ‹ **1** ›
détoxiquer ‹ **1** ›
détracter ‹ **1** ›
détraquer ‹ **1** ›
détremper ‹ **1** ›
détresser ‹ **1** ›
détribaliser ‹ **1** ›
détricoter ‹ **1** ›
détromper ‹ **1** ›
détroncher (se) ‹ **1** › **(aux.** être**)**
détrôner ‹ **1** ›
détroquer ‹ **1** ›
détrousser ‹ **1** ›
détruire ‹ **38** ›
dévaler ‹ **1** ›
dévaliser ‹ **1** ›
dévaloriser ‹ **1** ›
dévaluer ‹ **1** ›
devancer ‹ **3** ›
dévaser ‹ **1** ›
dévaster ‹ **1** ›
développer ‹ **1** ›
devenir ‹ **22** › **(aux.** être**)**
déventer ‹ **1** ›
déverglacer ‹ **3** ›
dévergonder (se) ‹ **1** › **(aux.** être**)**
déverguer ‹ **1** ›
dévernir ‹ **2** ›
déverrouiller ‹ **1** ›
déverser ‹ **1** ›
dévêtir ‹ **20** ›
dévider ‹ **1** ›
dévier ‹ **7** ›
deviner ‹ **1** ›
dévirer ‹ **1** ›
dévirginiser ‹ **1** ›
déviriliser ‹ **1** ›
déviroler ‹ **1** ›
dévisager ‹ **3** ›
deviser ‹ **1** ›
dévisser ‹ **1** ›
dévitaliser ‹ **1** ›
dévitaminiser ‹ **1** ›
dévitrifier ‹ **7** ›
dévoiler ‹ **1** ›
devoir ‹ **28** au **p. p.** *dû, due, dus, dues* ›
dévolter ‹ **1** ›
dévorer ‹ **1** ›
dévouer ‹ **1** ›
dévoyer ‹ **8** ›
dévriller ‹ **1** ›
dézinguer ‹ **1** ›
dézipper ‹ **1** ›
dézoner ‹ **1** ›
diaboliser ‹ **1** ›
diagnostiquer ‹ **1** ›
dialectiser ‹ **1** ›
dialoguer ‹ **1** ›
dialyser ‹ **1** ›
diamanter ‹ **1** ›
diaphanéiser ‹ **1** ›
diaphragmer ‹ **1** ›
diaprer ‹ **1** ›
dichotomiser ‹ **1** ›
dicter ‹ **1** ›
diéseliser ‹ **1** ›
diéser ‹ **6** ›
diffamer ‹ **1** ›
différencier ‹ **7** ›
différentier ‹ **7** ›
différer ‹ **6** ›
difformer ‹ **1** ›
diffracter ‹ **1** ›
diffuser ‹ **1** ›
digérer ‹ **6** ›
digitaliser ‹ **1** ›
digresser ‹ **1** ›
diguer ‹ **1** ›
dilacérer ‹ **6** ›
dilapider ‹ **1** ›
dilater ‹ **1** ›
diligenter ‹ **1** ›
diluer ‹ **1** ›
dimensionner ‹ **1** ›
diminuer ‹ **1** ›
dindonner ‹ **1** ›
dîner ou diner* ‹ **1** ›
dinguer ‹ **1** ›
diphtonguer ‹ **1** ›
diplômer ‹ **1** ›
dire ‹ **37** ›
diriger ‹ **3** ›
discerner ‹ **1** ›
discipliner ‹ **1** ›
discontinuer ‹ **1** ›
disconvenir ‹ **22** › **(aux.** être**)**
discorder ‹ **1** ›
discounter ‹ **1** ›
discourir ‹ **11** ›
discréditer ‹ **1** ›
discrétiser ‹ **1** ›
discriminer ‹ **1** ›
disculper ‹ **1** ›
discutailler ‹ **1** ›
discuter ‹ **1** ›
disgracier ‹ **7** ›
disjoindre ‹ **49** ›
disjoncter ‹ **1** ›
disloquer ‹ **1** ›
disparaître ou disparaitre* ‹ **57** › **(aux.** avoir, être**)**
dispatcher ‹ **1** ›
dispenser ‹ **1** ›

disperser ‹ **1** ›
disposer ‹ **1** ›
disputailler ‹ **1** ›
disputer ‹ **1** ›
disqualifier ‹ **7** ›
disséminer ‹ **1** ›
disséquer ‹ **6** ›
disserter ‹ **1** ›
dissimuler ‹ **1** ›
dissiper ‹ **1** ›
dissocier ‹ **7** ›
dissoner ‹ **1** ›
dissoudre ‹ **51 p. p.** *dissous, dissoute* ou *dissout*, dissoute* ›
dissuader ‹ **1** ›
distancer ‹ **3** ›
distancier ‹ **7** ›
distendre ‹ **41** ›
distiller ‹ **1** ›
distinguer ‹ **1** ›
distordre ‹ **41** ›
distraire ‹ **50** ›
distribuer ‹ **1** ›
divaguer ‹ **1** ›
diverger ‹ **3** ›
diversifier ‹ **7** ›
divertir ‹ **2** ›
diviniser ‹ **1** ›
diviser ‹ **1** ›
divorcer ‹ **3** ›
divulguer ‹ **1** ›
documenter ‹ **1** ›
dodeliner ‹ **1** ›
dogmatiser ‹ **1** ›
doigter ‹ **1** ›
doler ‹ **1** ›
domanialiser ‹ **1** ›
domestiquer ‹ **1** ›
domicilier ‹ **7** ›
dominer ‹ **1** ›
domotiser ‹ **1** ›
dompter ‹ **1** ›
donjuaniser ‹ **1** ›
donner ‹ **1** ›
doper ‹ **1** ›
dorer ‹ **1** ›
dorloter ‹ **1** ›
dormir ‹ **16** ›
doser ‹ **1** ›
doter ‹ **1** ›
double-cliquer ou doublecliquer* ‹ **1** ›
doubler ‹ **1** ›
doublonner ‹ **1** ›
doucher ‹ **1** ›
doucir ‹ **2** ›
douer ‹ seult **p. p.** et temps composés ›
douiller ‹ **1** ›
douter ‹ **1** ›
dracher ‹ **1** ›
dragéifier ‹ **7** ›
drageonner ‹ **1** ›
dragonner ‹ **1** ›
draguer ‹ **1** ›
drainer ‹ **1** ›
dramatiser ‹ **1** ›
draper ‹ **1** ›
draver ‹ **1** ›
drayer ‹ **8** ›
dresser ‹ **1** ›
dribbler ‹ **1** ›
driller ‹ **1** ›
driver ‹ **1** ›
droguer ‹ **1** ›
droitiser ‹ **1** ›
droper ou dropper ‹ **1** ›
drosser ‹ **1** ›
duper ‹ **1** ›
duplexer ‹ **1** ›
dupliquer ‹ **1** ›
durcir ‹ **2** ›
durer ‹ **1** ›
duveter (se) ‹ **5** › **(aux.** être**)**
dynamiser ‹ **1** ›
dynamiter ‹ **1** ›
dysfonctionner ‹ **1** ›
ébahir ‹ **2** ›
ébarber ‹ **1** ›
ébattre (s') ‹ **41** › **(aux.** être**)**
ébaubir ‹ **2** ›
ébaucher ‹ **1** ›
ébaudir ‹ **2** ›
ébavurer ‹ **1** ›
éberluer ‹ **1** ›
ébiseler ‹ **4** ›
éblouir ‹ **2** ›
éborgner ‹ **1** ›
ébouer ‹ **1** ›
ébouillanter ‹ **1** ›
ébouillir ‹ **15** ›
ébouler ‹ **1** ›
ébouqueter ‹ **4** ›
ébourgeonner ‹ **1** ›
ébouriffer ‹ **1** ›
ébourrer ‹ **1** ›
ébouter ‹ **1** ›
ébouturer ‹ **1** ›
ébraiser ‹ **1** ›
ébrancher ‹ **1** ›
ébranler ‹ **1** ›
ébraser ‹ **1** ›
ébrécher ‹ **6** ›
ébrouer (s') ‹ **1** › **(aux.** être**)**
ébruiter ‹ **1** ›
ébruter ‹ **1** ›
écacher ‹ **1** ›
écailler ‹ **1** ›
écaler ‹ **1** ›
écanguer ‹ **1** ›
écarquiller ‹ **1** ›
écarteler ‹ **5** ›
écarter ‹ **1** ›

écarver ‹ **1** ›
écatir ‹ **2** ›
ecchymoser ‹ **1** ›
écéper ‹ **6** ›
échafauder ‹ **1** ›
échalasser ‹ **1** ›
échampir ‹ **2** ›
échancrer ‹ **1** ›
échanger ‹ **3** ›
échantillonner ‹ **1** ›
échanvrer ‹ **1** ›
échapper ‹ **1** ›
échardonner ‹ **1** ›
écharner ‹ **1** ›
écharper ‹ **1** ›
écharpiller ‹ **1** ›
échauder ‹ **1** ›
échauffer ‹ **1** ›
échauler ‹ **1** ›
échaumer ‹ **1** ›
écheler ‹ **4** ›
échelonner ‹ **1** ›
écheniller ‹ **1** ›
écher ‹ **6** ›
écheveler ‹ **4** ›
échiner ‹ **1** ›
échoir ‹ **déf.** *il échoit* (vx *échet*), *ils échoient* ; *il échut* ; *il échoira* (vx *écherra*) ; *il échoirait* ; *échéant, échu* ›
échopper ‹ **1** ›
échouer ‹ **1** ›
écimer ‹ **1** ›
éclabousser ‹ **1** ›
éclaircir ‹ **2** ›
éclairer ‹ **1** ›
éclater ‹ **1** ›
éclipser ‹ **1** ›
éclisser ‹ **1** ›
écloper ‹ **1** ›
éclore ‹ **déf. 45** rare sauf au présent, infinitif et **p. p.** › **(aux.** avoir, être**)**
écluser ‹ **1** ›
écobuer ‹ **1** ›
écœurer ‹ **1** ›
éconduire ‹ **38** ›
économiser ‹ **1** ›
écoper ‹ **1** ›
écorcer ‹ **3** ›
écorcher ‹ **1** ›
écorer ‹ **1** ›
écorner ‹ **1** ›
écornifler ‹ **1** ›
écosser ‹ **1** ›
écouler ‹ **1** ›
écourter ‹ **1** ›
écouter ‹ **1** ›
écouvillonner ‹ **1** ›
écrabouiller ‹ **1** ›
écraser ‹ **1** ›
écrémer ‹ **6** ›
écrêter ‹ **1** ›
écrier (s') ‹ **7** › **(aux.** être**)**
écrire ‹ **39** ›
écrivailler ‹ **1** ›
écrivasser ‹ **1** ›
écrouer ‹ **1** ›
écrouir ‹ **2** ›
écrouler (s') ‹ **1** › **(aux.** être**)**
écroûter ou écrouter* ‹ **1** ›
ectomiser ‹ **1** ›
écuisser ‹ **1** ›
éculer ‹ **1** ›
écumer ‹ **1** ›
écurer ‹ **1** ›
écussonner ‹ **1** ›
édéniser ‹ **1** ›
édenter ‹ **1** ›
édicter ‹ **1** ›
édifier ‹ **7** ›
éditer ‹ **1** ›
éditionner ‹ **1** ›
édulcorer ‹ **1** ›
éduquer ‹ **1** ›
éfaufiler ‹ **1** ›
effacer ‹ **3** ›
effaner ‹ **1** ›
effarer ‹ **1** ›
effaroucher ‹ **1** ›
effectuer ‹ **1** ›
efféminer ‹ **1** ›
effeuiller ‹ **1** ›
effiler ‹ **1** ›
effilocher ‹ **1** ›
effiloquer (s') ‹ **1** › **(aux.** être**)**
efflanquer ‹ **1** ›
effleurer ‹ **1** ›
effleurir ‹ **2** ›
efflorer (s') ‹ **1** › **(aux.** être**)**
effluer ‹ **1** ›
effluver (s') ‹ **1** › **(aux.** être**)**
effondrer ‹ **1** ›
efforcer (s') ‹ **3** › **(aux.** être**)**
effranger ‹ **3** ›
effrayer ‹ **8** ›
effriter ‹ **1** ›
effruiter ‹ **1** ›
effuser ‹ **1** ›
égailler (s') ‹ **1** › **(aux.** être**)**
égaler ‹ **1** ›
égaliser ‹ **1** ›
égarer ‹ **1** ›
égayer ‹ **8** ›
égorger ‹ **3** ›
égosiller (s') ‹ **1** › **(aux.** être**)**
égoutter ‹ **1** ›
égrainer ‹ **1** ›
égrapper ‹ **1** ›

égratigner ‹ **1** ›
égravillonner ‹ **1** ›
égrener ‹ **5** ›
égréser ‹ **6** ›
égriser ‹ **1** ›
égruger ‹ **3** ›
égueuler ‹ **1** ›
égyptianiser ‹ **1** ›
éjaculer ‹ **1** ›
éjarrer ‹ **1** ›
éjecter ‹ **1** ›
éjointer ‹ **1** ›
élaborer ‹ **1** ›
élaguer ‹ **1** ›
élancer ‹ **3** ›
élargir ‹ **2** ›
électrifier ‹ **7** ›
électriser ‹ **1** ›
électrocuter ‹ **1** ›
électrolyser ‹ **1** ›
électroniser ‹ **1** ›
élégir ‹ **2** ›
élever ‹ **5** ›
élider ‹ **1** ›
élimer ‹ **1** ›
éliminer ‹ **1** ›
élinguer ‹ **1** ›
élire ‹ **43** ›
éloigner ‹ **1** ›
élonger ‹ **3** ›
élucider ‹ **1** ›
élucubrer ‹ **1** ›
éluder ‹ **1** ›
éluer ‹ **1** ›
émacier ‹ **7** ›
émailler ‹ **1** ›
émanciper ‹ **1** ›
émaner ‹ **1** ›
émarger ‹ **3** ›
émasculer ‹ **1** ›
embabouiner ‹ **1** ›
emballer ‹ **1** ›
embalustrer ‹ **1** ›
embarbouiller ‹ **1** ›
embarder ‹ **1** ›
embariller ‹ **1** ›
embarquer ‹ **1** ›
embarrasser ‹ **1** ›
embarrer ‹ **1** ›
embastiller ‹ **1** ›
embastionner ‹ **1** ›
embattre ‹ **41** ›
embaucher ‹ **1** ›
embaumer ‹ **1** ›
embecquer ‹ **1** ›
embéguiner ‹ **1** ›
embellir ‹ **2** ›
emberlificoter ‹ **1** ›
embêter ‹ **1** ›
emblaver ‹ **1** ›
embobeliner ‹ **1** ›
embobiner ‹ **1** ›
emboire ‹ **53** ›
emboîter
ou emboiter* ‹ **1** ›
embosser ‹ **1** ›
embotteler ‹ **4** ›
emboucaner ‹ **1** ›
emboucher ‹ **1** ›
embouer ‹ **1** ›
embouquer ‹ **1** ›
embourber ‹ **1** ›
embourgeoiser ‹ **1** ›
embourrer ‹ **1** ›
embouteiller ‹ **1** ›
embouter ‹ **1** ›
emboutir ‹ **2** ›
embrancher ‹ **1** ›
embraquer ‹ **1** ›
embraser ‹ **1** ›
embrasser ‹ **1** ›
embrayer ‹ **8** ›
embrever ‹ **5** ›
embrigader ‹ **1** ›
embringuer ‹ **1** ›
embrocher ‹ **1** ›
embroncher ‹ **1** ›
embrouillarder ‹ **1** ›
embrouiller ‹ **1** ›
embroussailler ‹ **1** ›
embrumer ‹ **1** ›
embrunir ‹ **2** ›
embûcher
ou embucher* ‹ **1** ›
embuer ‹ **1** ›
embusquer ‹ **1** ›
émécher ‹ **6** ›
émender ‹ **1** ›
émerger ‹ **3** ›
émerillonner ‹ **1** ›
émeriser ‹ **1** ›
émerveiller ‹ **1** ›
émétiser ‹ **1** ›
émettre ‹ **56** ›
émietter ‹ **1** ›
émigrer ‹ **1** ›
émincer ‹ **3** ›
emmagasiner ‹ **1** ›
emmailler ‹ **1** ›
emmailloter ‹ **1** ›
emmancher ‹ **1** ›
emmêler ‹ **1** ›
emménager ‹ **3** ›
emmener ‹ **5** ›
emmerder ‹ **1** ›
emmétrer ‹ **6** ›
emmieller ‹ **1** ›
emmitoufler ‹ **1** ›
emmortaiser ‹ **1** ›
emmotter ‹ **1** ›
emmouscailler ‹ **1** ›
emmurer ‹ **1** ›
émonder ‹ **1** ›
émorfiler ‹ **1** ›
émotionner ‹ **1** ›
émotter ‹ **1** ›
émoucher ‹ **1** ›
émoucheter ‹ **4** ›
émousser ‹ **1** ›

émoustiller ‹ **1** ›
émouvoir ‹ **27 p. p.** *ému, émue* ›
empailler ‹ **1** ›
empaler ‹ **1** ›
empalmer ‹ **1** ›
empanacher ‹ **1** ›
empanner ‹ **1** ›
empaqueter ‹ **4** ›
emparer (s') ‹ **1** › **(aux.** être**)**
empâter ‹ **1** ›
empatter ‹ **1** ›
empaumer ‹ **1** ›
empêcher ‹ **1** ›
empeigner ‹ **1** ›
empeloter ‹ **1** ›
empêner ‹ **1** ›
empenneler ‹ **4** ›
empenner ‹ **1** ›
emperler ‹ **1** ›
empeser ‹ **5** ›
empester ‹ **1** ›
empêtrer ‹ **1** ›
empiéger ‹ **3** et **6** ›
empierrer ‹ **1** ›
empiéter ‹ **6** ›
empiffrer (s') ‹ **1** › **(aux.** être**)**
empiler ‹ **1** ›
empirer ‹ **1** ›
emplafonner ‹ **1** ›
emplâtrer ‹ **1** ›
emplir ‹ **2** ›
employer ‹ **8** ›
emplumer ‹ **1** ›
empocher ‹ **1** ›
empoigner ‹ **1** ›
empointer ‹ **1** ›
empoisonner ‹ **1** ›
empoisser ‹ **1** ›
empoissonner ‹ **1** ›
emporter ‹ **1** ›
empoter ‹ **1** ›
empourprer ‹ **1** ›
empoussiérer ‹ **6** ›
empreindre ‹ **52** ›
empresser (s') ‹ **1** › **(aux.** être**)**
emprésurer ‹ **1** ›
emprisonner ‹ **1** ›
emprunter ‹ **1** ›
empuantir ‹ **2** ›
émuler ‹ **1** ›
émulsifier ‹ **7** ›
émulsionner ‹ **1** ›
enamourer (s') ‹ **1** › **(aux.** être**)**
encabaner ‹ **1** ›
encadrer ‹ **1** ›
encager ‹ **3** ›
encagouler ‹ **1** ›
encaisser ‹ **1** ›
encalminer (s') ‹ **1** › **(aux.** être**)**
encanailler (s') ‹ **1** › **(aux.** être**)**
encanter ‹ **1** ›
encaper ‹ **1** ›
encapsuler ‹ **1** ›
encapuchonner ‹ **1** ›
encaquer ‹ **1** ›
encarter ‹ **1** ›
encartonner ‹ **1** ›
encaserner ‹ **1** ›
encastrer ‹ **1** ›
encaustiquer ‹ **1** ›
encaver ‹ **1** ›
enceindre ‹ **52** ›
enceinter ‹ **1** ›
encelluler ‹ **1** ›
encenser ‹ **1** ›
encercler ‹ **1** ›
enchaîner ou **enchainer*** ‹ **1** ›
enchanter ‹ **1** ›
enchaperonner ‹ **1** ›
encharger ‹ **3** ›
enchâsser ‹ **1** ›
enchatonner ‹ **1** ›
enchausser ‹ **1** ›
enchemiser ‹ **1** ›
enchérir ‹ **2** ›
enchevaucher ‹ **1** ›
enchevêtrer ‹ **1** ›
encheviller ‹ **1** ›
enchifrener ‹ **5** ›
enclaver ‹ **1** ›
enclencher ‹ **1** ›
encliqueter ‹ **4** ›
encloîtrer ou **encloitrer*** ‹ **1** ›
enclore ‹ **45** p. présent *enclosant* ›
enclouer ‹ **1** ›
encocher ‹ **1** ›
encoder ‹ **1** ›
encoffrer ‹ **1** ›
encogner ‹ **1** ›
encoigner ‹ **1** ›
encoller ‹ **1** ›
encombrer ‹ **1** ›
encorbeller ‹ **1** ›
encorder (s') ‹ **1** › **(aux.** être**)**
encorder ‹ **1** ›
encorner ‹ **1** ›
encoubler ‹ **1** ›
encourager ‹ **3** ›
encourir ‹ **11** ›
encrasser ‹ **1** ›
encrêper ‹ **1** ›
encrer ‹ **1** ›
encroiser ‹ **1** ›
encroûter ou **encrouter*** ‹ **1** ›
encrypter ‹ **1** ›
enculer ‹ **1** ›
encuver ‹ **1** ›

endauber ‹ **1** ›
endenter ‹ **1** ›
endetter ‹ **1** ›
endeuiller ‹ **1** ›
endêver ‹ **1** ›
endiabler ‹ **1** ›
endiguer ‹ **1** ›
endimancher (s') ‹ **1** ›
(aux. être)
endivisionner ‹ **1** ›
endoctriner ‹ **1** ›
endolorir ‹ **2** ›
endommager ‹ **3** ›
endormir ‹ **16** ›
endosser ‹ **1** ›
enduire ‹ **38** ›
endurcir ‹ **2** ›
endurer ‹ **1** ›
énerver ‹ **1** ›
enfaîter
ou enfaiter* ‹ **1** ›
enfanter ‹ **1** ›
enfarger ‹ **3** ›
enfariner ‹ **1** ›
enfermer ‹ **1** ›
enferrer ‹ **1** ›
enficher ‹ **1** ›
enfieller ‹ **1** ›
enfiévrer ‹ **6** ›
enfiler ‹ **1** ›
enflammer ‹ **1** ›
enfler ‹ **1** ›
enfleurer ‹ **1** ›
enfoncer ‹ **3** ›
enforcir ‹ **2** ›
enformer ‹ **1** ›
enfouir ‹ **2** ›
enfourcher ‹ **1** ›
enfourner ‹ **1** ›
enfreindre ‹ **52** ›
enfuir (s') ‹ **17** ›
(aux. être)
enfumer ‹ **1** ›
enfutailler ‹ **1** ›
enfûter
ou enfuter* ‹ **1** ›
engager ‹ **3** ›
engainer ‹ **1** ›
enganter ‹ **1** ›
engaver ‹ **1** ›
engazonner ‹ **1** ›
engendrer ‹ **1** ›
englober ‹ **1** ›
engloutir ‹ **2** ›
engluer ‹ **1** ›
engober ‹ **1** ›
engommer ‹ **1** ›
engoncer ‹ **3** ›
engorger ‹ **3** ›
engouer (s') ‹ **1** ›
(aux. être)
engouffrer ‹ **1** ›
engourdir ‹ **2** ›
engrainer ‹ **1** ›
engraisser ‹ **1** ›
engranger ‹ **3** ›
engraver ‹ **1** ›
engrêler ‹ **1** ›
engrener ‹ **5** ›
engrisailler ‹ **1** ›
engrosser ‹ **1** ›
engrumeler ‹ **4** ›
engueuler ‹ **1** ›
enguirlander ‹ **1** ›
enhardir ‹ **2** ›
enharnacher ‹ **1** ›
enherber ‹ **1** ›
enivrer ‹ **1** ›
enjamber ‹ **1** ›
enjaveler ‹ **4** ›
enjoindre ‹ **49** ›
enjôler ‹ **1** ›
enjoliver ‹ **1** ›
enjoncer ‹ **3** ›
enjuguer ‹ **1** ›
enjuiver ‹ **1** ›
enjuponner ‹ **1** ›
enkyster (s') ‹ **1** ›
(aux. être)
enlacer ‹ **3** ›
enlaidir ‹ **2** ›
enlever ‹ **5** ›
enliasser ‹ **1** ›
enlier ‹ **7** ›
enligner ‹ **1** ›
enliser ‹ **1** ›
enluminer ‹ **1** ›
enneiger ‹ **3** ›
enniaiser ‹ **1** ›
ennoblir ‹ **2** ›
ennuager ‹ **3** ›
ennuyer ‹ **8** ›
énoncer ‹ **3** ›
enorgueillir ‹ **2** ›
énouer ‹ **1** ›
énoyauter ‹ **1** ›
enquérir (s') ‹ **21** ›
(aux. être)
enquêter ‹ **1** ›
enquiller ‹ **1** ›
enquiquiner ‹ **1** ›
enraciner ‹ **1** ›
enrager ‹ **3** ›
enrailler ‹ **1** ›
enrayer ‹ **8** ›
enrégimenter ‹ **1** ›
enregistrer ‹ **1** ›
enrêner ‹ **1** ›
enrésiner ‹ **1** ›
enrhumer ‹ **1** ›
enrichir ‹ **2** ›
enrober ‹ **1** ›
enrocher ‹ **1** ›
enrôler ‹ **1** ›
enrouer ‹ **1** ›
enrouiller ‹ **1** ›
enrouler ‹ **1** ›
enrubanner ‹ **1** ›
ensabler ‹ **1** ›

ensacher ‹ **1** ›
ensaisiner ‹ **1** ›
ensanglanter ‹ **1** ›
ensaquer ‹ **1** ›
ensauvager ‹ **3** ›
ensauver (s') ‹ **1** › (**aux.** être)
enseigner ‹ **1** ›
ensemencer ‹ **3** ›
enserrer ‹ **1** ›
ensevelir ‹ **2** ›
ensiler ‹ **1** ›
ensoleiller ‹ **1** ›
ensommeiller ‹ **1** ›
ensorceler ‹ **4** ›
ensoufrer ‹ **1** ›
ensouiller ‹ **1** ›
ensoutaner ‹ **1** ›
enstérer ‹ **6** ›
ensuifer ‹ **1** ›
ensuivre (s') ‹ **déf. 40** seult à l'infinitif et à la 3e pers. › (**aux.** être)
entabler ‹ **1** ›
entacher ‹ **1** ›
entailler ‹ **1** ›
entamer ‹ **1** ›
entarter ‹ **1** ›
entartrer ‹ **1** ›
entasser ‹ **1** ›
entendre ‹ **41** ›
enténébrer ‹ **6** ›
enter ‹ **1** ›
entériner ‹ **1** ›
enterrer ‹ **1** ›
entêter ‹ **1** ›
enthousiasmer ‹ **1** ›
enticher ‹ **1** ›
entoiler ‹ **1** ›
entôler ‹ **1** ›
entonner ‹ **1** ›
entortiller ‹ **1** ›
entourer ‹ **1** ›
entourlouper ‹ **1** ›
entraccorder (s') ‹ **1** › (**aux.** être)
entraccuser (s') ‹ **1** › (**aux.** être)
entradmirer (s') ‹ **1** › (**aux.** être)
entraider (s') ‹ **1** › (**aux.** être)
entr'aimer (s') ‹ **1** › (**aux.** être)
entraîner ou entrainer* ‹ **1** ›
entrapercevoir ‹ **28** ›
entr'apparaître ou entrapparaitre* ‹ **57** ›
entraver ‹ **1** ›
entrebâiller ‹ **1** ›
entrebattre (s') ‹ **41** battre › (**aux.** être)
entrechoquer ‹ **1** ›
entrecouper ‹ **1** ›
entrecroiser ‹ **1** ›
entrecueillir ‹ **12** ›
entredéchirer (s') ‹ **1** › (**aux.** être)
entredétruire (s') ‹ **38** › (**aux.** être)
entredévorer (s') ‹ **1** › (**aux.** être)
entredonner (s') ‹ **1** › (**aux.** être)
entre-égorger (s') ‹ **3** › (**aux.** être)
entrefermer ‹ **1** ›
entrefrapper (s') ‹ **1** › (**aux.** être)
entr'égorger ou entrégorger (s') ‹ **3** › (**aux.** être)
entregreffer (s') ‹ **1** › (**aux.** être)
entrehaïr (s') ‹ **10** › (**aux.** être)
entreheurter (s') ‹ **1** › (**aux.** être)
entrelacer ‹ **3** ›
entrelarder ‹ **1** ›
entremanger (s') ‹ **3** › (**aux.** être)
entremêler ‹ **1** ›
entremettre (s') ‹ **56** › (**aux.** être)
entrenuire (s') ‹ **38** › (**aux.** être)
entrepardonner (s') ‹ **1** › (**aux.** être)
entrepénétrer (s') ‹ **6** › (**aux.** être)
entrepercer (s') ‹ **3** › (**aux.** être)
entreposer ‹ **1** ›
entrepousser (s') ‹ **1** › (**aux.** être)
entreprendre ‹ **58** ›
entrequereller (s') ‹ **1** › (**aux.** être)
entrer ‹ **1** ›
entreregarder (s') ‹ **1** › (**aux.** être)
entretailler (s') ‹ **1** › (**aux.** être)
entretenir ‹ **22** ›
entretisser ‹ **1** ›
entretoiser ‹ **1** ›
entretuer (s') ‹ **1** › (**aux.** être)
entrevoir ‹ **30** ›
entrevoûter ou entrevouter* ‹ **1** ›
entrexaminer (s') ‹ **1** › (**aux.** être)
entrobliger (s') ‹ **3** › (**aux.** être)
entrouvrir ‹ **18** ›
entuber ‹ **1** ›
enturbanner ‹ **1** ›
énucléer ‹ **1** ›

énumérer ‹ **6** ›
envahir ‹ **2** ›
envaser ‹ **1** ›
envelopper ‹ **1** ›
envenimer ‹ **1** ›
enverger ‹ **3** ›
enverguer ‹ **1** ›
envider ‹ **1** ›
envieillir ‹ **2** ›
envier ‹ **7** ›
environner ‹ **1** ›
envisager ‹ **3** ›
envoiler (s') ‹ **1** › (**aux.** être)
envoisiner ‹ **1** ›
envoler (s') ‹ **1** › (**aux.** être)
envoûter ou envouter* ‹ **1** ›
envoyer ‹ **8** futur *j'enverrai, tu enverras*, etc. ›
épailler ‹ **1** ›
épaissir ‹ **2** ›
épaler ‹ **1** ›
épamprer ‹ **1** ›
épancher ‹ **1** ›
épandre ‹ **41** ›
épanneler ‹ **4** ›
épanner ‹ **1** ›
épanouir ‹ **2** ›
épargner ‹ **1** ›
éparpiller ‹ **1** ›
épartir ‹ **16** ›
épater ‹ **1** ›
épaufrer ‹ **1** ›
épauler ‹ **1** ›
épeler ‹ **4** ›
épépiner ‹ **1** ›
éperdre ‹ **41** ›
éperonner ‹ **1** ›
épeurer ‹ **1** ›
épicer ‹ **3** ›
épier ‹ **7** ›

épierrer ‹ **1** ›
épiler ‹ **1** ›
épiloguer ‹ **1** ›
épinceler ‹ **4** ›
épincer ‹ **3** ›
épinceter ‹ **4** ›
épiner ‹ **1** ›
épingler ‹ **1** ›
épisser ‹ **1** ›
épivarder (s') ‹ **1** › (**aux.** être)
éployer ‹ **8** ›
éplucher ‹ **1** ›
époinçonner ‹ **1** ›
époindre ‹ **49** ›
épointer ‹ **1** ›
éponger ‹ **3** ›
épontiller ‹ **1** ›
épouiller ‹ **1** ›
époumoner (s') ‹ **1** › (**aux.** être)
épouser ‹ **1** ›
épousseter ‹ **4** ›
époustoufler ‹ **1** ›
époutir ‹ **2** ›
épouvanter ‹ **1** ›
épreindre ‹ **52** ›
éprendre (s') ‹ **58** › (**aux.** être)
éprouver ‹ **1** ›
épucer ‹ **3** ›
épuiser ‹ **1** ›
épurer ‹ **1** ›
équarrir ‹ **2** ›
équerrer ‹ **1** ›
équeuter ‹ **1** ›
équilibrer ‹ **1** ›
équiper ‹ **1** ›
équipoller ‹ **1** ›
équivaloir ‹ **29** rare à l'infinitif ›
équivoquer ‹ **1** ›
éradiquer ‹ **1** ›

érafler ‹ **1** ›
érailler ‹ **1** ›
éreinter ‹ **1** ›
ergoter ‹ **1** ›
ériger ‹ **3** ›
éroder ‹ **1** ›
érotiser ‹ **1** ›
errer ‹ **1** ›
éructer ‹ **1** ›
esbaudir (s') ‹ **2** › (**aux.** être)
esbigner (s') ‹ **1** › (**aux.** être)
esbroufer ‹ **1** ›
escadronner ‹ **1** ›
escagasser ‹ **1** ›
escalader ‹ **1** ›
escaloper ‹ **1** ›
escamoter ‹ **1** ›
escarrifier ‹ **7** ›
escher ‹ **1** ›
esclaffer (s') ‹ **1** › (**aux.** être)
esclavager ‹ **3** ›
escobarder ‹ **1** ›
escompter ‹ **1** ›
escorter ‹ **1** ›
escrimer (s') ‹ **1** › (**aux.** être)
escroquer ‹ **1** ›
esgourder ‹ **1** ›
espacer ‹ **3** ›
espagnoliser ‹ **1** ›
espérer ‹ **6** ›
espionner ‹ **1** ›
esquicher ‹ **1** ›
esquinter ‹ **1** ›
esquisser ‹ **1** ›
esquiver ‹ **1** ›
essaimer ‹ **1** ›
essanger ‹ **3** ›
essarder ‹ **1** ›
essarter ‹ **1** ›
essayer ‹ **8** ›

essentialiser ‹ **1** ›
esseuler ‹ **1** ›
essorer ‹ **1** ›
essoriller ‹ **1** ›
essoucher ‹ **1** ›
essouffler ‹ **1** ›
essuyer ‹ **8** ›
estafilader ‹ **1** ›
estamper ‹ **1** ›
estampiller ‹ **1** ›
ester ‹ **déf.** seult à l'infinitif ›
estérifier ‹ **7** ›
esthétiser ‹ **1** ›
estimer ‹ **1** ›
estiver ‹ **1** ›
estocader ‹ **1** ›
estomaquer ‹ **1** ›
estomper ‹ **1** ›
estoquer ‹ **1** ›
estourbir ‹ **2** ›
estrapader ‹ **1** ›
estrapasser ‹ **1** ›
estropier ‹ **7** ›
établer ‹ **1** ›
établir ‹ **2** ›
étager ‹ **3** ›
étalager ‹ **3** ›
étaler ‹ **1** ›
étalinguer ‹ **1** ›
étalonner ‹ **1** ›
étamer ‹ **1** ›
étamper ‹ **1** ›
étancher ‹ **1** ›
étançonner ‹ **1** ›
étarquer ‹ **1** ›
étatifier ‹ **7** ›
étatiser ‹ **1** ›
étaupiner ‹ **1** ›
étayer ‹ **8** ›
éteindre ‹ **52** ›
étendre ‹ **41** ›
éterniser ‹ **1** ›
éternuer ‹ **1** ›
étêter ‹ **1** ›
éthérifier ‹ **7** ›
éthériser ‹ **1** ›
ethniciser ‹ **1** ›
étinceler ‹ **4** ›
étioler ‹ **1** ›
étiqueter ‹ **4** ›
étirer ‹ **1** ›
étoffer ‹ **1** ›
étoiler ‹ **1** ›
étonner ‹ **1** ›
étouffer ‹ **1** ›
étouper ‹ **1** ›
étoupiller ‹ **1** ›
étourdir ‹ **2** ›
étramper ‹ **1** ›
étrangler ‹ **1** ›
étraper ‹ **1** ›
être ‹ **61** › (**aux.** avoir)
étrécir ‹ **2** ›
étreindre ‹ **52** ›
étremper ‹ **1** ›
étrenner ‹ **1** ›
étrésillonner ‹ **1** ›
étriller ‹ **1** ›
étripailler ‹ **1** ›
étriper ‹ **1** ›
étriquer ‹ **1** ›
étronçonner ‹ **1** ›
étudier ‹ **7** ›
étuver ‹ **1** ›
étymologiser ‹ **1** ›
euphoriser ‹ **1** ›
européaniser ‹ **1** ›
euthanasier ‹ **7** ›
évacuer ‹ **1** ›
évader (s') ‹ **1** › (**aux.** être)
évaluer ‹ **1** ›
évangéliser ‹ **1** ›
évanouir (s') ‹ **2** › (**aux.** être)
évaporer ‹ **1** ›
évaser ‹ **1** ›
éveiller ‹ **1** ›
éventer ‹ **1** ›
éventrer ‹ **1** ›
évertuer (s') ‹ **1** › (**aux.** être)
évider ‹ **1** ›
évincer ‹ **3** ›
éviscérer ‹ **6** ›
éviter ‹ **1** ›
évoluer ‹ **1** ›
évoquer ‹ **1** ›
exacerber ‹ **1** ›
exagérer ‹ **6** ›
exalter ‹ **1** ›
examiner ‹ **1** ›
exaspérer ‹ **6** ›
exaucer ‹ **3** ›
excaver ‹ **1** ›
excéder ‹ **6** ›
exceller ‹ **1** ›
excentrer ‹ **1** ›
excepter ‹ **1** ›
exciper ‹ **1** ›
exciser ‹ **1** ›
exciter ‹ **1** ›
exclamer (s') ‹ **1** › (**aux.** être)
exclure ‹ **35** ›
excommunier ‹ **7** ›
excorier ‹ **7** ›
excréter ‹ **6** ›
excursionner ‹ **1** ›
excuser ‹ **1** ›
exécrer ‹ **6** ›
exécuter ‹ **1** ›
exemplifier ‹ **7** ›
exempter ‹ **1** ›
exercer ‹ **3** ›
exfiltrer ‹ **1** ›
exfolier ‹ **7** ›
exhaler ‹ **1** ›

exhausser ‹ **1** ›
exhéréder ‹ **6** ›
exhiber ‹ **1** ›
exhorter ‹ **1** ›
exhumer ‹ **1** ›
exiger ‹ **3** ›
exiler ‹ **1** ›
exister ‹ **1** ›
exonder (s') ‹ **1** › **(aux.** être**)**
exonérer ‹ **6** ›
exorbiter ‹ **1** ›
exorciser ‹ **1** ›
expatrier ‹ **7** ›
expectorer ‹ **1** ›
expédier ‹ **7** ›
expérimenter ‹ **1** ›
expertiser ‹ **1** ›
expier ‹ **7** ›
expirer ‹ **1** ›
expliciter ‹ **1** ›
expliquer ‹ **1** ›
exploiter ‹ **1** ›
explorer ‹ **1** ›
exploser ‹ **1** ›
exporter ‹ **1** ›
exposer ‹ **1** ›
exprimer ‹ **1** ›
exproprier ‹ **7** ›
expulser ‹ **1** ›
expurger ‹ **3** ›
exsuder ‹ **1** ›
extasier (s') ‹ **7** › **(aux.** être**)**
exténuer ‹ **1** ›
extérioriser ‹ **1** ›
exterminer ‹ **1** ›
externaliser ‹ **1** ›
extirper ‹ **1** ›
extorquer ‹ **1** ›
extrader ‹ **1** ›
extradosser ‹ **1** ›
extraire ‹ **50** ›
extrapoler ‹ **1** ›
extravaguer ‹ **1** ›
extravaser (s') ‹ **1** › **(aux.** être**)**
extrémiser ‹ **1** ›
exulcérer ‹ **6** ›
exulter ‹ **1** ›
fabricoter ‹ **1** ›
fabriquer ‹ **1** ›
fabuler ‹ **1** ›
facetter ‹ **1** ›
fâcher ‹ **1** ›
faciliter ‹ **1** ›
façonner ‹ **1** ›
factoriser ‹ **1** ›
facturer ‹ **1** ›
fader (se) ‹ **1** › **(aux.** être**)**
fagoter ‹ **1** ›
faiblir ‹ **2** ›
failler (se) ‹ **1** › **(aux.** être**)**
faillir ‹ **déf. 2** surtout usité à l'infinitif, au passé simple et aux temps composés ›
fainéanter ‹ **1** ›
faire ‹ **60** ›
faisander ‹ **1** ›
falloir ‹ **29** ›
falsifier ‹ **7** ›
faluner ‹ **1** ›
familiariser ‹ **1** ›
fanatiser ‹ **1** ›
faner ‹ **1** ›
fanfaronner ‹ **1** ›
fanfrelucher ‹ **1** ›
fantasmer ‹ **1** ›
farcer ‹ **3** ›
farcir ‹ **2** ›
farder ‹ **1** ›
farfouiller ‹ **1** ›
farguer ‹ **1** ›
fariboler ‹ **1** ›
fariner ‹ **1** ›
farter ‹ **1** ›
fasciner ‹ **1** ›
fasciser ‹ **1** ›
faseyer ‹ **1** ›
fatiguer ‹ **1** ›
fatrasser ‹ **1** ›
faucarder ‹ **1** ›
faucher ‹ **1** ›
faufiler ‹ **1** ›
fausser ‹ **1** ›
fauter ‹ **1** ›
favoriser ‹ **1** ›
faxer ‹ **1** ›
fayoter ‹ **1** ›
fébriliser ‹ **1** ›
féconder ‹ **1** ›
féculer ‹ **1** ›
fédéraliser ‹ **1** ›
fédérer ‹ **6** ›
féériser ‹ **1** ›
feindre ‹ **52** ›
feinter ‹ **1** ›
fêler ‹ **1** ›
féliciter ‹ **1** ›
féminiser ‹ **1** ›
fendiller ‹ **1** ›
fendre ‹ **41** ›
fenêtrer ‹ **1** ›
féodaliser ‹ **1** ›
férir ‹ **déf.** seult à l'infinitif ›
ferler ‹ **1** ›
fermenter ‹ **1** ›
fermer ‹ **1** ›
ferrailler ‹ **1** ›
ferrer ‹ **1** ›
ferrouter ‹ **1** ›
fertiliser ‹ **1** ›
fesser ‹ **1** ›
festonner ‹ **1** ›
festoyer ‹ **8** ›

fêter ‹ **1** ›
fétichiser ‹ **1** ›
feuiller ‹ **1** ›
feuilleter ‹ **4** ›
feuilletonner ‹ **1** ›
feuler ‹ **1** ›
feutrer ‹ **1** ›
fiabiliser ‹ **1** ›
fiancer ‹ **3** ›
ficeler ‹ **4** ›
1. ficher ‹ **1** › (planter, mettre sur fiche)
2. ficher ou fiche ‹ **1** ; **p. p.** *fichu, fichue* › (faire)
fictionnaliser ‹ **1** ›
fidéliser ‹ **1** ›
fienter ‹ **1** ›
fier (se) ‹ **7** › **(aux.** être**)**
fifrer ‹ **1** ›
figer ‹ **3** ›
fignoler ‹ **1** ›
figurer ‹ **1** ›
filer ‹ **1** ›
fileter ‹ **5** ›
filialiser ‹ **1** ›
filigraner ‹ **1** ›
filmer ‹ **1** ›
filocher ‹ **1** ›
filonner ‹ **1** ›
filouter ‹ **1** ›
filtrer ‹ **1** ›
finaliser ‹ **1** ›
financer ‹ **3** ›
financiariser ‹ **1** ›
finasser ‹ **1** ›
finir ‹ **2** ›
finlandiser ‹ **1** ›
fiscaliser ‹ **1** ›
fissionner ‹ **1** ›
fissurer ‹ **1** ›
fixer ‹ **1** ›
flageller ‹ **1** ›
flageoler ‹ **1** ›
flagorner ‹ **1** ›
flairer ‹ **1** ›
flamber ‹ **1** ›
flamboyer ‹ **8** ›
flancher ‹ **1** ›
flâner ‹ **1** ›
flanquer ‹ **1** ›
flasher ‹ **1** ›
flatter ‹ **1** ›
flécher ‹ **6** ›
fléchir ‹ **2** ›
flemmarder ‹ **1** ›
flemmasser ‹ **1** ›
flétrir ‹ **2** ›
fleurdeliser ‹ **1** ›
fleurer ‹ **1** ›
fleureter ‹ **4** ›
fleurir ‹ **2** ›
fleuronner ‹ **1** ›
flexibiliser ‹ **1** ›
flinguer ‹ **1** ›
flipper ‹ **1** ›
fliquer ‹ **1** ›
flirter ‹ **1** ›
floconner ‹ **1** ›
floculer ‹ **1** ›
flotter ‹ **1** ›
flouer ‹ **1** ›
flouter ‹ **1** ›
fluctuer ‹ **1** ›
fluer ‹ **1** ›
fluidifier ‹ **7** ›
fluorer ‹ **1** ›
fluorescer ‹ **3** ›
flûter ou fluter* ‹ **1** ›
fluxer ‹ **1** ›
focaliser ‹ **1** ›
foehner ‹ **1** ›
foéner ‹ **6** ›
foirer ‹ **1** ›
foisonner ‹ **1** ›
folâtrer ‹ **1** ›
folioter ‹ **1** ›
folkloriser ‹ **1** ›
fomenter ‹ **1** ›
foncer ‹ **3** ›
fonctionnaliser ‹ **1** ›
fonctionnariser ‹ **1** ›
fonctionner ‹ **1** ›
fonder ‹ **1** ›
fondre ‹ **41** ›
forbannir ‹ **2** ›
forcer ‹ **3** ›
forcir ‹ **2** ›
forclore ‹ **déf. 45** surtout infinitif et **p. p.** ›
forer ‹ **1** ›
forfaire ‹ **déf. 60** seult à l'infinitif, au singulier à l'indicatif présent, et aux temps composés ›
forfaitiser ‹ **1** ›
forger ‹ **3** ›
forjeter ‹ **4** ›
forlancer ‹ **3** ›
forligner ‹ **1** ›
forlonger ‹ **3** ›
formaliser ‹ **1** ›
formaliser (se) ‹ **1** › **(aux.** être**)**
formater ‹ **1** ›
former ‹ **1** ›
formoler ‹ **1** ›
formuler ‹ **1** ›
forniquer ‹ **1** ›
fortifier ‹ **7** ›
fossiliser ‹ **1** ›
fossoyer ‹ **8** ›
fouailler ‹ **1** ›
foudroyer ‹ **8** ›
fouetter ‹ **1** ›
fouger ‹ **3** ›
fouiller ‹ **1** ›
fouiner ‹ **1** ›

fouir ‹ **2** ›
fouler ‹ **1** ›
fourbir ‹ **2** ›
fourcher ‹ **1** ›
fourchicoter ‹ **1** ›
fourgonner ‹ **1** ›
fourguer ‹ **1** ›
fourmiller ‹ **1** ›
fournir ‹ **2** ›
fourrager ‹ **3** ›
fourrer ‹ **1** ›
fourvoyer ‹ **8** ›
foutre ‹ **déf.** *je fous, nous foutons ; je foutais ; je foutrai ; que je foute, que nous foutions ; foutant ; foutu* ; inusité aux passés simple et antérieur de l'indicatif, aux passé et plus-que-parfait du subjonctif ›
fox-trotter
ou foxtrotter* ‹ **1** ›
fracasser ‹ **1** ›
fractionner ‹ **1** ›
fracturer ‹ **1** ›
fragiliser ‹ **1** ›
fragmenter ‹ **1** ›
fraîchir
ou fraichir* ‹ **2** ›
fraiser ‹ **1** ›
framboiser ‹ **1** ›
franchir ‹ **2** ›
franchiser ‹ **1** ›
franciser ‹ **1** ›
franger ‹ **3** ›
fransquillonner ‹ **1** ›
frapper ‹ **1** ›
fraterniser ‹ **1** ›
frauder ‹ **1** ›
frayer ‹ **8** ›
fredonner ‹ **1** ›
frégater ‹ **1** ›
freiner ‹ **1** ›
frelater ‹ **1** ›
frémir ‹ **2** ›
fréquenter ‹ **1** ›
fréter ‹ **6** ›
frétiller ‹ **1** ›
fretter ‹ **1** ›
fricasser ‹ **1** ›
fricoter ‹ **1** ›
frictionner ‹ **1** ›
frigorifier ‹ **7** ›
frimer ‹ **1** ›
fringuer ‹ **1** ›
friper ‹ **1** ›
friponner ‹ **1** ›
frire ‹ **déf.** inusité au passé simple et à l'imparfait de l'indicatif, au subjonctif présent et imparfait ; présent *je fris, tu fris, il frit* ; futur *je frirai, tu friras, il frira, nous frirons, vous frirez, ils friront* ; conditionnel présent *je frirais, tu frirais, ils friraient*, etc. ; impératif *fris* ; **p. p.** *frit, frite* ›
friseler ‹ **5** ›
friser ‹ **1** ›
frisotter
ou frisoter* ‹ **1** ›
frissonner ‹ **1** ›
friter (se)
ou fritter (se) ‹ **1** ›
(aux. être)
fritter ‹ **1** ›
froidir ‹ **2** ›
froisser ‹ **1** ›
frôler ‹ **1** ›
froncer ‹ **3** ›
fronder ‹ **1** ›
frottailler ‹ **1** ›
frotter ‹ **1** ›
frouer ‹ **1** ›
froufrouter ‹ **1** ›
fructifier ‹ **7** ›
fruiter ‹ **1** ›
frusquer ‹ **1** ›
frustrer ‹ **1** ›
fuguer ‹ **1** ›
fuir ‹ **17** ›
fuiter ‹ **1** ›
fulgurer ‹ **1** ›
fulminer ‹ **1** ›
fumailler ‹ **1** ›
fumasser ‹ **1** ›
fumer ‹ **1** ›
fumeronner ‹ **1** ›
fumiger ‹ **3** ›
fureter ‹ **5** ›
fuseler ‹ **4** ›
fuser ‹ **1** ›
fusiller ‹ **1** ›
fusiner ‹ **1** ›
fusionner ‹ **1** ›
fustiger ‹ **3** ›
gabarier ‹ **7** ›
gabionner ‹ **1** ›
gâcher ‹ **1** ›
gadgétiser ‹ **1** ›
gaffer ‹ **1** ›
gager ‹ **3** ›
gagner ‹ **1** ›
gainer ‹ **1** ›
galantiser ‹ **1** ›
galber ‹ **1** ›
galéjer ‹ **6** ›
galer ‹ **1** ›
galérer ‹ **6** ›
galeter ‹ **4** ›
galipoter ‹ **1** ›
galler ‹ **1** ›
galonner ‹ **1** ›
galoper ‹ **1** ›
galvaniser ‹ **1** ›
galvauder ‹ **1** ›
gambader ‹ **1** ›

gamberger ‹ **3** ›
gambeyer ‹ **1** ›
gambiller ‹ **1** ›
gaminer ‹ **1** ›
gangrener ‹ **5** ›
ou gangréner ‹ **6** ›
ganser ‹ **1** ›
ganteler ‹ **4** ›
ganter ‹ **1** ›
garancer ‹ **3** ›
garantir ‹ **2** ›
garder ‹ **1** ›
garer ‹ **1** ›
gargariser (se) ‹ **1** › (**aux.** être)
gargoter ‹ **1** ›
gargouiller ‹ **1** ›
garnir ‹ **2** ›
garnisonner ‹ **1** ›
garrocher ‹ **1** ›
garrotter
ou garroter* ‹ **1** ›
gasconner ‹ **1** ›
gaspiller ‹ **1** ›
gastrectomiser ‹ **1** ›
gâter ‹ **1** ›
gâtifier ‹ **7** ›
gauchir ‹ **2** ›
gauchiser (se) ‹ **1** › (**aux.** être)
gauchiser ‹ **1** ›
gaufrer ‹ **1** ›
gauler ‹ **1** ›
gausser (se) ‹ **1** › (**aux.** être)
gaver ‹ **1** ›
gazéifier ‹ **7** ›
gazer ‹ **1** ›
gazonner ‹ **1** ›
gazouiller ‹ **1** ›
geindre ‹ **52** ›
gélatiner ‹ **1** ›
geler ‹ **5** ›
gélifier ‹ **7** ›
gémeller ‹ **1** ›
géminer ‹ **1** ›
gémir ‹ **2** ›
gemmer ‹ **1** ›
gendarmer (se) ‹ **1** › (**aux.** être)
gêner ‹ **1** ›
généraliser ‹ **1** ›
générer ‹ **6** ›
génériquer ‹ **1** ›
génétiser ‹ **1** ›
génotyper ‹ **1** ›
géographier ‹ **7** ›
géométriser ‹ **1** ›
gerber ‹ **1** ›
gercer ‹ **3** ›
gérer ‹ **6** ›
germaniser ‹ **1** ›
germer ‹ **1** ›
gésir ‹ **déf.** seult présent *je gis, tu gis, il gît* ou *git**, *nous gisons, vous gisez, ils gisent* ; imparfait *je gisais*, etc. ; p. présent *gisant* ›
gesticuler ‹ **1** ›
ghettoïser ‹ **1** ›
giboyer ‹ **8** ›
gicler ‹ **1** ›
gifler ‹ **1** ›
gigoter ‹ **1** ›
giguer ‹ **1** ›
ginguer ‹ **1** ›
girer ‹ **1** ›
gironner ‹ **1** ›
girouetter ‹ **1** ›
gîter
ou giter* ‹ **1** ›
givrer ‹ **1** ›
glacer ‹ **3** ›
glairer ‹ **1** ›
glaiser ‹ **1** ›
glander ‹ **1** ›
glandouiller ‹ **1** ›
glaner ‹ **1** ›
glapir ‹ **2** ›
glatir ‹ **2** ›
glavioter ‹ **1** ›
glaviotter ‹ **1** ›
gléner ‹ **6** ›
glisser ‹ **1** ›
globaliser ‹ **1** ›
glorifier ‹ **7** ›
gloser ‹ **1** ›
glouglouter ‹ **1** ›
glousser ‹ **1** ›
gloutonner ‹ **1** ›
gluer ‹ **1** ›
glycériner ‹ **1** ›
glycosyler ‹ **1** ›
gober ‹ **1** ›
goberger (se) ‹ **3** › (**aux.** être)
godailler ‹ **1** ›
goder ‹ **1** ›
godiller ‹ **1** ›
godronner ‹ **1** ›
gogoliser (se) ‹ **1** › (**aux.** être)
goguenarder ‹ **1** ›
goinfrer (se) ‹ **1** › (**aux.** être)
golfer ‹ **1** ›
gominer (se) ‹ **1** › (**aux.** être)
gommer ‹ **1** ›
gonder ‹ **1** ›
gondoler ‹ **1** ›
gonfler ‹ **1** ›
googliser ‹ **1** ›
gorger ‹ **3** ›
gosser ‹ **1** ›
gouacher ‹ **1** ›
gouailler ‹ **1** ›
goudronner ‹ **1** ›

gouger ‹ **3** ›
goujonner ‹ **1** ›
goupiller ‹ **1** ›
gourer (se) ‹ **1** › **(aux.** être**)**
gourmander ‹ **1** ›
gourmer ‹ **1** ›
gournabler ‹ **1** ›
goûter ou **gouter*** ‹ **1** ›
goutter ‹ **1** ›
gouverner ‹ **1** ›
gracier ‹ **7** ›
graduer ‹ **1** ›
graffiter ‹ **1** ›
grafigner ‹ **1** ›
grailler ‹ **1** ›
graillonner ‹ **1** ›
grainer ‹ **1** ›
graisser ‹ **1** ›
grammaticaliser ‹ **1** ›
grammer ‹ **1** ›
grandir ‹ **2** ›
graniter ‹ **1** ›
granuler ‹ **1** ›
graphiter ‹ **1** ›
grappiller ‹ **1** ›
grappiner ‹ **1** ›
grasseyer ‹ **1** ›
graticuler ‹ **1** ›
gratifier ‹ **7** ›
gratiner ‹ **1** ›
gratouiller ‹ **1** ›
gratteler ‹ **4** ›
gratter ‹ **1** ›
grattonner ‹ **1** ›
grattouiller ‹ **1** ›
graveler ‹ **4** ›
graver ‹ **1** ›
gravillonner ‹ **1** ›
gravir ‹ **2** ›
graviter ‹ **1** ›
gréciser ‹ **1** ›
grecquer ‹ **1** ›
gréer ‹ **1** ›
greffer ‹ **1** ›
grêler ‹ **1** ›
grelotter ou **greloter*** ‹ **1** ›
grenailler ‹ **1** ›
greneler ‹ **4** ›
grener ‹ **5** ›
grenouiller ‹ **1** ›
gréser ‹ **6** ›
grésiller ‹ **1** ›
grésillonner ‹ **1** ›
grever ‹ **5** ›
gribouiller ‹ **1** ›
griffer ‹ **1** ›
griffonner ‹ **1** ›
grigner ‹ **1** ›
grignoter ‹ **1** ›
grillager ‹ **3** ›
griller ‹ **1** ›
grimacer ‹ **3** ›
grimer ‹ **1** ›
grimper ‹ **1** ›
grincer ‹ **3** ›
gripper ‹ **1** ›
grisailler ‹ **1** ›
griser ‹ **1** ›
grisoller ‹ **1** ›
grisonner ‹ **1** ›
griveler ‹ **4** ›
grognasser ‹ **1** ›
grogner ‹ **1** ›
grognonner ‹ **1** ›
grommeler ‹ **4** ›
gronder ‹ **1** ›
grossir ‹ **2** ›
grossoyer ‹ **8** ›
grouiller ‹ **1** ›
grouper ‹ **1** ›
gruger ‹ **3** ›
grumeler (se) ‹ **4** › **(aux.** être**)**
grusiner ‹ **1** ›
gruter ‹ **1** ›
guéer ‹ **1** ›
guérir ‹ **2** ›
guerroyer ‹ **8** ›
guêtrer ‹ **1** ›
guetter ‹ **1** ›
gueuler ‹ **1** ›
gueuletonner ‹ **1** ›
gueuser ‹ **1** ›
guider ‹ **1** ›
guidonner ‹ **1** ›
guigner ‹ **1** ›
guillemeter ou **guilleméter*** ‹ **4** ›
guillocher ‹ **1** ›
guillotiner ‹ **1** ›
guimper ‹ **1** ›
guincher ‹ **1** ›
guindailler ‹ **1** ›
guinder ‹ **1** ›
guiper ‹ **1** ›
habiliter ‹ **1** ›
habiller ‹ **1** ›
habiter ‹ **1** ›
habituer ‹ **1** ›
hâbler ‹ **1** ›
hacher ‹ **1** ›
hachurer ‹ **1** ›
hacker ‹ **1** ›
haïr ‹ **10** ›
halener ‹ **5** ›
haler ‹ **1** ›
hâler ‹ **1** ›
haleter ‹ **5** ›
halluciner ‹ **1** ›
halogéner ‹ **6** ›
hameçonner ‹ **1** ›
hancher ‹ **1** ›
handicaper ‹ **1** ›
hannetonner ‹ **1** ›
hanter ‹ **1** ›
happer ‹ **1** ›

haranguer ‹ **1** ›
harasser ‹ **1** ›
harceler ‹ **5** ›
harder ‹ **1** ›
harmoniser ‹ **1** ›
harnacher ‹ **1** ›
harper ‹ **1** ›
harponner ‹ **1** ›
hasarder ‹ **1** ›
hâter ‹ **1** ›
haubaner ‹ **1** ›
hausser ‹ **1** ›
haussmanniser (se) ‹ **1** › **(aux.** être**)**
haver ‹ **1** ›
héberger ‹ **3** ›
hébéter ‹ **6** ›
hébraïser ‹ **1** ›
héler ‹ **6** ›
héliporter ‹ **1** ›
hélitreuiller ‹ **1** ›
helléniser ‹ **1** ›
hémodialyser ‹ **1** ›
hennir ‹ **2** ›
hépariniser ‹ **1** ›
herbager ‹ **3** ›
herboriser ‹ **1** ›
hercher ‹ **1** ›
hérisser ‹ **1** ›
hérissonner ‹ **1** ›
hériter ‹ **1** ›
herminer ‹ **1** ›
héroïser ‹ **1** ›
herscher ‹ **1** ›
herser ‹ **1** ›
hésiter ‹ **1** ›
heurter ‹ **1** ›
hiberner ‹ **1** ›
hiérarchiser ‹ **1** ›
hisser ‹ **1** ›
historialiser ‹ **1** ›
historiciser ‹ **1** ›
historier ‹ **7** ›
hiverner ‹ **1** ›
hocher ‹ **1** ›
holographier ‹ **7** ›
homogénéifier ‹ **7** ›
homogénéiser ‹ **1** ›
homologuer ‹ **1** ›
homosexualiser ‹ **1** ›
hongrer ‹ **1** ›
hongroyer ‹ **8** ›
honnir ‹ **2** ›
honorer ‹ **1** ›
hoqueter ‹ **4** ›
hormoner ‹ **1** ›
horrifier ‹ **7** ›
horripiler ‹ **1** ›
hospitaliser ‹ **1** ›
houblonner ‹ **1** ›
houer ‹ **1** ›
houpper ‹ **1** ›
hourder ‹ **1** ›
houspiller ‹ **1** ›
housser ‹ **1** ›
houssiner ‹ **1** ›
hucher ‹ **1** ›
huer ‹ **1** ›
huiler ‹ **1** ›
hululer ‹ **1** ›
humaniser ‹ **1** ›
humecter ‹ **1** ›
humer ‹ **1** ›
humidifier ‹ **7** ›
humilier ‹ **7** ›
hurler ‹ **1** ›
hybrider ‹ **1** ›
hydrater ‹ **1** ›
hydrofuger ‹ **3** ›
hydrogéner ‹ **6** ›
hydrolyser ‹ **1** ›
hydrophiliser ‹ **1** ›
hydroplaner ‹ **1** ›
hydroraffiner ‹ **1** ›
hygiéniser ‹ **1** ›
hyperboliser ‹ **1** ›
hypertrophier ‹ **7** ›
hypnotiser ‹ **1** ›
hypostasier ‹ **7** ›
hypothéquer ‹ **6** ›
hystériser ‹ **1** ›
iconiser ‹ **1** ›
idéaliser ‹ **1** ›
idéer ‹ **1** ›
identifier ‹ **7** ›
idéologiser ‹ **1** ›
idiotifier ‹ **7** ›
idiotiser ‹ **1** ›
idolâtrer ‹ **1** ›
ignifuger ‹ **3** ›
ignorer ‹ **1** ›
illuminer ‹ **1** ›
illusionner ‹ **1** ›
illustrer ‹ **1** ›
imager ‹ **3** ›
imaginer ‹ **1** ›
imbiber ‹ **1** ›
imbriquer ‹ **1** ›
imiter ‹ **1** ›
immatriculer ‹ **1** ›
immerger ‹ **3** ›
immigrer ‹ **1** ›
immiscer (s') ‹ **3** › **(aux.** être**)**
immobiliser ‹ **1** ›
immoler ‹ **1** ›
immortaliser ‹ **1** ›
immuniser ‹ **1** ›
impacter ‹ **1** ›
impartir ‹ **déf. 2** usité seult à l'infinitif, indicatif présent et **p. p.** ›
impatienter ‹ **1** ›
impatroniser ‹ **1** ›
impérialiser (s') ‹ **1** › **(aux.** être**)**
imperméabiliser ‹ **1** ›
impersonnaliser ‹ **1** ›

impétrer ‹ **6** ›
implanter ‹ **1** ›
implémenter ‹ **1** ›
impliquer ‹ **1** ›
implorer ‹ **1** ›
imploser ‹ **1** ›
1. importer ‹ **1** › (introduire)
2. importer ‹ **déf. 1** seult à l'infinitif, au p. présent et à la 3e pers. › (intéresser, être important)
importuner ‹ **1** ›
imposer ‹ **1** ›
impréciser (s') ‹ **1** › **(aux.** être**)**
imprégner ‹ **6** ›
impressionner ‹ **1** ›
imprimer ‹ **1** ›
improuver ‹ **1** ›
improviser ‹ **1** ›
impulser ‹ **1** ›
imputer ‹ **1** ›
inachever ‹ **5** ›
inactiver ‹ **1** ›
inaugurer ‹ **1** ›
incaguer ‹ **1** ›
incarcérer ‹ **6** ›
incarner ‹ **1** ›
incendier ‹ **7** ›
incidenter ‹ **1** ›
incinérer ‹ **6** ›
inciser ‹ **1** ›
inciter ‹ **1** ›
incliner ‹ **1** ›
inclure ‹ **35** sauf **p. p.** *inclus, incluse* ›
incomber ‹ **déf. 1** seult à l'infinitif et à la 3e pers. ›
incommoder ‹ **1** ›
incorporer ‹ **1** ›
incrémenter ‹ **1** ›
incriminer ‹ **1** ›
incruster ‹ **1** ›
incuber ‹ **1** ›
inculper ‹ **1** ›
inculquer ‹ **1** ›
incursionner ‹ **1** ›
incurver ‹ **1** ›
indéfiniser (s') ‹ **1** › **(aux.** être**)**
indemniser ‹ **1** ›
indéterminer (s') ‹ **1** › **(aux.** être**)**
indexer ‹ **1** ›
indianiser ‹ **1** ›
indicer ‹ **3** ›
indifférencier ‹ **7** ›
indifférer ‹ **6** ›
indigérer ‹ **6** ›
indigestionner ‹ **1** ›
indigner ‹ **1** ›
indiquer ‹ **1** ›
indisposer ‹ **1** ›
individualiser ‹ **1** ›
individuer ‹ **1** ›
induire ‹ **38** ›
indurer ‹ **1** ›
industrialiser ‹ **1** ›
inégaliser ‹ **1** ›
infantiliser ‹ **1** ›
infatuer ‹ **1** ›
infecter ‹ **1** ›
inféoder ‹ **1** ›
inférer ‹ **6** ›
inférioriser ‹ **1** ›
infester ‹ **1** ›
infibuler ‹ **1** ›
infiltrer ‹ **1** ›
infirmer ‹ **1** ›
infléchir ‹ **2** ›
infliger ‹ **3** ›
influencer ‹ **3** ›
influer ‹ **1** ›
informatiser ‹ **1** ›
informer ‹ **1** ›
infuser ‹ **1** ›
ingénier (s') ‹ **7** › **(aux.** être**)**
ingérer ‹ **6** ›
ingurgiter ‹ **1** ›
inhaler ‹ **1** ›
inhiber ‹ **1** ›
inhumer ‹ **1** ›
initialiser ‹ **1** ›
initier ‹ **7** ›
injecter ‹ **1** ›
injurier ‹ **7** ›
innerver ‹ **1** ›
innocenter ‹ **1** ›
innover ‹ **1** ›
inoculer ‹ **1** ›
inonder ‹ **1** ›
inquiéter ‹ **6** ›
inscrire ‹ **39** ›
insculper ‹ **1** ›
insécuriser ‹ **1** ›
inséminer ‹ **1** ›
insensibiliser ‹ **1** ›
insérer ‹ **6** ›
insinuer ‹ **1** ›
insister ‹ **1** ›
insoler ‹ **1** ›
insolubiliser ‹ **1** ›
insonoriser ‹ **1** ›
inspecter ‹ **1** ›
inspirer ‹ **1** ›
installer ‹ **1** ›
instantanéiser ‹ **1** ›
instaurer ‹ **1** ›
instiguer ‹ **1** ›
instiller ‹ **1** ›
instituer ‹ **1** ›
institutionnaliser ‹ **1** ›
instruire ‹ **38** ›
instrumentaliser ‹ **1** ›
instrumenter ‹ **1** ›
insuffler ‹ **1** ›

insulariser ‹ **1** ›
insulter ‹ **1** ›
insupporter ‹ **1** ›
insurger (s') ‹ **3** ›
(**aux.** être)
intailler ‹ **1** ›
intégrer ‹ **6** ›
intellectualiser ‹ **1** ›
intensifier ‹ **7** ›
intenter ‹ **1** ›
intentionnaliser ‹ **1** ›
interagir ‹ **2** ›
intercaler ‹ **1** ›
intercéder ‹ **6** ›
intercepter ‹ **1** ›
interchanger ‹ **3** ›
interclasser ‹ **1** ›
interconnecter ‹ **1** ›
interdire ‹ **37** sauf *vous interdisez* ›
intéresser ‹ **1** ›
interfacer ‹ **3** ›
interféconder (s') ‹ **1** ›
(**aux.** être)
interférer ‹ **6** ›
interfolier ‹ **7** ›
intérioriser ‹ **1** ›
interjecter ‹ **1** ›
interjeter ‹ **4** ›
interligner ‹ **1** ›
interloquer ‹ **1** ›
internaliser ‹ **1** ›
internationaliser ‹ **1** ›
interner ‹ **1** ›
interopérer ‹ **6** ›
interpeller ‹ **1** ; **4** ›
interpénétrer (s') ‹ **6** ›
(**aux.** être)
interpoler ‹ **1** ›
interpolliniser ‹ **1** ›
interposer ‹ **1** ›
interpréter ‹ **6** ›
interroger ‹ **3** ›

interrompre ‹ **41** ›
intersecter ‹ **1** ›
intersectionner (s') ‹ **1** ›
(**aux.** être)
intervenir ‹ **22** ›
(**aux.** être)
intervertir ‹ **2** ›
interviewer ‹ **1** ›
intimer ‹ **1** ›
intimider ‹ **1** ›
intituler ‹ **1** ›
intoxiquer ‹ **1** ›
intravertir ‹ **2** ›
intriguer ‹ **1** ›
intriquer ‹ **1** ›
introduire ‹ **38** ›
introjeter ‹ **4** ›
introniser ‹ **1** ›
introspecter ‹ **1** ›
intuber ‹ **1** ›
intuitionner ‹ **1** ›
intumiéfier (s') ‹ **7** ›
(**aux.** être)
invaginer (s') ‹ **1** ›
(**aux.** être)
invalider ‹ **1** ›
invectiver ‹ **1** ›
inventer ‹ **1** ›
inventorier ‹ **7** ›
inverser ‹ **1** ›
invertir ‹ **2** ›
investiguer ‹ **1** ›
investir ‹ **2** ›
inviter ‹ **1** ›
involuer ‹ **1** ›
invoquer ‹ **1** ›
ioder ‹ **1** ›
iodler ‹ **1** ›
ioniser ‹ **1** ›
iriser ‹ **1** ›
ironiser ‹ **1** ›
irradier ‹ **7** ›
irriguer ‹ **1** ›

irriter ‹ **1** ›
islamiser ‹ **1** ›
isoler ‹ **1** ›
isomériser ‹ **1** ›
issir ‹ **déf.** seult **p. p.** *issu* et temps composés ›
italianiser ‹ **1** ›
itérer ‹ **6** ›
ixer ‹ **1** ›
jabler ‹ **1** ›
jaboter ‹ **1** ›
jacasser ‹ **1** ›
jacter ‹ **1** ›
jaillir ‹ **2** ›
jalonner ‹ **1** ›
jalouser ‹ **1** ›
jammer ‹ **1** ›
japonaiser ‹ **1** ›
japoniser ‹ **1** ›
japper ‹ **1** ›
jardiner ‹ **1** ›
jargonner ‹ **1** ›
jarreter ‹ **4** ›
jaser ‹ **1** ›
jasper ‹ **1** ›
jaspiner ‹ **1** ›
jauger ‹ **3** ›
jaunir ‹ **2** ›
javeler ‹ **4** ›
javelliser ‹ **1** ›
jazzifier ‹ **7** ›
jerker ‹ **1** ›
jeter ‹ **4** ›
jeûner
ou jeuner* ‹ **1** ›
jobarder ‹ **1** ›
jodler ‹ **1** ›
jogger ‹ **1** ›
joindre ‹ **49** ›
jointer ‹ **1** ›
jointoyer ‹ **8** ›
joncer ‹ **3** ›
joncher ‹ **1** ›

jongler ‹ **1** ›
joualiser ‹ **1** ›
jouer ‹ **1** ›
jouir ‹ **2** ›
journaliser ‹ **1** ›
jouter ‹ **1** ›
jouxter ‹ **1** ›
jubiler ‹ **1** ›
jucher ‹ **1** ›
judaïser ‹ **1** ›
judiciariser ‹ **1** ›
juger ‹ **3** ›
juguler ‹ **1** ›
jumeler ‹ **4** ›
juponner ‹ **1** ›
jurer ‹ **1** ›
justifier ‹ **7** ›
juter ‹ **1** ›
juxtaposer ‹ **1** ›
kaoliniser ‹ **1** ›
karchériser ‹ **1** ›
kératiniser ‹ **1** ›
kidnapper ‹ **1** ›
kifer ‹ **1** ›
kilométrer ‹ **6** ›
klaxonner
ou clacsonner* ‹ **1** ›
knock-outer
ou knockouter* ‹ **1** ›
knouter ‹ **1** ›
koter ‹ **1** ›
labelliser ‹ **1** ›
labialiser ‹ **1** ›
labourer ‹ **1** ›
lacer ‹ **3** ›
lacérer ‹ **6** ›
lâcher ‹ **1** ›
laïciser ‹ **1** ›
lainer ‹ **1** ›
laisser ‹ **1** ›
laitonner ‹ **1** ›
laïusser ‹ **1** ›
lambiner ‹ **1** ›

lambrisser ‹ **1** ›
lamenter ‹ **1** ›
lamer ‹ **1** ›
laminer ‹ **1** ›
lamper ‹ **1** ›
lancer ‹ **3** ›
lanciner ‹ **1** ›
langer ‹ **3** ›
langueyer ‹ **1** ›
languir ‹ **2** ›
lansquiner ‹ **1** ›
lanterner ‹ **1** ›
lantiponner ‹ **1** ›
laper ‹ **1** ›
lapider ‹ **1** ›
lapidifier ‹ **7** ›
lapiner ‹ **1** ›
laquer ‹ **1** ›
larder ‹ **1** ›
lardonner ‹ **1** ›
larguer ‹ **1** ›
larmoyer ‹ **8** ›
laryngectomiser ‹ **1** ›
lasser ‹ **1** ›
lasurer ‹ **1** ›
latiniser ‹ **1** ›
latter ‹ **1** ›
laver ‹ **1** ›
layer ‹ **8** ›
lécher ‹ **6** ›
léchotter ‹ **1** ›
léchouiller ‹ **1** ›
légaliser ‹ **1** ›
légender ‹ **1** ›
légiférer ‹ **6** ›
légitimer ‹ **1** ›
léguer ‹ **6** ›
lemmatiser ‹ **1** ›
lénifier ‹ **7** ›
léser ‹ **6** ›
lésiner ‹ **1** ›
lessiver ‹ **1** ›
lester ‹ **1** ›

lettrer ‹ **1** ›
leurrer ‹ **1** ›
lever ‹ **5** ›
léviger ‹ **3** ›
léviter ‹ **1** ›
levrauder ‹ **1** ›
levretter ‹ **1** ›
levurer ‹ **1** ›
lexicaliser (se) ‹ **1** ›
(**aux.** être)
lézarder ‹ **1** ›
liaisonner ‹ **1** ›
libeller ‹ **1** ›
libéraliser ‹ **1** ›
libérer ‹ **6** ›
licencier ‹ **7** ›
licher ‹ **1** ›
liciter ‹ **1** ›
liéger ‹ **3** et **6** ›
lier ‹ **7** ›
lifter ‹ **1** ›
ligaturer ‹ **1** ›
ligner ‹ **1** ›
lignifier (se) ‹ **7** ›
(**aux.** être)
ligoter ‹ **1** ›
liguer ‹ **1** ›
limander ‹ **1** ›
limer ‹ **1** ›
limiter ‹ **1** ›
limoger ‹ **3** ›
limoner ‹ **1** ›
limousiner ‹ **1** ›
linéamenter ‹ **1** ›
linéariser ‹ **1** ›
lingoter ‹ **1** ›
liposucer ‹ **3** ›
liquéfier ‹ **7** ›
liquider ‹ **1** ›
lire ‹ **43** ›
liserer ‹ **5** ›
lisérer ‹ **6** ›
lisser ‹ **1** ›

lister ‹ **1** ›
liter ‹ **1** ›
lithochromiser ‹ **1** ›
lithographier ‹ **7** ›
lithotypographier ‹ **7** ›
litrer ‹ **1** ›
livrer ‹ **1** ›
lober ‹ **1** ›
lobotomiser ‹ **1** ›
localiser ‹ **1** ›
locher ‹ **1** ›
lockouter ‹ **1** ›
lofer ‹ **1** ›
loger ‹ **3** ›
loguer (se) ‹ **1** › **(aux.** être**)**
longer ‹ **3** ›
looker ‹ **1** ›
looker ‹ **1** ›
loquer (se) ‹ **1** › **(aux.** être**)**
loqueter ‹ **4** ›
lorgner ‹ **1** ›
losanger ‹ **3** ›
lotionner ‹ **1** ›
lotir ‹ **2** ›
louanger ‹ **3** ›
loucher ‹ **1** ›
louchir ‹ **2** ›
louer ‹ **1** ›
louper ‹ **1** ›
lourder ‹ **1** ›
lourer ‹ **1** ›
louveter ‹ **4** ›
louvoyer ‹ **8** ›
lover ‹ **1** ›
lubrifier ‹ **7** ›
luger ‹ **3** ›
luire ‹ **déf. 38**, sauf au **p. p.** *lui*, pas de **p. p.** fém. ; passé simple et imparfait du subjonctif inusités ›
luncher ‹ **1** ›
lustrer ‹ **1** ›
luter ‹ **1** ›
lutiner ‹ **1** ›
lutter ‹ **1** ›
luxer ‹ **1** ›
lyncher ‹ **1** ›
lyophiliser ‹ **1** ›
lyriser ‹ **1** ›
lyser ‹ **1** ›
macadamiser ‹ **1** ›
macérer ‹ **6** ›
macher ‹ **1** ›
mâcher ‹ **1** ›
machicoter ‹ **1** ›
machiner ‹ **1** ›
mâchonner ‹ **1** ›
mâchoter ‹ **1** ›
mâchouiller ‹ **1** ›
mâchurer ‹ **1** ›
macler ‹ **1** ›
maçonner ‹ **1** ›
maculer ‹ **1** ›
madéfier ‹ **7** ›
madériser ‹ **1** ›
madrigaliser ‹ **1** ›
maganer ‹ **1** ›
magasiner ‹ **1** ›
magner (se) ‹ **1** › **(aux.** être**)**
magnétiser ‹ **1** ›
magnétoscoper ‹ **1** ›
magnifier ‹ **7** ›
magouiller ‹ **1** ›
magyariser ‹ **1** ›
maigrir ‹ **2** ›
mailler ‹ **1** ›
maintenir ‹ **22** ›
maîtriser ou maitriser* ‹ **1** ›
majorer ‹ **1** ›
malaxer ‹ **1** ›
malléabiliser ‹ **1** ›
malléer ‹ **1** ›
malmener ‹ **5** ›
malter ‹ **1** ›
maltraiter ‹ **1** ›
mamelonner (se) ‹ **1** › **(aux.** être**)**
manager ‹ **3** ›
manchonner ‹ **1** ›
mandater ‹ **1** ›
mander ‹ **1** ›
mandriner ‹ **1** ›
manéger ‹ **6** ›
mangeailler ‹ **1** ›
mangeotter ‹ **1** ›
manger ‹ **3** ›
manier ‹ **7** ›
maniérer (se) ‹ **6** › **(aux.** être**)**
manifester ‹ **1** ›
manigancer ‹ **3** ›
maniller ‹ **1** ›
manipuler ‹ **1** ›
mannequiner ‹ **1** ›
manœuvrer ‹ **1** ›
manoquer ‹ **1** ›
manquer ‹ **1** ›
manualiser ‹ **1** ›
manucurer ‹ **1** ›
manuéliser ‹ **1** ›
manufacturer ‹ **1** ›
manutentionner ‹ **1** ›
mapper ‹ **1** ›
maquer ‹ **1** ›
maquereauter ‹ **1** ›
maquetter ‹ **1** ›
maquignonner ‹ **1** ›
maquiller ‹ **1** ›
marabouter ‹ **1** ›
marauder ‹ **1** ›
marbrer ‹ **1** ›
marchandailler ‹ **1** ›
marchander ‹ **1** ›
marcher ‹ **1** ›

marcotter ‹ **1** ›
margauder ‹ **1** ›
marger ‹ **3** ›
marginaliser ‹ **1** ›
marginer ‹ **1** ›
margoter ‹ **1** ›
marier ‹ **7** ›
mariner ‹ **1** ›
marivauder ‹ **1** ›
marketer ‹ **4** ›
marmiter ‹ **1** ›
marmonner ‹ **1** ›
marmoriser ‹ **1** ›
marmotter ‹ **1** ›
marner ‹ **1** ›
maronner ‹ **1** ›
maroufler ‹ **1** ›
marquer ‹ **1** ›
marrer (se) ‹ **1** › **(aux.** être)
marsouiner ‹ **1** ›
marteler ‹ **5** ›
martyriser ‹ **1** ›
marxiser ‹ **1** ›
masculiniser ‹ **1** ›
masquer ‹ **1** ›
massacrer ‹ **1** ›
masser ‹ **1** ›
massicoter ‹ **1** ›
massifier ‹ **7** ›
mastiquer ‹ **1** ›
masturber ‹ **1** ›
matcher ‹ **1** ›
matelasser ‹ **1** ›
mater ‹ **1** ›
mâter ‹ **1** ›
matérialiser ‹ **1** ›
materner ‹ **1** ›
materniser ‹ **1** ›
mathématiser ‹ **1** ›
matifier ‹ **7** ›
mâtiner ‹ **1** ›
matir ‹ **2** ›
matraquer ‹ **1** ›
matricer ‹ **3** ›
matriculer ‹ **1** ›
matter ‹ **1** ›
maturer ‹ **1** ›
maudire ‹ **2** sauf infinitif et **p. p.** *maudit, maudite* ›
maugréer ‹ **1** ›
maximaliser ‹ **1** ›
maximiser ‹ **1** ›
mazouter ‹ **1** ›
mécaniser ‹ **1** ›
mécher ‹ **6** ›
méconduire (se) ‹ **38** › **(aux.** être)
méconnaître ou **méconnaitre*** ‹ **57** ›
mécontenter ‹ **1** ›
mécroire ‹ **déf.** seult à l'infinitif ›
médailler ‹ **1** ›
médiatiser ‹ **1** ›
médicaliser ‹ **1** ›
médire ‹ **37** sauf *vous médisez* ›
méditer ‹ **1** ›
méduser ‹ **1** ›
méfier (se) ‹ **7** › **(aux.** être)
mégir ‹ **2** ›
mégisser ‹ **1** ›
mégoter ‹ **1** ›
méjuger ‹ **3** ›
mélanger ‹ **3** ›
mêler ‹ **1** ›
mélodramatiser ‹ **1** ›
membrer ‹ **1** ›
mémérer ‹ **6** ›
mémoriser ‹ **1** ›
menacer ‹ **3** ›
ménager ‹ **3** ›
mendier ‹ **7** ›
mendigoter ‹ **1** ›
mener ‹ **5** ›
menotter ‹ **1** ›
mensualiser ‹ **1** ›
mentaliser ‹ **1** ›
mentionner ‹ **1** ›
mentir ‹ **16** ›
menuiser ‹ **1** ›
méphitiser ‹ **1** ›
méprendre (se) ‹ **58** › **(aux.** être)
mépriser ‹ **1** ›
mercantiliser ‹ **1** ›
merceriser ‹ **1** ›
merder ‹ **1** ›
merdouiller ‹ **1** ›
merdoyer ‹ **8** ›
meringuer ‹ **1** ›
mériter ‹ **1** ›
mésallier (se) ‹ **7** › **(aux.** être)
mésentendre ‹ **41** ›
mésestimer ‹ **1** ›
mésinterpréter ‹ **6** ›
messeoir ou **messoir*** ‹ **déf. 26** rare, sauf présent *il messied, ils messiéent* ; futur *il messiéra, ils messiéront* ; conditionnel *il messiérait, ils messiéraient* ; p. présent *messéant* ›
mesurer ‹ **1** ›
mésuser ‹ **1** ›
métaboliser ‹ **1** ›
métalliser ‹ **1** ›
métamériser (se) ‹ **1** › **(aux.** être)
métamorphiser ‹ **1** ›
métamorphoser ‹ **1** ›
métaphoriser ‹ **1** ›
métaphysiquer ‹ **1** ›
métastaser ‹ **1** ›

métempsychoser (se) ‹ **1** › **(aux.** être**)**
météoriser ‹ **1** ›
métisser ‹ **1** ›
métrer ‹ **6** ›
mettre ‹ **56** ›
meubler ‹ **1** ›
meugler ‹ **1** ›
meuler ‹ **1** ›
meurtrir ‹ **2** ›
mévendre ‹ **41** ›
mexicaniser ‹ **1** ›
miauler ‹ **1** ›
michetonner ‹ **1** ›
microcopier ‹ **7** ›
microficher ‹ **1** ›
microfilmer ‹ **1** ›
microfiltrer ‹ **1** ›
micro-injecter ‹ **1** ›
microminiaturiser ‹ **1** ›
microniser ‹ **1** ›
microphotographier ‹ **7** ›
microprogrammer ‹ **1** ›
mignarder ‹ **1** ›
mignoter ‹ **1** ›
migrer ‹ **1** ›
mijoter ‹ **1** ›
militariser ‹ **1** ›
militer ‹ **1** ›
millésimer ‹ **1** ›
miméographier ‹ **7** ›
mimer ‹ **1** ›
minauder ‹ **1** ›
mincir ‹ **2** ›
miner ‹ **1** ›
minéraliser ‹ **1** ›
miniaturiser ‹ **1** ›
minimiser ‹ **1** ›
minorer ‹ **1** ›
minuter ‹ **1** ›
mirer ‹ **1** ›
miroiter ‹ **1** ›
miser ‹ **1** ›
missionner ‹ **1** ›
miter (se) ‹ **1** › **(aux.** être**)**
mithridatiser ‹ **1** ›
mitiger ‹ **3** ›
mitonner ‹ **1** ›
mitrailler ‹ **1** ›
mixer ‹ **1** ›
mixtionner ‹ **1** ›
mobiliser ‹ **1** ›
modaliser ‹ **1** ›
modeler ‹ **5** ›
modéliser ‹ **1** ›
modérer ‹ **6** ›
moderniser ‹ **1** ›
modifier ‹ **7** ›
moduler ‹ **1** ›
mofler ‹ **1** ›
moirer ‹ **1** ›
moiser ‹ **1** ›
moisir ‹ **2** ›
moissonner ‹ **1** ›
moitir ‹ **2** ›
molester ‹ **1** ›
moleter ‹ **4** ›
mollarder ‹ **1** ›
molletonner ‹ **1** ›
mollifier ‹ **7** ›
mollir ‹ **2** ›
momifier ‹ **7** ›
monarchiser ‹ **1** ›
mondaniser ‹ **1** ›
monder ‹ **1** ›
mondialiser ‹ **1** ›
monétiser ‹ **1** ›
monnayer ‹ **8** ›
monologuer ‹ **1** ›
monopoliser ‹ **1** ›
monter ‹ **1** › **(aux.** avoir, être**)**
montrer ‹ **1** ›
moquer ‹ **1** ›
moquetter ‹ **1** ›
moraliser ‹ **1** ›
morceler ‹ **4** ›
mordancer ‹ **3** ›
mordiller ‹ **1** ›
mordre ‹ **41** ›
morfiler ‹ **1** ›
morfler ‹ **1** ›
morfondre (se) ‹ **41** › **(aux.** être**)**
morigéner ‹ **6** ›
morphiner (se) ‹ **1** › **(aux.** être**)**
mortaiser ‹ **1** ›
mortifier ‹ **7** ›
motiver ‹ **1** ›
motoriser ‹ **1** ›
motter (se) ‹ **1** › **(aux.** être**)**
moucharder ‹ **1** ›
moucher ‹ **1** ›
moucheronner ‹ **1** ›
moucheter ‹ **4** ›
moudre ‹ **47** rare, sauf à l'infinitif au futur *je moudrai, tu moudras,* etc. et au **p. p.** *moulu, moulue* ›
moufeter ou moufter ‹ **déf. 1** rare, sauf à l'infinitif, à l'imparfait et aux temps composés ›
mouillasser ‹ **1** ›
mouiller ‹ **1** ›
mouler ‹ **1** ›
mouliner ‹ **1** ›
moulurer ‹ **1** ›
mourir ‹ **19** › **(aux.** être**)**
mousquetonner ‹ **1** ›
mousser ‹ **1** ›
moutarder ‹ **1** ›

moutonner ‹ **1** ›
mouvementer ‹ **1** ›
mouvoir ‹ **27** rare sauf infinitif, présent indicatif, p. présent *mouvant*, **p. p.** *mû* ou *mu** ›
moyenner ‹ **1** ›
mucher ‹ **1** ›
muer ‹ **1** ›
mugir ‹ **2** ›
mugueter ‹ **4** ›
muloter ‹ **1** ›
multiplier ‹ **7** ›
municipaliser ‹ **1** ›
munir ‹ **2** ›
munitionner ‹ **1** ›
murer ‹ **1** ›
murger (se) ‹ **3** › **(aux.** être)
mûrir ou murir* ‹ **2** ›
murmurer ‹ **1** ›
musarder ‹ **1** ›
muscler ‹ **1** ›
museler ‹ **4** ›
muser ‹ **1** ›
musiquer ‹ **1** ›
musser ‹ **1** ›
muter ‹ **1** ›
mutiler ‹ **1** ›
mutiner (se) ‹ **1** › **(aux.** être)
mutualiser ‹ **1** ›
mysticiser ‹ **1** ›
mystifier ‹ **7** ›
mythifier ‹ **7** ›
nacrer ‹ **1** ›
nageoter ‹ **1** ›
nager ‹ **3** ›
naître ou naitre* ‹ **59** › **(aux.** être)
nanifier ‹ **7** ›
naniser ‹ **1** ›
nantir ‹ **2** ›
napalmiser ‹ **1** ›
naphtaliner ‹ **1** ›
napper ‹ **1** ›
napperonner ‹ **1** ›
narcotiser ‹ **1** ›
narguer ‹ **1** ›
narrativiser ‹ **1** ›
narrer ‹ **1** ›
nasaliser ‹ **1** ›
nasarder ‹ **1** ›
nasillarder ‹ **1** ›
nasiller ‹ **1** ›
nasillonner ‹ **1** ›
nationaliser ‹ **1** ›
natter ‹ **1** ›
naturaliser ‹ **1** ›
naufrager ‹ **3** ›
navaliser ‹ **1** ›
navigabiliser ‹ **1** ›
naviguer ‹ **1** ›
navrer ‹ **1** ›
nazifier ‹ **7** ›
néantiser ‹ **1** ›
nébuliser ‹ **1** ›
nécessiter ‹ **1** ›
nécroser ‹ **1** ›
négliger ‹ **3** ›
négocier ‹ **7** ›
neigeoter ‹ **1** ›
neiger ‹ **3** ›
nerver ‹ **1** ›
nervurer ‹ **1** ›
nettoyer ‹ **8** ›
neutraliser ‹ **1** ›
niaiser ‹ **1** ›
nicher ‹ **1** ›
nickeler ‹ **4** ›
nicotiniser ‹ **1** ›
nider (se) ‹ **1** › **(aux.** être)
nidifier ‹ **7** ›
nieller ‹ **1** ›
nier ‹ **7** ›
nimber ‹ **1** ›
nipper ‹ **1** ›
niquer ‹ **1** ›
nitrater ‹ **1** ›
nitrer ‹ **1** ›
nitrifier ‹ **7** ›
nitrurer ‹ **1** ›
niveler ‹ **4** ›
nocer ‹ **3** ›
noircir ‹ **2** ›
noliser ‹ **1** ›
nomadiser ‹ **1** ›
nombrer ‹ **1** ›
nomenclaturer ‹ **1** ›
nominaliser ‹ **1** ›
nominer ‹ **1** ›
nommer ‹ **1** ›
nordir ‹ **2** ›
normaliser ‹ **1** ›
normer ‹ **1** ›
notarier ‹ **7** ›
noter ‹ **1** ›
notifier ‹ **7** ›
nouer ‹ **1** ›
nourrir ‹ **2** ›
novéliser ‹ **1** ›
nover ‹ **1** ›
noyauter ‹ **1** ›
noyer ‹ **8** ›
nuancer ‹ **3** ›
nucléariser ‹ **1** ›
nuire ‹ **38** ›
numériser ‹ **1** ›
numéroter ‹ **1** ›
obéir ‹ **2** ›
obérer ‹ **6** ›
objecter ‹ **1** ›
objectiver ‹ **1** ›
objurguer ‹ **1** ›
obliger ‹ **3** ›

obliquer ‹ **1** ›
oblitérer ‹ **6** ›
obnubiler ‹ **1** ›
obombrer ‹ **1** ›
obscurcir ‹ **2** ›
obséder ‹ **6** ›
observer ‹ **1** ›
obstiner (s') ‹ **1** ›
obstruer ‹ **1** ›
obtempérer ‹ **6** ›
obtenir ‹ **22** ›
obturer ‹ **1** ›
obvenir ‹ **22** › (**aux.** être)
obvier ‹ **7** ›
occasionner ‹ **1** ›
occidentaliser ‹ **1** ›
occire ‹ **déf.** inusité sauf à l'infinitif et aux temps composés, **p. p.** *occis, occise* ›
occlure ‹ **35** sauf **p. p.** *occlus, occluse* ›
occulter ‹ **1** ›
occuper ‹ **1** ›
oceller ‹ **1** ›
ocrer ‹ **1** ›
octavier ‹ **7** ›
octroyer ‹ **8** ›
octupler ‹ **1** ›
odorer ‹ **1** ›
odoriser ‹ **1** ›
œdématier (s') ‹ **7** ›
œillader ‹ **1** ›
œilletonner ‹ **1** ›
œuvrer ‹ **1** ›
offenser ‹ **1** ›
officialiser ‹ **1** ›
officier ‹ **7** ›
offrir ‹ **18** ›
offusquer ‹ **1** ›
oindre ‹ **49** ›
oiseler ‹ **4** ›
ombrager ‹ **3** ›
ombrer ‹ **1** ›
omettre ‹ **56** ›
ondoyer ‹ **8** ›
onduler ‹ **1** ›
opacifier ‹ **7** ›
opaliser ‹ **1** ›
opérer ‹ **6** ›
opiacer ‹ **3** ›
opiner ‹ **1** ›
opiniâtrer (s') ‹ **1** › (**aux.** être)
opposer ‹ **1** ›
oppresser ‹ **1** ›
opprimer ‹ **1** ›
opter ‹ **1** ›
optimaliser ‹ **1** ›
optimiser ‹ **1** ›
oraliser ‹ **1** ›
oranger ‹ **3** ›
orbiter ‹ **1** ›
orchestrer ‹ **1** ›
ordonnancer ‹ **3** ›
ordonner ‹ **1** ›
organiciser (s') ‹ **1** › (**aux.** être)
organiser ‹ **1** ›
organsiner ‹ **1** ›
orientaliser ‹ **1** ›
orienter ‹ **1** ›
originer (s') ‹ **1** › (**aux.** être)
oringuer ‹ **1** ›
ornementer ‹ **1** ›
orner ‹ **1** ›
orthographier ‹ **7** ›
osciller ‹ **1** ›
oser ‹ **1** ›
ossifier ‹ **7** ›
ostraciser ‹ **1** ›
ôter ‹ **1** ›
ouater ‹ **1** ›
ouatiner ‹ **1** ›
oublier ‹ **7** ›
ouiller ‹ **1** ›
ouïr ‹ **déf.** surtout infinitif et **p. p.** *ouï*; présent *j'ois, nous oyons*; imparfait *j'oyais*; passé simple *j'ouï*; futur *j'ouïrai*; subjonctif *que j'oie, que nous oyions*; *que j'ouïsse* ›
ourdir ‹ **2** ›
ourler ‹ **1** ›
outiller ‹ **1** ›
outrager ‹ **3** ›
outrepasser ‹ **1** ›
outrer ‹ **1** ›
ouvrager ‹ **3** ›
ouvrer ‹ **1** ›
ouvrir ‹ **18** ›
ovaliser ‹ **1** ›
ovariectomiser ‹ **1** ›
ovationner ‹ **1** ›
ovuler ‹ **1** ›
oxyder ‹ **1** ›
oxygéner ‹ **6** ›
ozoniser ‹ **1** ›
pacager ‹ **3** ›
pacifier ‹ **7** ›
pacquer ‹ **1** ›
pacser ‹ **1** ›
pactiser ‹ **1** ›
paddocker (se) ‹ **1** › (**aux.** être)
paganiser ‹ **1** ›
pagayer ‹ **8** ›
pageoter (se) ‹ **1** › (**aux.** être)
pager (se) ‹ **3** › (**aux.** être)
paginer ‹ **1** ›
pagnoter (se) ‹ **1** › (**aux.** être)
paillarder ‹ **1** ›
paillassonner ‹ **1** ›

pailler ‹ **1** ›
pailleter ‹ **4** ›
paisseler ‹ **4** ›
paître
ou **paitre*** ‹ **déf. 57** pas de p. simple ni de subjonctif imparfait ; pas de **p. p.** ›
palabrer ‹ **1** ›
palangrer ‹ **1** ›
palanquer ‹ **1** ›
palataliser ‹ **1** ›
palettiser ‹ **1** ›
palinodier ‹ **7** ›
pâlir ‹ **2** ›
palissader ‹ **1** ›
palisser ‹ **1** ›
palissonner ‹ **1** ›
pallier ‹ **7** ›
palmer ‹ **1** ›
palper ‹ **1** ›
palpiter ‹ **1** ›
palucher (se) ‹ **1** ›
(aux. être**)**
pâmer (se) ‹ **1** ›
(aux. être**)**
panacher ‹ **1** ›
panader (se) ‹ **1** ›
(aux. être**)**
paner ‹ **1** ›
panifier ‹ **7** ›
paniquer ‹ **1** ›
panneauter ‹ **1** ›
panner ‹ **1** ›
panoramiquer ‹ **1** ›
panosser ‹ **1** ›
panser ‹ **1** ›
panteler ‹ **4** ›
pantographier ‹ **7** ›
pantomimer ‹ **1** ›
pantoufler ‹ **1** ›
papillonner ‹ **1** ›
papilloter ‹ **1** ›
papoter ‹ **1** ›
parachever ‹ **5** ›
parachuter ‹ **1** ›
parader ‹ **1** ›
paraffiner ‹ **1** ›
paraître
ou **paraitre*** ‹ **57** ›
(aux. avoir, être**)**
paralléliser ‹ **1** ›
paralyser ‹ **1** ›
paramétrer ‹ **6** ›
parangonner ‹ **1** ›
parapher ‹ **1** ›
paraphraser ‹ **1** ›
parasiter ‹ **1** ›
parceller ‹ **1** ›
parcelliser ‹ **1** ›
parcheminer ‹ **1** ›
parcourir ‹ **11** ›
pardonner ‹ **1** ›
parementer ‹ **1** ›
parer ‹ **1** ›
paresser ‹ **1** ›
parfaire ‹ **déf. 60** seult à l'infinitif et aux temps composés ›
parfiler ‹ **1** ›
parfondre ‹ **41** ›
parfumer ‹ **1** ›
parier ‹ **7** ›
parisianiser ‹ **1** ›
parjurer (se) ‹ **1** ›
(aux. être**)**
parkériser ‹ **1** ›
parlementer ‹ **1** ›
parler ‹ **1** ›
parloter ‹ **1** ›
parodier ‹ **7** ›
parquer ‹ **1** ›
parqueter ‹ **4** ›
parrainer ‹ **1** ›
parsemer ‹ **5** ›
partager ‹ **3** ›
participer ‹ **1** ›
particulariser ‹ **1** ›
1. partir ‹ **16** ›
(aux. être**)** (s'en aller)
2. partir ‹ **déf.** seult à l'infinitif › **(aux.** avoir**)** (partager)
partitionner ‹ **1** ›
partouzer ‹ **1** ›
parvenir ‹ **22** ›
passementer ‹ **1** ›
passepoiler ‹ **1** ›
passer ‹ **1** ›
(aux. avoir, être**)**
passionner ‹ **1** ›
passiver ‹ **1** ›
pastelliser ‹ **1** ›
pasteuriser ‹ **1** ›
pasticher ‹ **1** ›
pastoriser ‹ **1** ›
patauger ‹ **3** ›
pateliner ‹ **1** ›
patenter ‹ **1** ›
paternaliser ‹ **1** ›
patienter ‹ **1** ›
patiner ‹ **1** ›
pâtir ‹ **2** ›
pâtisser ‹ **1** ›
patoiser ‹ **1** ›
patouiller ‹ **1** ›
patronner ‹ **1** ›
patrouiller ‹ **1** ›
pâturer ‹ **1** ›
paumer ‹ **1** ›
paumoyer ‹ **8** ›
paupériser ‹ **1** ›
pauser ‹ **1** ›
pavaner (se) ‹ **1** ›
(aux. être**)**
paver ‹ **1** ›
pavoiser ‹ **1** ›
payer ‹ **8** ›
peaufiner ‹ **1** ›

pécher ‹ **6** ›
pêcher ‹ **1** ›
pédaler ‹ **1** ›
pédantiser ‹ **1** ›
pédicurer ‹ **1** ›
péguer ‹ **6** ›
peigner ‹ **1** ›
peindre ‹ **52** ›
peiner ‹ **1** ›
peinturer ‹ **1** ›
peinturlurer ‹ **1** ›
péjorer ‹ **1** ›
peler ‹ **5** ›
peller ‹ **1** ›
pelleter ‹ **4** ›
peloter ‹ **1** ›
pelotonner ‹ **1** ›
pelucher ‹ **1** ›
pelurer ‹ **1** ›
pénaliser ‹ **1** ›
pencher ‹ **1** ›
pendiller ‹ **1** ›
pendouiller ‹ **1** ›
pendre ‹ **41** ›
penduler ‹ **1** ›
pénétrer ‹ **6** ›
penser ‹ **1** ›
pensionner ‹ **1** ›
pépier ‹ **7** ›
percer ‹ **3** ›
percevoir ‹ **28** ›
percher ‹ **1** ›
percoler ‹ **1** ›
percuter ‹ **1** ›
perdre ‹ **41** ›
perdurer ‹ **1** ›
pérégriner ‹ **1** ›
pérenniser ‹ **1** ›
perfectionner ‹ **1** ›
perforer ‹ **1** ›
performer ‹ **1** ›
perfuser ‹ **1** ›
péricliter ‹ **1** ›
périmer (se) ‹ **1** › (**aux.** être)
périphraser ‹ **1** ›
périr ‹ **2** ›
péritoniser ‹ **1** ›
perler ‹ **1** ›
permanenter ‹ **1** ›
perméabiliser ‹ **1** ›
permettre ‹ **56** ›
permuter ‹ **1** ›
pérorer ‹ **1** ›
peroxyder ‹ **1** ›
perpétrer ‹ **6** ›
perpétuer ‹ **1** ›
perquisitionner ‹ **1** ›
perruquer ‹ **1** ›
persécuter ‹ **1** ›
persévérer ‹ **6** ›
persifler ‹ **1** ›
persiller ‹ **1** ›
persister ‹ **1** ›
personnaliser ‹ **1** ›
personnifier ‹ **7** ›
persuader ‹ **1** ›
perturber ‹ **1** ›
pervertir ‹ **2** ›
pervibrer ‹ **1** ›
peser ‹ **5** ›
pester ‹ **1** ›
pétarader ‹ **1** ›
pétarder ‹ **1** ›
péter ‹ **6** ›
pétiller ‹ **1** ›
petit-déjeuner ‹ **1** ›
pétitionner ‹ **1** ›
pétocher ‹ **1** ›
pétouiller ‹ **1** ›
pétrarquiser ‹ **1** ›
pétrifier ‹ **7** ›
pétrir ‹ **2** ›
pétroler ‹ **1** ›
pétuner ‹ **1** ›
peupler ‹ **1** ›
phagocyter ‹ **1** ›
philosophailler ‹ **1** ›
philosopher ‹ **1** ›
phlébotomiser ‹ **1** ›
phonétiser ‹ **1** ›
phonographier ‹ **7** ›
phosphater ‹ **1** ›
phosphorer ‹ **1** ›
photocomposer ‹ **1** ›
photocopier ‹ **7** ›
photographier ‹ **7** ›
photograver ‹ **1** ›
phraser ‹ **1** ›
piaffer ‹ **1** ›
piailler ‹ **1** ›
pianoter ‹ **1** ›
piauler ‹ **1** ›
picoler ‹ **1** ›
picorer ‹ **1** ›
picosser ‹ **1** ›
picoter ‹ **1** ›
picouser ‹ **1** ›
picrater (se) ‹ **1** ›
picter ‹ **1** ›
pictonner ‹ **1** ›
picturaliser ‹ **1** ›
piéger ‹ **3** et **6** ›
piéter ‹ **6** ›
piétiner ‹ **1** ›
pieuter (se) ‹ **1** › (**aux.** être)
pifer ‹ **1** surtout à l'infinitif ›
piffrer (se) ‹ **1** › (**aux.** être)
pigeonner ‹ **1** ›
piger ‹ **3** ›
pigmenter ‹ **1** ›
pigner ‹ **1** ›
pignocher ‹ **1** ›
pignocher (se) ‹ **1** › (**aux.** être)

piler ‹ **1** ›
piller ‹ **1** ›
pilonner ‹ **1** ›
piloter ‹ **1** ›
pimenter ‹ **1** ›
pinailler ‹ **1** ›
pincer ‹ **3** ›
pinçoter ‹ **1** ›
pindariser ‹ **1** ›
pinter ‹ **1** ›
piocher ‹ **1** ›
pioncer ‹ **3** ›
pipeauter ‹ **1** ›
piper ‹ **1** ›
piqueniquer ‹ **1** ›
piquer ‹ **1** ›
piqueter ‹ **4** ›
pirater ‹ **1** ›
pirouetter ‹ **1** ›
pisser ‹ **1** ›
pissoter ‹ **1** ›
pister ‹ **1** ›
pistonner ‹ **1** ›
pitcher ‹ **1** ›
pitonner ‹ **1** ›
pivoter ‹ **1** ›
pixéliser ‹ **1** ›
placarder ‹ **1** ›
placardiser ‹ **1** ›
placer ‹ **3** ›
placoter ‹ **1** ›
plafonner ‹ **1** ›
plagier ‹ **7** ›
plaider ‹ **1** ›
plaindre ‹ **52** ›
plaire ‹ **54 p. p.** inv. *plu* ›
plaisanter ‹ **1** ›
planchéier ‹ **7** ›
plancher ‹ **1** ›
planer ‹ **1** ›
planifier ‹ **7** ›
planquer ‹ **1** ›
planter ‹ **1** ›
plaquer ‹ **1** ›
plasmifier ‹ **7** ›
plastifier ‹ **7** ›
plastiquer ‹ **1** ›
plastronner ‹ **1** ›
platiner ‹ **1** ›
platiniser ‹ **1** ›
plâtrer ‹ **1** ›
plébisciter ‹ **1** ›
pleurer ‹ **1** ›
pleurnicher ‹ **1** ›
pleuvasser ‹ **1** ›
pleuviner ‹ **1** ›
pleuvioter ‹ **1** ›
pleuvocher ‹ **1** ›
pleuvoir ‹ **23** ›
pleuvoter ‹ **1** ›
plier ‹ **7** ›
plisser ‹ **1** ›
plomber ‹ **1** ›
plonger ‹ **3** ›
ploquer ‹ **1** ›
ployer ‹ **8** ›
plucher ‹ **1** ›
plumarder (se) ‹ **1** › **(aux.** être**)**
plumer ‹ **1** ›
plumer (se) ‹ **1** › **(aux.** être**)**
pluraliser ‹ **1** ›
pluviner ‹ **1** ›
pocharder (se) ‹ **1** › **(aux.** être**)**
pocher ‹ **1** ›
pocheter ‹ **4** ›
pochetronner (se) ‹ **1** › **(aux.** être**)**
podcaster ‹ **1** ›
podzoliser ‹ **1** ›
poêler ‹ **1** ›
poêler (se) ‹ **1** › **(aux.** être**)**
poétiser ‹ **1** ›
pogner ‹ **1** ›
poignarder ‹ **1** ›
poiler (se) ‹ **1** › **(aux.** être**)**
poinçonner ‹ **1** ›
poindre ‹ **déf. 49** surtout à l'infinitif, aux 3e pers. du présent et de l'imparfait et au p. présent ›
pointer ‹ **1** ›
pointiller ‹ **1** ›
poireauter ‹ **1** ›
poisser ‹ **1** ›
poivrer ‹ **1** ›
poivroter (se) ‹ **1** ›
polariser ‹ **1** ›
poldériser ‹ **1** ›
polémiquer ‹ **1** ›
policer ‹ **3** ›
polir ‹ **2** ›
polissonner ‹ **1** ›
politicailler ‹ **1** ›
politiquer ‹ **1** ›
politiser ‹ **1** ›
polliniser ‹ **1** ›
polluer ‹ **1** ›
polycopier ‹ **7** ›
polymériser ‹ **1** ›
pommader ‹ **1** ›
pommeler (se) ‹ **4** › **(aux.** être**)**
pommer ‹ **1** ›
pomper ‹ **1** ›
pomponner ‹ **1** ›
poncer ‹ **3** ›
ponctionner ‹ **1** ›
ponctuer ‹ **1** ›
pondérer ‹ **6** ›
pondre ‹ **41** ›
ponter ‹ **1** ›
pontifier ‹ **7** ›

populariser ‹ **1** ›
poquer ‹ **1** ›
portager ‹ **3** ›
porter ‹ **1** ›
portraiturer ‹ **1** ›
poser ‹ **1** ›
positionner ‹ **1** ›
positiver ‹ **1** ›
posséder ‹ **6** ›
postdater ‹ **1** ›
poster ‹ **1** ›
postériser ‹ **1** ›
postfacer ‹ **3** ›
postillonner ‹ **1** ›
postposer ‹ **1** ›
postsonoriser ‹ **1** ›
postsynchroniser ‹ **1** ›
postuler ‹ **1** ›
potasser ‹ **1** ›
potentialiser ‹ **1** ›
potiner ‹ **1** ›
poucer ‹ **3** ›
poudrer ‹ **1** ›
poudroyer ‹ **8** ›
pouffer ‹ **1** ›
pouliner ‹ **1** ›
pouponner ‹ **1** ›
pourchasser ‹ **1** ›
pourfendre ‹ **41** ›
pourlécher ‹ **6** ›
pourrir ‹ **2** ›
poursuivre ‹ **40** ›
pourvoir ‹ **25** ›
pousser ‹ **1** ›
poutouner ‹ **1** ›
poutser ‹ **1** ›
pouvoir ‹ **33 p. p.** inv. *pu* ›
praliner ‹ **1** ›
pratiquer ‹ **1** ›
préacheter ‹ **5** ›
préannoncer ‹ **3** ›
préaviser ‹ **1** ›
précariser ‹ **1** ›
précautionner ‹ **1** ›
précéder ‹ **6** ›
précharger ‹ **3** ›
préchauffer ‹ **1** ›
prêcher ‹ **1** ›
précipiter ‹ **1** ›
préciser ‹ **1** ›
précompter ‹ **1** ›
préconiser ‹ **1** ›
précontraindre ‹ **52** ›
prédéfinir ‹ **2** ›
prédestiner ‹ **1** ›
prédéterminer ‹ **1** ›
prédiquer ‹ **1** ›
prédire ‹ **37** sauf *vous prédisez* ›
prédisposer ‹ **1** ›
prédominer ‹ **1** ›
préempter ‹ **1** ›
préenregistrer ‹ **1** ›
préétablir ‹ **2** ›
préexister ‹ **1** ›
préfabriquer ‹ **1** ›
préfacer ‹ **3** ›
préférer ‹ **6** ›
préfigurer ‹ **1** ›
préfixer ‹ **1** ›
préformer ‹ **1** ›
préfractionner ‹ **1** ›
préimprimer ‹ **1** ›
préinscrire ‹ **39** ›
préjudicier ‹ **7** ›
préjuger ‹ **3** ›
prélasser (se) ‹ **1** › **(aux.** être**)**
prélaver ‹ **1** ›
prélever ‹ **5** ›
préluder ‹ **1** ›
préméditer ‹ **1** ›
prémunir ‹ **2** ›
prendre ‹ **58** ›
prénommer ‹ **1** ›
préoccuper ‹ **1** ›
préparer ‹ **1** ›
prépayer ‹ **8** ›
préposer ‹ **1** ›
préprogrammer ‹ **1** ›
prépublier ‹ **7** ›
prérégler ‹ **6** ›
présager ‹ **3** ›
prescrire ‹ **39** ›
présélectionner ‹ **1** ›
présenter ‹ **1** ›
préserver ‹ **1** ›
présidentialiser ‹ **1** ›
présider ‹ **1** ›
présonoriser ‹ **1** ›
pressentir ‹ **16** ›
presser ‹ **1** ›
pressurer ‹ **1** ›
pressuriser ‹ **1** ›
prester ‹ **1** ›
présumer ‹ **1** ›
présupposer ‹ **1** ›
présurer ‹ **1** ›
prétendre ‹ **41** ›
prêter ‹ **1** ›
prétériter ‹ **1** ›
prétexter ‹ **1** ›
prétraiter ‹ **1** ›
prévaloir ‹ **29** sauf subjonctif présent *que je prévale, que tu prévales, qu'ils prévalent* ›
prévariquer ‹ **1** ›
prévendre ‹ **41** ›
prévenir ‹ **22** ›
prévisualiser ‹ **1** ›
prévoir ‹ **24** ›
prier ‹ **7** ›
primer ‹ **1** ›
priser ‹ **1** ›
prismatiser ‹ **1** ›
privatiser ‹ **1** ›
priver ‹ **1** ›

privilégier ‹ **7** ›
problématiser ‹ **1** ›
procéder ‹ **6** ›
proclamer ‹ **1** ›
procréer ‹ **1** ›
procurer ‹ **1** ›
prodiguer ‹ **1** ›
produire ‹ **38** ›
profaner ‹ **1** ›
proférer ‹ **6** ›
professer ‹ **1** ›
professionnaliser ‹ **1** ›
profiler ‹ **1** ›
profiter ‹ **1** ›
programmer ‹ **1** ›
progresser ‹ **1** ›
prohiber ‹ **1** ›
projeter ‹ **4** ›
prolétariser ‹ **1** ›
proliférer ‹ **6** ›
prolonger ‹ **3** ›
promener ‹ **5** ›
promettre ‹ **56** ›
promotionner ‹ **1** ›
promouvoir ‹ **27** rare, sauf infinitif et **p. p.** *promu, promue* ›
promulguer ‹ **1** ›
prôner ‹ **1** ›
pronominaliser ‹ **1** ›
prononcer ‹ **3** ›
pronostiquer ‹ **1** ›
propager ‹ **3** ›
prophétiser ‹ **1** ›
proportionner ‹ **1** ›
proposer ‹ **1** ›
propulser ‹ **1** ›
proroger ‹ **3** ›
proscrire ‹ **39** ›
prosodier ‹ **7** ›
prospecter ‹ **1** ›
prospérer ‹ **6** ›
prosterner ‹ **1** ›
prostituer ‹ **1** ›
prostrer ‹ **1** ›
prostrer (se) ‹ **1** › **(aux.** être)
protéger ‹ **6** et **3** ›
protester ‹ **1** ›
prototyper ‹ **1** ›
prouter ‹ **1** ›
prouver ‹ **1** ›
provençaliser ‹ **1** ›
provenir ‹ **22** › **(aux.** être)
proverbialiser ‹ **1** ›
provigner ‹ **1** ›
provincialiser ‹ **1** ›
provisionner ‹ **1** ›
provoquer ‹ **1** ›
psalmodier ‹ **7** ›
psychanalyser ‹ **1** ›
psychiatriser ‹ **1** ›
psychologiser ‹ **1** ›
psychosomatiser ‹ **1** ›
psychoter ‹ **1** ›
publiciser ‹ **1** ›
publier ‹ **7** ›
puddler ‹ **1** ›
puer ‹ **1** ›
puiser ‹ **1** ›
pulluler ‹ **1** ›
pulper ‹ **1** ›
pulser ‹ **1** ›
pulvériser ‹ **1** ›
punaiser ‹ **1** ›
punir ‹ **2** ›
purger ‹ **3** ›
purifier ‹ **7** ›
putréfier ‹ **7** ›
putter ‹ **1** ›
pyramider ‹ **1** ›
pyrograver ‹ **1** ›
pyrolyser ‹ **1** ›
quadriller ‹ **1** ›
quadrupler ‹ **1** ›
qualifier ‹ **7** ›
quantifier ‹ **7** ›
quarderonner ‹ **1** ›
quartager ‹ **3** ›
québéciser ‹ **1** ›
quémander ‹ **1** ›
quereller ‹ **1** ›
quérir ‹ **déf.** seult à l'infinitif ›
questionner ‹ **1** ›
quêter ‹ **1** ›
queuter ‹ **1** ›
quiller ‹ **1** ›
quintessencier ‹ **7** ›
quintupler ‹ **1** ›
quittancer ‹ **3** ›
quitter ‹ **1** ›
rabâcher ‹ **1** ›
rabaisser ‹ **1** ›
rabaner ‹ **1** ›
rabattre ‹ **41** ›
rabibocher ‹ **1** ›
rabioter ‹ **1** ›
rabonnir ‹ **2** ›
raboter ‹ **1** ›
raboudiner ‹ **1** ›
rabougrir (se) ‹ **2** › **(aux.** être)
rabouter ‹ **1** ›
rabrouer ‹ **1** ›
raccastiller ‹ **1** ›
raccommoder ‹ **1** ›
raccompagner ‹ **1** ›
raccorder ‹ **1** ›
raccourcir ‹ **2** ›
raccoutumer ‹ **1** ›
raccrocher ‹ **1** ›
racheter ‹ **5** ›
raciner ‹ **1** ›
racketter ‹ **1** ›
racler ‹ **1** ›
racoler ‹ **1** ›
raconter ‹ **1** ›

racornir ‹ **2** ›
rader ‹ **1** ›
radicaliser ‹ **1** ›
radier ‹ **7** ›
radiner ‹ **1** ›
radiobaliser ‹ **1** ›
radiodiffuser ‹ **1** ›
radiographier ‹ **7** ›
radioguider ‹ **1** ›
radiotélégraphier ‹ **7** ›
radoter ‹ **1** ›
radouber ‹ **1** ›
radoucir ‹ **2** ›
rafaler ‹ **1** ›
raffermir ‹ **2** ›
raffiner ‹ **1** ›
raffoler ‹ **1** ›
raffûter
ou raffuter* ‹ **1** ›
rafistoler ‹ **1** ›
rafler ‹ **1** ›
rafraîchir
ou rafraichir* ‹ **2** ›
ragaillardir ‹ **2** ›
ragencer ‹ **3** ›
rager ‹ **3** ›
ragoûter
ou ragouter* ‹ **1** ›
ragrafer ‹ **1** ›
ragréer ‹ **1** ›
raguer ‹ **1** ›
raidir ‹ **2** ›
railler ‹ **1** ›
rainer ‹ **1** ›
rainurer ‹ **1** ›
raire ‹ **déf. 50** inusité au passé simple et subjonctif imparfait ›
raisonner ‹ **1** ›
rajeunir ‹ **2** ›
rajouter ‹ **1** ›
rajuster ‹ **1** ›
ralentir ‹ **2** ›
râler ‹ **1** ›
ralinguer ‹ **1** ›
raller ‹ **1** ›
rallier ‹ **7** ›
rallonger ‹ **3** ›
rallumer ‹ **1** ›
ramager ‹ **3** ›
ramancher ‹ **1** ›
ramasser ‹ **1** ›
ramender ‹ **1** ›
ramener ‹ **5** ›
ramer ‹ **1** ›
rameuter ‹ **1** ›
ramifier (se) ‹ **7** ›
(aux. être**)**
ramollir ‹ **2** ›
ramoner ‹ **1** ›
ramper ‹ **1** ›
rancarder ‹ **1** ›
rancir ‹ **2** ›
rançonner ‹ **1** ›
randomiser ‹ **1** ›
randonner ‹ **1** ›
ranger ‹ **3** ›
ranimer ‹ **1** ›
rapailler ‹ **1** ›
rapaiser ‹ **1** ›
rapapilloter ‹ **1** ›
rapatrier ‹ **7** ›
rapatronner ‹ **1** ›
raper ‹ **1** ›
râper ‹ **1** ›
rapetasser ‹ **1** ›
rapetisser ‹ **1** ›
rapiécer ‹ **3** et **6** ›
rapiner ‹ **1** ›
raplatir ‹ **2** ›
raplomber ‹ **1** ›
rappareiller ‹ **1** ›
rapparier ‹ **7** ›
rappeler ‹ **4** ›
rapper ‹ **1** ›
rappliquer ‹ **1** ›
rappointir ‹ **2** ›
rappondre ‹ **41** ›
rapporter ‹ **1** ›
rapprendre ‹ **58** ›
rapprêter ‹ **1** ›
rapprocher ‹ **1** ›
rapproprier ‹ **7** ›
rapprovisionner ‹ **1** ›
rapter ‹ **1** ›
raquer ‹ **1** ›
raréfier ‹ **7** ›
raser ‹ **1** ›
rassasier ‹ **7** ›
rassembler ‹ **1** ›
rasseoir
ou rassoir* ‹ **26** ›
rasséréner ‹ **6** ›
rassir ‹ **2** ›
rassurer ‹ **1** ›
ratatiner ‹ **1** ›
râteler ‹ **4** ›
rater ‹ **1** ›
ratiboiser ‹ **1** ›
ratifier ‹ **7** ›
ratiner ‹ **1** ›
ratiociner ‹ **1** ›
rationaliser ‹ **1** ›
rationner ‹ **1** ›
ratisser ‹ **1** ›
ratonner ‹ **1** ›
rattacher ‹ **1** ›
rattraper ‹ **1** ›
raturer ‹ **1** ›
raugmenter ‹ **1** ›
rauquer ‹ **1** ›
ravager ‹ **3** ›
ravaler ‹ **1** ›
ravauder ‹ **1** ›
ravigoter ‹ **1** ›
raviner ‹ **1** ›
ravir ‹ **2** ›
raviser (se) ‹ **1** ›
(aux. être**)**

ravitailler ‹ **1** ›
raviver ‹ **1** ›
ravoir ‹ **déf.** seult à l'infinitif ›
rayer ‹ **8** ›
rayonner ‹ **1** ›
razzier ‹ **7** ›
réabonner ‹ **1** ›
réabsorber ‹ **1** ›
réaccélérer ‹ **6** ›
réaccoutumer ‹ **1** ›
réacheminer ‹ **1** ›
réacquérir ‹ **21** ›
réactiver ‹ **1** ›
réactualiser ‹ **1** ›
réadapter ‹ **1** ›
réadmettre ‹ **56** ›
réaffecter ‹ **1** ›
réafficher ‹ **1** ›
réaffirmer ‹ **1** ›
réaffûter ou réaffuter* ‹ **1** ›
réagir ‹ **2** ›
réajuster ‹ **1** ›
réaléser ‹ **6** ›
réaligner ‹ **1** ›
réaliser ‹ **1** ›
réalphabétiser ‹ **1** ›
réaménager ‹ **3** ›
réamorcer ‹ **3** ›
réanimer ‹ **1** ›
réapparaître ou réapparaitre* ‹ **57** ›
réappliquer ‹ **1** ›
réapprécier (se) ‹ **7** › **(aux.** être**)**
réapprendre ‹ **58** ›
réapproprier (se) ‹ **7** ›
réapprovisionner ‹ **1** ›
réargenter ‹ **1** ›
réarmer ‹ **1** ›
réarranger ‹ **3** ›
réassigner ‹ **1** ›
réassortir ‹ **2** ›
réassurer ‹ **1** ›
rebaigner ‹ **1** ›
rebaisser ‹ **1** ›
rebaptiser ‹ **1** ›
rebâtir ‹ **2** ›
rebattre ‹ **41** ›
rebeller (se) ‹ **1** › **(aux.** être**)**
rebiffer (se) ‹ **1** › **(aux.** être**)**
rebiquer ‹ **1** ›
reboiser ‹ **1** ›
rebondir ‹ **2** ›
reborder ‹ **1** ›
reboucher ‹ **1** ›
rebouter ‹ **1** ›
reboutonner ‹ **1** ›
rebraguetter ‹ **1** ›
rebroder ‹ **1** ›
rebrousser ‹ **1** ›
rebuter ‹ **1** ›
recacheter ‹ **4** ›
recadrer ‹ **1** ›
recalcifier ‹ **7** ›
recalculer ‹ **1** ›
recaler ‹ **1** ›
recalibrer ‹ **1** ›
recapitaliser ‹ **1** ›
récapituler ‹ **1** ›
recarder ‹ **1** ›
recarreler ‹ **4** ›
recaser ‹ **1** ›
recauser ‹ **1** ›
recéder ‹ **6** ›
receler ‹ **5** ›
recenser ‹ **1** ›
recentraliser ‹ **1** ›
recentrer ‹ **1** ›
recéper ‹ **6** ›
réceptionner ‹ **1** ›
recercler ‹ **1** ›
recevoir ‹ **28** ›
réchampir ‹ **2** ›
rechanger ‹ **3** ›
rechanter ‹ **1** ›
rechaper ‹ **1** ›
réchapper ‹ **1** ›
recharger ‹ **3** ›
rechasser ‹ **1** ›
réchauffer ‹ **1** ›
rechauler ‹ **1** ›
rechaumer ‹ **1** ›
rechausser ‹ **1** ›
rechercher ‹ **1** ›
rechigner ‹ **1** ›
rechristianiser ‹ **1** ›
rechuter ‹ **1** ›
récidiver ‹ **1** ›
réciproquer ‹ **1** ›
réciter ‹ **1** ›
réclamer ‹ **1** ›
reclasser ‹ **1** ›
reclore ‹ **45** ›
reclouer ‹ **1** ›
reclure ‹ **35** ›
recogner ‹ **1** ›
recoiffer ‹ **1** ›
recoincer ‹ **3** ›
récoler ‹ **1** ›
recoller ‹ **1** ›
recoloriser ‹ **1** ›
récolter ‹ **1** ›
recombiner ‹ **1** ›
recommander ‹ **1** ›
recommencer ‹ **3** ›
récompenser ‹ **1** ›
recompiler ‹ **1** ›
recomposer ‹ **1** ›
recompter ‹ **1** ›
reconcentrer ‹ **1** ›
réconcilier ‹ **7** ›
recondamner ‹ **1** ›
reconditionner ‹ **1** ›

reconduire ‹ **38** ›
reconfigurer ‹ **1** ›
réconforter ‹ **1** ›
reconnaître
ou reconnaitre *
‹ **57** ›
reconnecter ‹ **1** ›
reconquérir ‹ **21** ›
reconsidérer ‹ **6** ›
reconsolider ‹ **1** ›
reconstituer ‹ **1** ›
reconstruire ‹ **38** ›
recontacter ‹ **1** ›
recontracter ‹ **1** ›
reconvertir ‹ **2** ›
recopier ‹ **7** ›
recorder ‹ **1** ›
recorriger ‹ **3** ›
recoucher ‹ **1** ›
recoudre ‹ **48** ›
recouper ‹ **1** ›
recouponner ‹ **1** ›
recourber ‹ **1** ›
recourir ‹ **11** ›
recouvrer ‹ **1** ›
recouvrir ‹ **18** ›
recracher ‹ **1** ›
recréditer ‹ **1** ›
recréer ‹ **1** ›
récréer ‹ **1** ›
recrépir ‹ **2** ›
recreuser ‹ **1** ›
récrier (se) ‹ **7** ›
(**aux.** être)
récriminer ‹ **1** ›
récrire ‹ **39** ›
recristalliser ‹ **1** ›
recroiser ‹ **1** ›
recroqueviller ‹ **1** ›
recruter ‹ **1** ›
rectifier ‹ **7** ›
recueillir ‹ **12** ›
recuire ‹ **38** ›
reculer ‹ **1** ›
reculotter ‹ **1** ›
récupérer ‹ **6** ›
récurer ‹ **1** ›
récuser ‹ **1** ›
recycler ‹ **1** ›
redécorer ‹ **1** ›
redécouper ‹ **1** ›
redécouvrir ‹ **18** ›
redéfaire ‹ **60** ›
redéfinir ‹ **2** ›
redemander ‹ **1** ›
redémarrer ‹ **1** ›
redéployer ‹ **8** ›
redéposer ‹ **1** ›
redescendre ‹ **41** ›
(**aux.** avoir, être)
redessiner ‹ **1** ›
redévelopper ‹ **1** ›
redevenir ‹ **22** ›
(**aux.** être)
redevoir ‹ **28** ›
rediffuser ‹ **1** ›
rédiger ‹ **3** ›
redimensionner ‹ **1** ›
rédimer ‹ **1** ›
redire ‹ **37** ›
rediriger ‹ **3** ›
rediscuter ‹ **1** ›
redistribuer ‹ **1** ›
redonner ‹ **1** ›
redorer ‹ **1** ›
redormir ‹ **16** ›
redoubler ‹ **1** ›
redouter ‹ **1** ›
redresser ‹ **1** ›
réduire ‹ **38** ›
redynamiser ‹ **1** ›
rééchantillonner ‹ **1** ›
rééchelonner ‹ **1** ›
réécrire ‹ **39** ›
réédifier ‹ **7** ›
rééditer ‹ **1** ›
rééduquer ‹ **1** ›
réélire ‹ **43** ›
réemballer ‹ **1** ›
réembarquer ‹ **1** ›
réembaucher ‹ **1** ›
réemployer ‹ **8** ›
réempoissonner ‹ **1** ›
réemprunter ‹ **1** ›
réencadrer ‹ **1** ›
réendosser ‹ **1** ›
réenfourcher ‹ **1** ›
réengréner ‹ **6** ›
réenregistrer ‹ **1** ›
réensemencer ‹ **3** ›
réentendre ‹ **41** ›
réenvahir ‹ **2** ›
réenvisager ‹ **3** ›
réenvoler (se) ‹ **1** ›
rééquilibrer ‹ **1** ›
rééquiper ‹ **1** ›
réer ‹ **1** ›
réescompter ‹ **1** ›
réessayer ‹ **8** ›
réétiqueter ‹ **4** ›
réétudier ‹ **7** ›
réévaluer ‹ **1** ›
réexaminer ‹ **1** ›
réexpédier ‹ **7** ›
réexploiter ‹ **1** ›
réexporter ‹ **1** ›
réexposer ‹ **1** ›
refabriquer ‹ **1** ›
refaçonner ‹ **1** ›
refacturer ‹ **1** ›
refaire ‹ **60** ›
refamiliariser ‹ **1** ›
refendre ‹ **41** ›
référencer ‹ **3** ›
référer ‹ **6** ›
refermer ‹ **1** ›
referrer ‹ **1** ›
refiler ‹ **1** ›

refinancer ‹3›
réfléchir ‹2›
refléter ‹6›
refleurir ‹2›
refluer ‹1›
refonder ‹1›
refondre ‹41›
reforester ‹1›
reforger ‹3›
reformater ‹1›
reformer ‹1›
réformer ‹1›
reformuler ‹1›
refouiller ‹1›
refouler ‹1›
refourguer ‹1›
refourrer ‹1›
réfracter ‹1›
refrapper ‹1›
refréner ‹6›
réfrigérer ‹6›
refriser ‹1›
refroidir ‹2›
réfugier (se) ‹7›
(**aux.** être)
refumer ‹1›
refuser ‹1›
réfuter ‹1›
regagner ‹1›
régaler ‹1›
regarder ‹1›
regarnir ‹2›
régater ‹1›
regazonner ‹1›
regeler ‹5›
régénérer ‹6›
régenter ‹1›
regimber ‹1›
régionaliser ‹1›
régir ‹2›
réglementer
ou règlementer* ‹1›
régler ‹6›
reglisser ‹1›
régner ‹6›
regonfler ‹1›
regorger ‹3›
regoûter
ou regouter* ‹1›
regratter ‹1›
regréer ‹1›
regreffer ‹1›
régresser ‹1›
regretter ‹1›
regrimper ‹1›
regrossir ‹2›
regrouper ‹1›
régulariser ‹1›
réguler ‹1›
régurgiter ‹1›
réhabiliter ‹1›
réhabituer ‹1›
rehausser ‹1›
réhydrater ‹1›
réifier ‹7›
réimperméabiliser ‹1›
réimplanter ‹1›
réimporter ‹1›
réimposer ‹1›
réimprimer ‹1›
réincarcérer ‹6›
réincarner (se) ‹1›
(**aux.** être)
réincorporer ‹1›
réindexer ‹1›
réinfecter ‹1›
réinformatiser ‹1›
réinitialiser ‹1›
réinjecter ‹1›
réinscrire ‹39›
réinsérer ‹6›
réinstaller ‹1›
réinstaurer ‹1›
réintégrer ‹6›
réinterpréter ‹6›
réintroduire ‹38›
réinventer ‹1›
réinvestir ‹2›
réinviter ‹1›
réitérer ‹6›
rejaillir ‹2›
rejeter ‹4›
rejoindre ‹49›
rejointoyer ‹8›
rejouer ‹1›
réjouir ‹2›
rejuger ‹3›
relâcher ‹1›
relaisser (se) ‹1›
(**aux.** être)
relancer ‹3›
rélargir ‹2›
relarguer ‹1›
relater ‹1›
relativiser ‹1›
relaver ‹1›
relaxer ‹1›
relayer ‹8›
reléguer ‹6›
relever ‹5›
relier ‹7›
relire ‹43›
relocaliser ‹1›
reloger ‹3›
relooker ‹1›
relouer ‹1›
reluire ‹38›
reluquer ‹1›
relustrer ‹1›
remâcher ‹1›
remailler ‹1›
remanger ‹3›
remanier ‹7›
remaquiller ‹1›
remarcher ‹1›
remarier ‹7›
remarquer ‹1›
remastériser ‹1›
remastiquer ‹1›

remballer ‹ **1** ›
rembarquer ‹ **1** ›
rembarrer ‹ **1** ›
remblaver ‹ **1** ›
remblayer ‹ **8** ›
rembobiner ‹ **1** ›
remboîter
ou remboiter* ‹ **1** ›
rembourrer ‹ **1** ›
rembourser ‹ **1** ›
rembrunir ‹ **2** ›
rembucher ‹ **1** ›
remédier ‹ **7** ›
remêler ‹ **1** ›
remembrer ‹ **1** ›
remémorer ‹ **1** ›
remercier ‹ **7** ›
remettre ‹ **56** ›
remeubler ‹ **1** ›
remilitariser ‹ **1** ›
reminéraliser ‹ **1** ›
remiser ‹ **1** ›
remixer ‹ **1** ›
remmailler ‹ **1** ›
remmailloter ‹ **1** ›
remmancher ‹ **1** ›
remmener ‹ **5** ›
remobiliser ‹ **1** ›
remodeler ‹ **5** ›
remonter ‹ **1** ›
(**aux.** avoir, être)
remontrer ‹ **1** ›
remordre ‹ **41** ›
remorquer ‹ **1** ›
remotiver ‹ **1** ›
remouiller ‹ **1** ›
rempailler ‹ **1** ›
rempaqueter ‹ **4** ›
rempiéter ‹ **6** ›
rempiler ‹ **1** ›
remplacer ‹ **3** ›
remplier ‹ **7** ›
remplir ‹ **2** ›
remployer ‹ **8** ›
remplumer ‹ **1** ›
rempocher ‹ **1** ›
rempoissonner ‹ **1** ›
remporter ‹ **1** ›
rempoter ‹ **1** ›
remprunter ‹ **1** ›
remuer ‹ **1** ›
rémunérer ‹ **6** ›
renâcler ‹ **1** ›
renaître
ou renaitre* ‹ **déf. 59** rare aux temps composés et **p. p.** *rené, renée* ›
renationaliser ‹ **1** ›
renaturer ‹ **1** ›
renauder ‹ **1** ›
rencaisser ‹ **1** ›
rencarder ‹ **1** ›
renchaîner
ou renchainer* ‹ **1** ›
renchérir ‹ **2** ›
rencogner ‹ **1** ›
rencontrer ‹ **1** ›
rendetter ‹ **1** ›
rendormir ‹ **16** ›
rendosser ‹ **1** ›
rendre ‹ **41** ›
rendurcir ‹ **2** ›
renégocier ‹ **7** ›
reneiger ‹ **3** ›
rénetter ‹ **1** ›
renfermer ‹ **1** ›
renfiler ‹ **1** ›
renflammer ‹ **1** ›
renfler ‹ **1** ›
renflouer ‹ **1** ›
renfoncer ‹ **3** ›
renforcer ‹ **3** ›
renforcir ‹ **3** ›
renformir ‹ **2** ›
renfouir ‹ **2** ›
renfourcher ‹ **1** ›
renfourner ‹ **1** ›
renfrogner (se) ‹ **1** ›
(**aux.** être)
rengager ‹ **3** ›
rengainer ‹ **1** ›
rengorger (se) ‹ **3** ›
(**aux.** être)
rengraisser ‹ **1** ›
rengréger ‹ **6** ›
rengrener ‹ **5** ›
rengréner ‹ **6** ›
renier ‹ **7** ›
renifler ‹ **1** ›
renommer ‹ **1** ›
renoncer ‹ **3** ›
renouer ‹ **1** ›
renouveler ‹ **4** ›
rénover ‹ **1** ›
renquiller ‹ **1** ›
renseigner ‹ **1** ›
rentabiliser ‹ **1** ›
rentamer ‹ **1** ›
renter ‹ **1** ›
rentoiler ‹ **1** ›
rentraire ‹ **50** ›
rentrayer ‹ **8** ›
rentrer ‹ **1** ›
(**aux.** avoir, être)
renverser ‹ **1** ›
renvider ‹ **1** ›
renvoyer ‹ **8** futur *je renverrai, tu renverras,* etc. ›
réoccuper ‹ **1** ›
réopérer ‹ **6** ›
réorchestrer ‹ **1** ›
réordonner ‹ **1** ›
réorganiser ‹ **1** ›
réorienter ‹ **1** ›
réouvrir ‹ **18** ›
repairer ‹ **1** ›
repaître
ou repaitre* ‹ **57** ›

répandre ‹ **41** ›
repapilloter ‹ **1** ›
reparaître
ou reparaitre* ‹ **57** ›
(aux. avoir, être**)**
reparcourir ‹ **11** ›
réparer ‹ **1** ›
reparler ‹ **1** ›
repartager ‹ **3** ›
1. repartir ‹ **16** ›
(aux. être**)** (partir à nouveau)
2. repartir ‹ **16** ›
(aux. avoir**)** (répliquer)
1. répartir ‹ **2** ›
(aux. avoir**)** (partager)
2. répartir ‹ **2** ›
(aux. avoir**)** (répliquer)
1. repasser ‹ **1** ›
(aux. être**)** (revenir)
2. repasser ‹ **1** ›
(aux. avoir**)** (traverser, défriper)
repaver ‹ **1** ›
repayer ‹ **8** ›
repêcher ‹ **1** ›
repeigner ‹ **1** ›
repeindre ‹ **52** ›
rependre ‹ **41** ›
repenser ‹ **1** ›
repentir (se) ‹ **16** ›
(aux. être**)**
repercer ‹ **3** ›
répercuter ‹ **1** ›
reperdre ‹ **41** ›
repérer ‹ **6** ›
répertorier ‹ **7** ›
répéter ‹ **6** ›
repétrir ‹ **2** ›
repeupler ‹ **1** ›
repincer ‹ **3** ›
repiquer ‹ **1** ›
replacer ‹ **3** ›
replanifier ‹ **7** ›
replanter ‹ **1** ›
replâtrer ‹ **1** ›
repleuvoir ‹ **23** ›
replier ‹ **7** ›
répliquer ‹ **1** ›
replisser ‹ **1** ›
replonger ‹ **3** ›
reployer ‹ **8** ›
repolir ‹ **2** ›
répondre ‹ **41** ›
reporter ‹ **1** ›
reposer ‹ **1** ›
repositionner ‹ **1** ›
repoudrer ‹ **1** ›
repousser ‹ **1** ›
repréciser ‹ **1** ›
reprendre ‹ **58** ›
représenter ‹ **1** ›
represser ‹ **1** ›
réprimander ‹ **1** ›
réprimer ‹ **1** ›
repriser ‹ **1** ›
reprocher ‹ **1** ›
reproduire ‹ **38** ›
reprogrammer ‹ **1** ›
reprographier ‹ **7** ›
réprouver ‹ **1** ›
républicaniser ‹ **1** ›
republier ‹ **7** ›
répudier ‹ **7** ›
répugner ‹ **1** ›
réputer ‹ **1** ›
requalifier ‹ **7** ›
requérir ‹ **21** ›
requêter ‹ **1** ›
requinquer ‹ **1** ›
réquisitionner ‹ **1** ›
requitter ‹ **1** ›
rerouter ‹ **1** ›
resaler ‹ **1** ›
resalir ‹ **2** ›
resaluer ‹ **1** ›
rescaper ‹ **1** ›
rescinder ‹ **1** ›
resemer ‹ **5** ›
réséquer ‹ **6** ›
réserver ‹ **1** ›
résider ‹ **1** ›
résigner ‹ **1** ›
résilier ‹ **7** ›
résiner ‹ **1** ›
résister ‹ **1** ›
resituer ‹ **1** ›
resonger ‹ **3** ›
résonner ‹ **1** ›
résorber ‹ **1** ›
résoudre ‹ **51 p. p.** *résolu* dans le sens de «statuer, se déterminer» et *résous, résoute* dans le sens de «dissoudre» ›
respectabiliser ‹ **1** ›
respecter ‹ **1** ›
respirer ‹ **1** ›
resplendir ‹ **2** ›
responsabiliser ‹ **1** ›
resquiller ‹ **1** ›
ressaigner ‹ **1** ›
ressaisir ‹ **2** ›
ressasser ‹ **1** ›
ressauter ‹ **1** ›
ressayer ‹ **8** ›
ressembler ‹ **1** ›
ressemeler ‹ **4** ›
ressemer ‹ **5** ›
ressentir ‹ **16** ›
resserrer ‹ **1** ›
resservir ‹ **14** ›
1. ressortir ‹ **16** ›
(aux. être**)** (sortir à nouveau, se détacher)
2. ressortir ‹ **16** ›
(aux. avoir**)** (mettre dehors)
3. ressortir (à) ‹ **2** ›
(aux. avoir**)** (être du ressort de)

ressouder ‹ **1** ›
ressourcer ‹ **3** ›
ressouvenir (se) ‹ **22** › (**aux.** être)
ressuer ‹ **1** ›
ressuivre ‹ **40** ›
ressurgir ‹ **2** ›
ressusciter ‹ **1** › (**aux.** avoir, être)
ressuyer ‹ **8** ›
restaurer ‹ **1** ›
rester ‹ **1** ›
restituer ‹ **1** ›
restreindre ‹ **52** ›
restructurer ‹ **1** ›
restyler ‹ **1** ›
resucer ‹ **3** ›
résulter ‹ **déf. 1** seult à l'infinitif, au p. présent et à la 3e pers. ›
résumer ‹ **1** ›
resurfacer ‹ **3** ›
resurgir ‹ **2** ›
resynchroniser ‹ **1** ›
rétablir ‹ **2** ›
retailler ‹ **1** ›
rétamer ‹ **1** ›
retaper ‹ **1** ›
retapisser ‹ **1** ›
retarder ‹ **1** ›
retâter ‹ **1** ›
reteindre ‹ **52** ›
retéléphoner ‹ **1** ›
retendre ‹ **41** ›
retenir ‹ **22** ›
retenter ‹ **1** ›
retentir ‹ **2** ›
retercer ‹ **3** ›
réticuler ‹ **1** ›
retirer ‹ **1** ›
retisser ‹ **1** ›
retomber ‹ **1** › (**aux.** être)

retondre ‹ **41** ›
retoquer ‹ **1** ›
retordre ‹ **41** ›
rétorquer ‹ **1** ›
retoucher ‹ **1** ›
retourner ‹ **1** › (**aux.** avoir, être)
retracer ‹ **3** ›
rétracter ‹ **1** ›
retraduire ‹ **38** ›
retraire ‹ **50** ›
retraiter ‹ **1** ›
retrancher ‹ **1** ›
retranscrire ‹ **39** ›
retransférer ‹ **6** ›
retransmettre ‹ **56** ›
retravailler ‹ **1** ›
retraverser ‹ **1** ›
rétrécir ‹ **2** ›
rétreindre ‹ **52** ›
retremper ‹ **1** ›
rétribuer ‹ **1** ›
rétroagir ‹ **2** ›
rétrocéder ‹ **6** ›
rétroconvertir ‹ **2** ›
rétrodiffuser ‹ **1** ›
rétrograder ‹ **1** ›
rétropédaler ‹ **1** ›
retrousser ‹ **1** ›
retrouver ‹ **1** ›
retuber ‹ **1** ›
réunifier ‹ **7** ›
réunir ‹ **2** ›
réussir ‹ **2** ›
réutiliser ‹ **1** ›
revacciner ‹ **1** ›
revaloir ‹ **29** rare sauf à l'infinitif, au futur et au conditionnel ›
revaloriser ‹ **1** ›
revancher (se) ‹ **1** ›
revasculariser ‹ **1** ›
rêvasser ‹ **1** ›

réveiller ‹ **1** ›
réveillonner ‹ **1** ›
révéler ‹ **6** ›
revendiquer ‹ **1** ›
revendre ‹ **41** ›
revenir ‹ **22** › (**aux.** être)
rêver ‹ **1** ›
réverbérer ‹ **6** ›
reverdir ‹ **2** ›
révérer ‹ **6** ›
revérifier ‹ **7** ›
revernir ‹ **2** ›
reverser ‹ **1** ›
revêtir ‹ **20** ›
revider ‹ **1** ›
revigorer ‹ **1** ›
revirer ‹ **1** ›
réviser ‹ **1** ›
revisionner ‹ **1** ›
revisiter ‹ **1** ›
revisser ‹ **1** ›
revitaliser ‹ **1** ›
revivifier ‹ **7** ›
revivre ‹ **46** ›
revoir ‹ **30** ›
revoler ‹ **1** ›
révolter ‹ **1** ›
révolutionner ‹ **1** ›
révolvériser ‹ **1** ›
révoquer ‹ **1** ›
revoter ‹ **1** ›
revouloir ‹ **31** ›
révulser ‹ **1** ›
rewriter ‹ **1** ›
rhabiller ‹ **1** ›
rhumer ‹ **1** ›
riboter ‹ **1** ›
ribouldinguer ‹ **1** ›
ribouler ‹ **1** ›
ricaner ‹ **1** ›
ricocher ‹ **1** ›
rider ‹ **1** ›

ridiculiser ‹ **1** ›
rifler ‹ **1** ›
rigidifier ‹ **7** ›
rigoler ‹ **1** ›
rimailler ‹ **1** ›
rimer ‹ **1** ›
rincer ‹ **3** ›
ringarder ‹ **1** ›
ringardiser ‹ **1** ›
ripailler ‹ **1** ›
riper ‹ **1** ›
ripoliner ‹ **1** ›
riposter ‹ **1** ›
rire ‹ **36** ›
riser ‹ **1** ›
risquer ‹ **1** ›
rissoler ‹ **1** ›
ristourner ‹ **1** ›
ritualiser ‹ **1** ›
rivaliser ‹ **1** ›
river ‹ **1** ›
riveter ‹ **4** ›
rober ‹ **1** ›
robinsonner ‹ **1** ›
robotiser ‹ **1** ›
rocher ‹ **1** ›
rocouer ‹ **1** ›
rocquer ‹ **1** ›
rôdailler ‹ **1** ›
roder ‹ **1** ›
rôder ‹ **1** ›
rogner ‹ **1** ›
rognonner ‹ **1** ›
roidir ‹ **2** ›
romancer ‹ **3** ›
romaniser ‹ **1** ›
romantiser ‹ **1** ›
rompre ‹ **41** ›
ronchonner ‹ **1** ›
ronder ‹ **1** ›
rondir ‹ **2** ›
ronéoter ‹ **1** ›
ronéotyper ‹ **1** ›
ronfler ‹ **1** ›
ronfloter ‹ **1** ›
ronger ‹ **3** ›
ronronner ‹ **1** ›
roquer ‹ **1** ›
roser ‹ **1** ›
rosir ‹ **2** ›
rosser ‹ **1** ›
roter ‹ **1** ›
rôtir ‹ **2** ›
roucouler ‹ **1** ›
rouer ‹ **1** ›
rougeoyer ‹ **8** ›
rougir ‹ **2** ›
rouiller ‹ **1** ›
rouir ‹ **2** ›
roulader ‹ **1** ›
rouler ‹ **1** ›
roulotter ‹ **1** ›
roupiller ‹ **1** ›
rouscailler ‹ **1** ›
rouspéter ‹ **6** ›
rousseler ‹ **4** ›
rousser ‹ **1** ›
roussir ‹ **2** ›
roustir ‹ **2** ›
router ‹ **1** ›
rouvrir ‹ **18** ›
rubaner ‹ **1** ›
rubéfier ‹ **7** ›
rubriquer ‹ **1** ›
rucher ‹ **1** ›
rudoyer ‹ **8** ›
ruer ‹ **1** ›
ruginer ‹ **1** ›
rugir ‹ **2** ›
ruiler ‹ **1** ›
ruiner ‹ **1** ›
ruisseler ‹ **4** ›
ruminer ‹ **1** ›
ruraliser ‹ **1** ›
ruser ‹ **1** ›
russifier ‹ **7** ›
rustiquer ‹ **1** ›
rutiler ‹ **1** ›
rythmer ‹ **1** ›
sabler ‹ **1** ›
sablonner ‹ **1** ›
saborder ‹ **1** ›
saboter ‹ **1** ›
sabouler ‹ **1** ›
sabrer ‹ **1** ›
saccader ‹ **1** ›
saccager ‹ **3** ›
saccharifier ou saccarifier* ‹ **7** ›
sacquer ‹ **1** ›
sacraliser ‹ **1** ›
sacrer ‹ **1** ›
sacrifier ‹ **7** ›
safariser ‹ **1** ›
safraner ‹ **1** ›
saietter ‹ **1** ›
saigner ‹ **1** ›
1. saillir ‹ **2** › (couvrir la femelle)
2. saillir ‹ **déf. 2** rare sauf infinitif et 3e pers. › (jaillir, s'élancer)
3. saillir ‹ **13** › (dépasser, déborder)
saisir ‹ **2** ›
salarier ‹ **7** ›
saler ‹ **1** ›
salifier ‹ **7** ›
saligoter ‹ **1** ›
salir ‹ **2** ›
saliver ‹ **1** ›
salonner ‹ **1** ›
saloper ‹ **1** ›
saluer ‹ **1** ›
sampler ‹ **1** ›
sancir ‹ **2** ›
sanctifier ‹ **7** ›

sanctionner ‹ **1** ›
sanctuariser ‹ **1** ›
sandwicher ‹ **1** ›
sanforiser ‹ **1** ›
sangler ‹ **1** ›
sangloter ‹ **1** ›
saper ‹ **1** ›
saper (se) ‹ **1** › **(aux.** être)
saponifier ‹ **7** ›
saquer ‹ **1** ›
sarabander ‹ **1** ›
sarcler ‹ **1** ›
sarmenter ‹ **1** ›
sasser ‹ **1** ›
sataniser ‹ **1** ›
satelliser ‹ **1** ›
satiner ‹ **1** ›
satiriser ‹ **1** ›
satisfaire ‹ **60** ›
saturer ‹ **1** ›
saucer ‹ **3** ›
saucissonner ‹ **1** ›
saumurer ‹ **1** ›
sauner ‹ **1** ›
saupoudrer ‹ **1** ›
saurer ‹ **1** ›
saurir ‹ **2** ›
sauter ‹ **1** ›
sautiller ‹ **1** ›
sauvegarder ‹ **1** ›
sauver ‹ **1** ›
savoir ‹ **32** ›
savonner ‹ **1** ›
savourer ‹ **1** ›
scalper ‹ **1** ›
scandaliser ‹ **1** ›
scander ‹ **1** ›
scanner ‹ **1** ›
scannériser ‹ **1** ›
scarifier ‹ **7** ›
sceller ‹ **1** ›
scénariser ‹ **1** ›
schématiser ‹ **1** ›
schlinguer ‹ **1** ›
schlitter ‹ **1** ›
schtroumpfer ‹ **1** ›
scier ‹ **7** ›
scinder ‹ **1** ›
scintiller ‹ **1** ›
sclérifier ‹ **7** ›
scléroser ‹ **1** ›
scolariser ‹ **1** ›
scorer ‹ **1** ›
scorifier ‹ **7** ›
scotcher ‹ **1** ›
scotomiser ‹ **1** ›
scratcher ‹ **1** ›
scribouiller ‹ **1** ›
scruter ‹ **1** ›
sculpter ‹ **1** ›
sécher ‹ **6** ›
seconder ‹ **1** ›
secouer ‹ **1** ›
secourir ‹ **11** ›
secréter ‹ **6** ›
sécréter ‹ **6** ›
sectionner ‹ **1** ›
sectoriser ‹ **1** ›
séculariser ‹ **1** ›
sécuriser ‹ **1** ›
sédentariser ‹ **1** ›
sédimenter ‹ **1** ›
séduire ‹ **38** ›
segmenter ‹ **1** ›
ségréger ‹ **3** et **6** ›
ségréguer ‹ **6** ›
séjourner ‹ **1** ›
sélecter ‹ **1** ›
sélectionner ‹ **1** ›
seller ‹ **1** ›
sembler ‹ **1** ›
semer ‹ **5** ›
semoncer ‹ **3** ›
sensibiliser ‹ **1** ›
sentimentaliser ‹ **1** ›
sentir ‹ **16** ›
1. seoir ‹ **26** p. présent *séant*, **p. p.** *sis* › (être assis)
2. seoir ‹ **déf. 26** seult à la 3e pers. présent, imparfait, futur, conditionnel et p. présent › (convenir)
séparer ‹ **1** ›
septupler ‹ **1** ›
séquencer ‹ **3** ›
séquestrer ‹ **1** ›
sérancer ‹ **3** ›
serfouir ‹ **2** ›
sérialiser ‹ **1** ›
sérier ‹ **7** ›
sérigraphier ‹ **7** ›
seriner ‹ **1** ›
seringuer ‹ **1** ›
sermonner ‹ **1** ›
serpenter ‹ **1** ›
serper ‹ **1** ›
serrer ‹ **1** ›
sertir ‹ **2** ›
servir ‹ **14** ›
sévir ‹ **2** ›
sevrer ‹ **5** ›
sextupler ‹ **1** ›
sexualiser ‹ **1** ›
shampooiner ‹ **1** ›
shampouiner ‹ **1** ›
shooter ‹ **1** ›
shunter ‹ **1** ›
sidérer ‹ **6** ›
siéger ‹ **3** et **6** ›
siester ‹ **1** ›
siffler ‹ **1** ›
siffloter ‹ **1** ›
sigler ‹ **1** ›
signaler ‹ **1** ›
signaliser ‹ **1** ›
signer ‹ **1** ›

signifier ‹ **7** ›
silhouetter ‹ **1** ›
silicater ‹ **1** ›
siliconer ‹ **1** ›
sillonner ‹ **1** ›
similiser ‹ **1** ›
simplifier ‹ **7** ›
simuler ‹ **1** ›
sinapiser ‹ **1** ›
singer ‹ **3** ›
singulariser ‹ **1** ›
siniser ‹ **1** ›
sinuer ‹ **1** ›
siphonner ‹ **1** ›
siroter ‹ **1** ›
sismographier ‹ **7** ›
situer ‹ **1** ›
skier ‹ **7** ›
skipper ‹ **1** ›
slalomer ‹ **1** ›
slamer ‹ **1** ›
slaviser ‹ **1** ›
slicer ‹ **3** ›
smasher ‹ **1** ›
smurfer ‹ **1** ›
snifer
ou sniffer ‹ **1** ›
snober ‹ **1** ›
socialiser ‹ **1** ›
sociologiser ‹ **1** ›
sodomiser ‹ **1** ›
soigner ‹ **1** ›
solariser ‹ **1** ›
solder ‹ **1** ›
soléciser ‹ **1** ›
solenniser ‹ **1** ›
solfier ‹ **7** ›
solidariser ‹ **1** ›
solidifier ‹ **7** ›
soliloquer ‹ **1** ›
solliciter ‹ **1** ›
solubiliser ‹ **1** ›
solutionner ‹ **1** ›

somatiser ‹ **1** ›
sombrer ‹ **1** ›
sommeiller ‹ **1** ›
sommer ‹ **1** ›
somnoler ‹ **1** ›
sonder ‹ **1** ›
songer ‹ **3** ›
sonnailler ‹ **1** ›
sonner ‹ **1** ›
sonoriser ‹ **1** ›
sophistiquer ‹ **1** ›
sopraniser ‹ **1** ›
1. sortir ‹ **16** › **(aux.** être**)** (aller dehors)
2. sortir ‹ **16** › **(aux.** avoir**)** (mettre dehors)
3. sortir ‹ **2** › **(aux.** avoir**)** (Droit : obtenir)
soucheter ‹ **4** ›
soucier ‹ **7** ›
souder ‹ **1** ›
soudoyer ‹ **8** ›
souffler ‹ **1** ›
souffleter ‹ **4** ›
souffrir ‹ **18** ›
soufrer ‹ **1** ›
souhaiter ‹ **1** ›
souiller ‹ **1** ›
souillonner ‹ **1** ›
soulager ‹ **3** ›
soûler
ou souler* ‹ **1** ›
soulever ‹ **5** ›
souligner ‹ **1** ›
soumettre ‹ **56** ›
soumissionner ‹ **1** ›
soupçonner ‹ **1** ›
souper ‹ **1** ›
soupeser ‹ **5** ›
soupirer ‹ **1** ›
souquer ‹ **1** ›
sourciller ‹ **1** ›

sourdre ‹ **déf.** seult à l'infinitif et à la 3e pers. indicatif : présent *il sourd, ils sourdent ;* imparfait *il sourdait, ils sourdaient* ›
sourire ‹ **36** ›
souscrire ‹ **39** ›
sous-employer ‹ **8** ›
sous-entendre ‹ **41** ›
sous-estimer ‹ **1** ›
sous-évaluer ‹ **1** ›
sous-exposer ‹ **1** ›
sous-louer ‹ **1** ›
sous-payer ‹ **8** ›
sous-performer ‹ **1** ›
sous-pondérer ‹ **6** ›
sous-tendre ‹ **41** ›
sous-titrer ‹ **1** ›
soustraire ‹ **50** ›
sous-traiter ‹ **1** ›
sous-utiliser ‹ **1** ›
sous-virer ‹ **1** ›
soutacher ‹ **1** ›
soutenir ‹ **22** ›
soutirer ‹ **1** ›
souvenir ‹ **22** v. intr. impers. *il me souvient* et v. pr. *se souvenir* ›
soviétiser ‹ **1** ›
spammer ‹ **1** ›
spatialiser ‹ **1** ›
spatuler ‹ **1** ›
spécialiser ‹ **1** ›
spécifier ‹ **7** ›
spéculer ‹ **1** ›
speeder ‹ **1** ›
spiritualiser ‹ **1** ›
spolier ‹ **7** ›
sponsoriser ‹ **1** ›
sporuler ‹ **1** ›
sprinter ‹ **1** ›
squatter ‹ **1** ›
squattériser ‹ **1** ›

squeezer ‹ **1** ›
stabiliser ‹ **1** ›
staffer ‹ **1** ›
stagner ‹ **1** ›
staliniser ‹ **1** ›
standardiser ‹ **1** ›
starifier ‹ **7** ›
stariser ‹ **1** ›
stationner ‹ **1** ›
statuer ‹ **1** ›
statufier ‹ **7** ›
stemmer ‹ **1** ›
sténographier ‹ **7** ›
sténotyper ‹ **1** ›
stéréotyper ‹ **1** ›
stérer ‹ **6** ›
stériliser ‹ **1** ›
stigmatiser ‹ **1** ›
stimuler ‹ **1** ›
stipendier ‹ **7** ›
stipuler ‹ **1** ›
stocker ‹ **1** ›
stomiser ‹ **1** ›
stopper ‹ **1** ›
stranguler ‹ **1** ›
stratifier ‹ **7** ›
stresser ‹ **1** ›
striduler ‹ **1** ›
strier ‹ **7** ›
stripper ‹ **1** ›
structurer ‹ **1** ›
stupéfaire ‹ **déf. 60** rare sauf à la 3e pers. du singulier, présent et temps composés ›
stupéfier ‹ **7** ›
stupidifier ‹ **7** ›
stuquer ‹ **1** ›
styler ‹ **1** ›
styliser ‹ **1** ›
subalterniser ‹ **1** ›
subdéléguer ‹ **6** ›
subdiviser ‹ **1** ›
subir ‹ **2** ›
subjuguer ‹ **1** ›
sublimer ‹ **1** ›
submerger ‹ **3** ›
subodorer ‹ **1** ›
subordonner ‹ **1** ›
suborner ‹ **1** ›
subroger ‹ **3** ›
subsidier ‹ **7** ›
subsister ‹ **1** ›
substanter ‹ **1** ›
substantialiser ‹ **1** ›
substantiver ‹ **1** ›
substituer ‹ **1** ›
subsumer ‹ **1** ›
subtiliser ‹ **1** ›
subvenir ‹ **22** ›
subventionner ‹ **1** ›
subvertir ‹ **2** ›
succéder ‹ **6** ›
succomber ‹ **1** ›
sucer ‹ **3** ›
suçoter ‹ **1** ›
sucrer ‹ **1** ›
suer ‹ **1** ›
suffire ‹ **37** ›
suffixer ‹ **1** ›
suffoquer ‹ **1** ›
suggérer ‹ **6** ›
suggestionner ‹ **1** ›
suicider (se) ‹ **1** › (**aux.** être)
suiffer ‹ **1** ›
suinter ‹ **1** ›
suivre ‹ **40** ›
sulfater ‹ **1** ›
sulfurer ‹ **1** ›
sulfuriser ‹ **1** ›
superposer ‹ **1** ›
superviser ‹ **1** ›
supplanter ‹ **1** ›
suppléer ‹ **1** ›
supplémenter ‹ **1** ›
supplicier ‹ **7** ›
supplier ‹ **7** ›
supporter ‹ **1** ›
supposer ‹ **1** ›
supprimer ‹ **1** ›
suppurer ‹ **1** ›
supputer ‹ **1** ›
surabonder ‹ **1** ›
suractiver ‹ **1** ›
suradministrer ‹ **1** ›
surajouter ‹ **1** ›
suralimenter ‹ **1** ›
suramplifier ‹ **7** ›
surarmer ‹ **1** ›
surbaisser ‹ **1** ›
surbooker ‹ **1** ›
surcharger ‹ **3** ›
surchauffer ‹ **1** ›
surclasser ‹ **1** ›
surcompenser ‹ **1** ›
surcomprimer ‹ **1** ›
surcontrer ‹ **1** ›
surcoter ‹ **1** ›
surcouper ‹ **1** ›
surcuire ‹ **38** ›
surdéterminer ‹ **1** ›
surdimensionner ‹ **1** ›
surélever ‹ **5** ›
surenchérir ‹ **2** ›
surentraîner ou surentrainer* ‹ **1** ›
suréquiper ‹ **1** ›
surestimer ‹ **1** ›
surévaluer ‹ **1** ›
surexciter ‹ **1** ›
surexhausser ‹ **1** ›
surexploiter ‹ **1** ›
surexposer ‹ **1** ›
surfacer ‹ **3** ›
surfacturer ‹ **1** ›
surfaire ‹ **60** rare sauf infinitif et présent indicatif ›

surfer ‹ **1** ›
surfiler ‹ **1** ›
surgeler ‹ **5** ›
surgeonner ‹ **1** ›
surgir ‹ **2** ›
surhausser ‹ **1** ›
surimposer ‹ **1** ›
suriner ‹ **1** ›
surinfecter (se) ‹ **1** ›
surinformer ‹ **1** ›
surinvestir ‹ **2** ›
surir ‹ **2** ›
surjaler ‹ **1** ›
surjeter ‹ **4** ›
surjouer ‹ **1** ›
surligner ‹ **1** ›
surmédiatiser ‹ **1** ›
surmédicaliser ‹ **1** ›
surmener ‹ **5** ›
surmoduler ‹ **1** ›
surmonter ‹ **1** ›
surmouler ‹ **1** ›
surnager ‹ **3** ›
surnommer ‹ **1** ›
surnourrir ‹ **2** ›
suroxyder ‹ **1** ›
surpasser ‹ **1** ›
surpayer ‹ **8** ›
surpeupler ‹ **1** ›
surpiquer ‹ **1** ›
surplomber ‹ **1** ›
surpondérer ‹ **6** ›
surprendre ‹ **58** ›
surproduire ‹ **38** ›
surprotéger ‹ **6** et **3** ›
sursauter ‹ **1** ›
sursemer ‹ **5** ›
surseoir
ou sursoir* ‹ **26** ›
surstockage ‹ **1** ›
surstocker ‹ **1** ›
surtaxer ‹ **1** ›
surtitrer ‹ **1** ›
surtondre ‹ **41** ›
survaloriser ‹ **1** ›
surveiller ‹ **1** ›
survendre ‹ **41** ›
survenir ‹ **22** ›
(aux. être**)**
survirer ‹ **1** ›
survivre ‹ **46** ›
survoler ‹ **1** ›
survolter ‹ **1** ›
susciter ‹ **1** ›
suscrire ‹ **39** ›
suspecter ‹ **1** ›
suspendre ‹ **41** ›
sustenter ‹ **1** ›
susurrer ‹ **1** ›
suturer ‹ **1** ›
swinguer ‹ **1** ›
syllabiser ‹ **1** ›
syllogiser ‹ **1** ›
symboliser ‹ **1** ›
symétriser ‹ **1** ›
sympathiser ‹ **1** ›
synchroniser ‹ **1** ›
syncoper ‹ **1** ›
syncristalliser ‹ **1** ›
syndicaliser ‹ **1** ›
syndiquer ‹ **1** ›
synthétiser ‹ **1** ›
syntoniser ‹ **1** ›
systématiser ‹ **1** ›
tabasser ‹ **1** ›
tableauter ‹ **1** ›
tabler ‹ **1** ›
tabletter ‹ **1** ›
tabouiser ‹ **1** ›
tabuler ‹ **1** ›
tacher ‹ **1** ›
tâcher ‹ **1** ›
tacheter ‹ **4** ›
tackler ‹ **1** ›
tacler ‹ **1** ›
taffer ‹ **1** ›
taguer ‹ **1** ›
taillader ‹ **1** ›
tailler ‹ **1** ›
taire ‹ **54** sauf *il tait* sans accent circonflexe, et **p. p.** fém. *tue* ›
taler ‹ **1** ›
taller ‹ **1** ›
talocher ‹ **1** ›
talonner ‹ **1** ›
talquer ‹ **1** ›
tambouriner ‹ **1** ›
tamiser ‹ **1** ›
tamponner ‹ **1** ›
tancer ‹ **3** ›
tangenter ‹ **1** ›
tanguer ‹ **1** ›
taniser ‹ **1** ›
tanner ‹ **1** ›
tapager ‹ **3** ›
taper ‹ **1** ›
tapiner ‹ **1** ›
tapir (se) ‹ **2** › **(aux.** être**)**
tapisser ‹ **1** ›
taponner ‹ **1** ›
tapoter ‹ **1** ›
taquer ‹ **1** ›
taquiner ‹ **1** ›
tarabiscoter ‹ **1** ›
tarabuster ‹ **1** ›
tarauder ‹ **1** ›
tarder ‹ **1** ›
tarer ‹ **1** ›
targuer (se) ‹ **1** ›
(aux. être**)**
tarifer ‹ **1** ›
tarir ‹ **2** ›
tartiner ‹ **1** ›
tartir ‹ **2** ›
tasser ‹ **1** ›
tataouiner ‹ **1** ›
tâter ‹ **1** ›
tatillonner ‹ **1** ›

tâtonner ‹ **1** ›
tatouer ‹ **1** ›
tauder ‹ **1** ›
taveler ‹ **4** ›
taxer ‹ **1** ›
tayloriser ‹ **1** ›
tchatcher ‹ **1** ›
techniciser ‹ **1** ›
techniser ‹ **1** ›
technocratiser ‹ **1** ›
teiller ‹ **1** ›
teindre ‹ **52** ›
teinter ‹ **1** ›
télécharger ‹ **3** ›
télécommander ‹ **1** ›
télécopier ‹ **7** ›
télédéclarer ‹ **1** ›
télédiffuser ‹ **1** ›
télégraphier ‹ **7** ›
téléguider ‹ **1** ›
télémarker ‹ **1** ›
télémétrer ‹ **6** ›
télépayer ‹ **8** ›
téléphoner ‹ **1** ›
téléporter ‹ **1** ›
télescoper ‹ **1** ›
télésonder ‹ **1** ›
télétransmettre ‹ **56** ›
télétravailler ‹ **1** ›
téléviser ‹ **1** ›
télexer ‹ **1** ›
témoigner ‹ **1** ›
tempérer ‹ **6** ›
tempêter ‹ **1** ›
temporiser ‹ **1** ›
tenailler ‹ **1** ›
tendre ‹ **41** ›
tenir ‹ **22** ›
tenonner ‹ **1** ›
ténoriser ‹ **1** ›
tensionner ‹ **1** ›
tenter ‹ **1** ›
tenturer ‹ **1** ›
tercer ‹ **3** ›
térébrer ‹ **6** ›
tergiverser ‹ **1** ›
terminer ‹ **1** ›
ternir ‹ **2** ›
terrasser ‹ **1** ›
terreauter ‹ **1** ›
terrer ‹ **1** ›
terrifier ‹ **7** ›
territorialiser ‹ **1** ›
terroriser ‹ **1** ›
terser ‹ **1** ›
tester ‹ **1** ›
tétaniser ‹ **1** ›
téter ‹ **6** ›
texturer ‹ **1** ›
théâtraliser ‹ **1** ›
thématiser ‹ **1** ›
théoriser ‹ **1** ›
thermaliser ‹ **1** ›
thermocautériser ‹ **1** ›
thésauriser ‹ **1** ›
tiédir ‹ **2** ›
tiercer ‹ **3** ›
tiller ‹ **1** ›
tilter ‹ **1** ›
timbrer ‹ **1** ›
tinter ‹ **1** ›
tintinnabuler ‹ **1** ›
tiquer ‹ **1** ›
tirailler ‹ **1** ›
tirebouchonner ‹ **1** ›
tirer ‹ **1** ›
tiser ‹ **1** ›
tisonner ‹ **1** ›
tisser ‹ **1** ›
titiller ‹ **1** ›
titrer ‹ **1** ›
titriser ‹ **1** ›
tituber ‹ **1** ›
titulariser ‹ **1** ›
toaster ‹ **1** ›
toiler ‹ **1** ›
toiletter ‹ **1** ›
toiser ‹ **1** ›
toiturer ‹ **1** ›
tolérer ‹ **6** ›
tomber ‹ **1** › **(aux.** avoir, être**)**
tomer ‹ **1** ›
tondre ‹ **41** ›
tonifier ‹ **7** ›
tonitruer ‹ **1** ›
tonneler ‹ **4** ›
tonner ‹ **1** ›
tonsurer ‹ **1** ›
tontiner ‹ **1** ›
toper ‹ **1** ›
topicaliser ‹ **1** ›
toquer ‹ **1** ›
toquer (se) ‹ **1** › **(aux.** être**)**
torcher ‹ **1** ›
torchonner ‹ **1** ›
tordre ‹ **41** ›
toréer ‹ **1** ›
torgnoler ‹ **1** ›
toronner ‹ **1** ›
torpiller ‹ **1** ›
torréfier ‹ **7** ›
torsader ‹ **1** ›
tortiller ‹ **1** ›
tortillonner ‹ **1** ›
tortorer ‹ **1** ›
torturer ‹ **1** ›
tosser ‹ **1** ›
totaliser ‹ **1** ›
totémiser ‹ **1** ›
toucher ‹ **1** ›
touer ‹ **1** ›
touiller ‹ **1** ›
toupiller ‹ **1** ›
toupiner ‹ **1** ›
tourber ‹ **1** ›

tourbillonner ‹ 1 ›
tourer ‹ 1 ›
tourillonner ‹ 1 ›
tourmenter ‹ 1 ›
tournailler ‹ 1 ›
tournebouler ‹ 1 ›
tourner ‹ 1 › (aux. avoir, être)
tournicoter ‹ 1 ›
tourniller ‹ 1 ›
tourniquer ‹ 1 ›
tournoyer ‹ 8 ›
toussailler ‹ 1 ›
tousser ‹ 1 ›
toussoter ‹ 1 ›
trabouler ‹ 1 ›
tracasser ‹ 1 ›
tracer ‹ 3 ›
trachéotomiser ‹ 1 ›
tracter ‹ 1 ›
traduire ‹ 38 ›
traficoter ‹ 1 ›
trafiquer ‹ 1 ›
trahir ‹ 2 ›
traînailler ou trainailler* ‹ 1 ›
traînasser ou trainasser* ‹ 1 ›
traîner ou trainer* ‹ 1 ›
traire ‹ 50 ›
traiter ‹ 1 ›
tramer ‹ 1 ›
tranchefiler ‹ 1 ›
trancher ‹ 1 ›
tranquilliser ‹ 1 ›
transbahuter ‹ 1 ›
transborder ‹ 1 ›
transcender ‹ 1 ›
transcoder ‹ 1 ›
transcrire ‹ 39 ›
transférer ‹ 6 ›
transfigurer ‹ 1 ›
transfiler ‹ 1 ›
transformer ‹ 1 ›
transfuser ‹ 1 ›
transgresser ‹ 1 ›
transhumer ‹ 1 ›
transiger ‹ 3 ›
transir ‹ déf. 2 seult indicatif présent, temps composés et infinitif ›
transistoriser ‹ 1 ›
transiter ‹ 1 ›
translater ‹ 1 ›
translittérer ‹ 6 ›
transmettre ‹ 56 ›
transmigrer ‹ 1 ›
transmuer ‹ 1 ›
transmuter ‹ 1 ›
transparaître ou transparaitre* ‹ 57 ›
transpercer ‹ 3 ›
transpirer ‹ 1 ›
transplanter ‹ 1 ›
transporter ‹ 1 ›
transposer ‹ 1 ›
transsubstantier ‹ 7 ›
transsuder ‹ 1 ›
transvaser ‹ 1 ›
transverbérer ‹ 6 ›
transvider ‹ 1 ›
traquer ‹ 1 ›
traumatiser ‹ 1 ›
travailler ‹ 1 ›
travailloter ‹ 1 ›
traverser ‹ 1 ›
travestir ‹ 2 ›
trébucher ‹ 1 ›
tréfiler ‹ 1 ›
treillager ‹ 3 ›
treillisser ‹ 1 ›
trémater ‹ 1 ›
trembler ‹ 1 ›
trembloter ‹ 1 ›
trémousser (se) ‹ 1 › (aux. être)
tremper ‹ 1 ›
trémuler ‹ 1 ›
trépaner ‹ 1 ›
trépasser ‹ 1 ›
trépider ‹ 1 ›
trépigner ‹ 1 ›
tressaillir ‹ 13 ›
tressauter ‹ 1 ›
tresser ‹ 1 ›
treuiller ‹ 1 ›
trévirer ‹ 1 ›
trianguler ‹ 1 ›
triballer ‹ 1 ›
tricher ‹ 1 ›
tricoter ‹ 1 ›
trier ‹ 7 ›
trifouiller ‹ 1 ›
triller ‹ 1 ›
trimarder ‹ 1 ›
trimbaler ‹ 1 ›
trimballer ‹ 1 ›
trimer ‹ 1 ›
tringler ‹ 1 ›
trinquer ‹ 1 ›
triompher ‹ 1 ›
tripatouiller ‹ 1 ›
tripler ‹ 1 ›
tripoter ‹ 1 ›
trisser ‹ 1 ›
triturer ‹ 1 ›
trivialiser ‹ 1 ›
tromper ‹ 1 ›
trompeter ou trompéter* ‹ 4 ›
troncher ‹ 1 ›
tronçonner ‹ 1 ›
trôner ‹ 1 ›
tronquer ‹ 1 ›
tropicaliser ‹ 1 ›
troquer ‹ 1 ›
trotter ‹ 1 ›

trottiner ‹ **1** ›
troubler ‹ **1** ›
trouer ‹ **1** ›
trouiller ‹ **1** ›
trousser ‹ **1** ›
trouver ‹ **1** ›
truander ‹ **1** ›
trucider ‹ **1** ›
trueller ‹ **1** ›
truffer ‹ **1** ›
truquer ‹ **1** ›
trusquiner ‹ **1** ›
truster ‹ **1** ›
tuber ‹ **1** ›
tuberculiner ‹ **1** ›
tuberculiser ‹ **1** ›
tuer ‹ **1** ›
tuiler ‹ **1** ›
tuméfier ‹ **7** ›
turbiner ‹ **1** ›
turlupiner ‹ **1** ›
tuteurer ‹ **1** ›
tutoyer ‹ **8** ›
tuyauter ‹ **1** ›
twister ‹ **1** ›
tympaniser ‹ **1** ›
typer ‹ **1** ›
typifier ‹ **7** ›
typographier ‹ **7** ›
tyranniser ‹ **1** ›
ulcérer ‹ **6** ›
unifier ‹ **7** ›
uniformiser ‹ **1** ›
unir ‹ **2** ›
universaliser ‹ **1** ›
urbaniser ‹ **1** ›
urger ‹ **3** ›
uriner ‹ **1** ›
user ‹ **1** ›
usiner ‹ **1** ›
usurper ‹ **1** ›
utiliser ‹ **1** ›
vacciner ‹ **1** ›
vaciller ‹ **1** ›
vacuoliser ‹ **1** ›
vadrouiller ‹ **1** ›
vagabonder ‹ **1** ›
vagir ‹ **2** ›
vaguer ‹ **1** ›
vaincre ‹ **42** ›
valdinguer ‹ **1** ›
valeter ‹ **4** ›
valider ‹ **1** ›
valoir ‹ **29** ›
valoriser ‹ **1** ›
valser ‹ **1** ›
vamper ‹ **1** ›
vampiriser ‹ **1** ›
vandaliser ‹ **1** ›
vanner ‹ **1** ›
vanter ‹ **1** ›
vapocraquer ‹ **1** ›
vaporiser ‹ **1** ›
vaquer ‹ **1** ›
varapper ‹ **1** ›
varier ‹ **7** ›
varloper ‹ **1** ›
vasculariser (se) ‹ **1** › (**aux.** être)
vasectomiser ‹ **1** ›
vaseliner ‹ **1** ›
vaser ‹ **1** ›
vasouiller ‹ **1** ›
vassaliser ‹ **1** ›
vaticiner ‹ **1** ›
vautrer (se) ‹ **1** › (**aux.** être)
vectoriser ‹ **1** ›
vedettiser ‹ **1** ›
végétaliser ‹ **1** ›
végéter ‹ **6** ›
véhiculer ‹ **1** ›
veiller ‹ **1** ›
veiner ‹ **1** ›
vêler ‹ **1** ›
velouter ‹ **1** ›
vendanger ‹ **3** ›
vendre ‹ **41** ›
vénérer ‹ **6** ›
venger ‹ **3** ›
venir ‹ **22** › (**aux.** être)
venter ‹ **1** ›
ventiler ‹ **1** ›
ventouser ‹ **1** ›
verbaliser ‹ **1** ›
verdir ‹ **2** ›
verdoyer ‹ **8** ›
verduniser ‹ **1** ›
vergeter ‹ **4** ›
verglacer ‹ **3** ›
vérifier ‹ **7** ›
verjuter ‹ **1** ›
vermiculer ‹ **1** ›
vermiller ‹ **1** ›
vermillonner ‹ **1** ›
vermouler (se) ‹ **1** › (**aux.** être)
vernir ‹ **2** ›
vernisser ‹ **1** ›
véroler ‹ **1** ›
verrouiller ‹ **1** ›
verser ‹ **1** ›
versifier ‹ **7** ›
vert-de-griser (se) ‹ **1** › (**aux.** être)
verticaliser ‹ **1** ›
vesser ‹ **1** ›
vétiller ‹ **1** ›
vêtir ‹ **20** ›
vexer ‹ **1** ›
viabiliser ‹ **1** ›
viander ‹ **1** ›
vibrer ‹ **1** ›
vibrionner ‹ **1** ›
vicier ‹ **7** ›
victimer ‹ **1** ›
victimiser ‹ **1** ›
vidanger ‹ **3** ›

vider ‹1›
vidimer ‹1›
vieillir ‹2›
vieller ‹1›
vilipender ‹1›
villégiaturer ‹1›
vinaigrer ‹1›
viner ‹1›
vinifier ‹7›
violacer ‹3›
violenter ‹1›
violer ‹1›
violoner ‹1›
virer ‹1›
virevolter ‹1›
viriliser ‹1›
viroler ‹1›
virtualiser ‹1›
viser ‹1›
visionner ‹1›
visiter ‹1›
visser ‹1›
visualiser ‹1›
vitaliser ‹1›
vitaminer ‹1›
vitrer ‹1›
vitrifier ‹7›
vitrioler ‹1›
vitupérer ‹6›
vivifier ‹7›
vivisecter ‹1›
vivoter ‹1›
vivre ‹46›
vocaliser ‹1›
vociférer ‹6›
voguer ‹1›
voiler ‹1›
voir ‹30›
voisiner ‹1›
voiturer ‹1›
volatiliser ‹1›
voler ‹1›
voleter ‹4›
voliger ‹3›
volleyer ‹1›
volter ‹1›
voltiger ‹3›
vomir ‹2›
voter ‹1›
vouer ‹1›
vouloir ‹31›
voussoyer ‹8›
voûter
ou vouter* ‹1›
vouvoyer ‹8›
voyager ‹3›
vriller ‹1›
vrillonner ‹1›
vrombir ‹2›
vulcaniser ‹1›
vulgariser ‹1›
warranter ‹1›
yodiser ‹1›
yodler ‹1›
youyouter ‹1›
yoyoter ‹1›
yoyotter ‹1›
zapper ‹1›
zébrer ‹6›
zézayer ‹8›
zieuter ‹1›
zigonner ‹1›
zigouiller ‹1›
zigzaguer ‹1›
zinguer ‹1›
zinzinuler ‹1›
zipper ‹1›
zombifier ‹7›
zoner ‹1›
zonzonner ‹1›
zoomer ‹1›
zouker ‹1›
zozoter ‹1›
zwanzer ‹1›
zyeuter ‹1›